KB199448

# 방구석
# 판소리

조선의 오페라로
빠져드는 소리여행

# 방구석
# 판소리

이서희 지음

RITEC
CONTENTS

# 조선 오페라의 선율을 찾아서

언젠가, 방 한구석에서 판소리를 듣던 날이 있었습니다. 소리꾼의 목소리는 공간을 가득 채우며, 마치 오래된 나무 문을 열어젖히듯 저를 과거로 이끌었습니다. 심장을 두드리는 북소리와 소리꾼의 창(唱)은 제 마음속 깊은 곳에 잠들어 있던 감정을 깨웠습니다. 처음에는 그 감정이 무엇인지 알지 못했습니다. 그러나 한 곡, 한 곡, 소리를 따라가며 저는 깨달았습니다. 그것은 이야기 속 한(恨)과 해학(諧謔)이었습니다. 깊고 구슬픈 가락 속에서 우리는 슬픔을 노래하지만, 그 끝에 어김없이 웃음을 담는 우리 한국인의 정서를 말입니다.

어느 날, 지치고 슬픈 마음으로 〈심청가〉의 한 대목을 들었을 때였습니다. 인당수에 몸을 던지는 심청의 희생적인 사랑을 소리꾼이 애절한 창법으로 풀어내는 장면이었죠. 그 소리가 제 심장을 꽉 움켜쥐더니, 어느새 눈물이 흘러내렸습니다. 하지만 신기하게도 그 눈물은 고통의 눈물이 아니라, 위로의 눈물이었습니다. '그래, 삶이 이렇게 힘들지라도 우리는 견디고 살아가는구나'라는 깨달음이 소리의 여운을 타고 제 안으로 스며들었습니다. 슬플 때 들었던 판소리의 구슬픈 가락이 저의 마음을 달래주고, 기쁠 때 들었던 해학적인 장단이 더 큰소리로 웃을 수 있게 만들어주었습니다.

판소리는 단순한 소리가 아닙니다. 그것은 누군가의 이야기를, 그리고 나의 이야기를 품고 있는 살아 숨 쉬는 서사입니다. 춘향의 지조와 심청의 희생, 흥보의 웃음과 적벽의 전율은 모두 오늘날의 우리에게도 닿을 수 있는 이야기입니다. 판소리 속에는 우리 민족의 삶과 문화, 정서가 고스란히 담겨 있습니다. 이 점이 저를 더욱 안타깝게 했습니다. 이런 아름다운 예술이 이토록 가까이에 있는데, 왜 잊혀가는 걸까요?

수년 전에 《방구석 뮤지컬》, 《방구석 오페라》 같은 서양의 음악 장르를 쉽게 풀어 대중들에게 소개하는 책을 썼습니다.

그 과정에서 저는 서양 오페라와 뮤지컬의 웅장함, 작품 전체에 흐르는 세련미를 느끼며 감탄했지만, 문득 고개를 돌려보니 우리 한국의 음악, 판소리는 그들 못지않게 훌륭함에도 불구하고 우리 곁에서 점점 희미해지고 있었습니다. 판소리는 단순히 소리를 넘어, 이야기와 감정을 함께 담아내는 살아 숨 쉬는 우리 고유의 예술입니다. 이는 조선의 오페라이자, 가장 한국적인 서사시입니다.

하지만 현실은 냉정합니다. 판소리는 여전히 '어렵다'라는 편견에 갇혀 있고, 과거의 유산으로만 남아 현대인의 삶과는 동떨어져 보이기도 합니다. 그래서 저는 이 책을 통해 작은 시도를 해보고 싶었습니다. 판소리가 어렵지 않다는 것을, 그것이 얼마나 현대적이며 여전히 우리 삶과 맞닿아 있는지 보여주고 싶었습니다.

이 책, 《방구석 판소리》는 바로 그런 저의 작은 바람에서 출발한 책입니다. 잊혀가던 판소리 다섯 마당과 이제는 전승되지 않는 잃어버린 소리들을 현대적인 시각으로 풀어내어 대중과 다시 연결하고자 합니다. 또한, 판소리가 어디에서부터 왔는지 살펴보며, 향가와 고전소설 등 한국의 전통 서사와의 관계도 탐구하려 합니다. 이 책은 단지 판소리의 역사나 이론을 전달하려는 것이 아닙니다. 판소리를 통해 우리의 정서를, 우리의 이야기를 다시 찾아보고자 하는 여정입니다.

저는 이 책이 누군가에게 판소리를 새롭게 만나는 문이 되길 바랍니다. 방 한구석에서 소리 하나에 귀 기울이던 제게 찾아왔던 그 설렘과 떨림이, 이 책을 읽는 여러분의 마음에도 닿을 수 있기를 바랍니다. 판소리 속에 담긴 옛사람들의 웃음과 눈물, 그리고 고개를 들어 먼 하늘을 바라보던 그들의 꿈이 여러분의 일상에도 잔잔한 파동을 일으키길 바랍니다.

이제, 방구석에서라도 조선의 오페라, 판소리의 세계로 떠나봅시다. 그 속에서 우리는 한국인의 이야기와 우리 자신의 이야기를 발견하게 될 것입니다. 그리하여 우리 마음속 깊은 곳에 잠들어 있던 내 안의 소리를 깨우는 시간이 되기를 소망합니다.

이서희

차 례

PART 1

# 조선의 오페라 _판소리 다섯 마당

PART 2

# 잃어버린 조선의 아리아들 _타령 네 마당

PART 5

# 달빛 아래 붉은 실 _고전소설

## 1. 판소리의 정의

판소리는 17세기부터 등장한 한국의 전통 음악이자 고전 문학이고 연극입니다. '소리꾼' 한 명이 북을 치는 '고수'의 장단에 맞추어 소리(노래), 아니리(말), 너름새/발림(몸짓)을 섞어 이야기를 풀어내는 것이 특징입니다. 일반 하층민을 대상으로 시작된 예술 문화이지만, 18세기에 들어 양반 계층에게 받아들여지기 시작했습니다.

## 2. 판소리의 핵심 요소

판소리를 구성하는 핵심 요소는 소리꾼, 고수, 그리고 청중입니다.

### 소리꾼

· 판소리를 부르고 연기하는 주인공
· 판소리의 3요소인 노래(창), 말(아니리), 몸짓(발림)을 통해 이야기를 전달함

### 고수

· 북을 연주하며 장단을 맞추고 소리꾼과 호흡을 맞추는 사람
· 소리꾼의 감정을 강조하며, 청중과 소리꾼의 연결 고리 역할을 함

**청중**

- 판소리에서 청중은 단순히 감상자가 아니라 소리꾼에게 "얼씨구", "좋다" 등의 추임새로 반응하며 공연에 적극적으로 참여함

일반 백성들에게 널리 사랑받은 문화인 만큼, 판소리는 관객이 극 중간마다 '얼쑤', '좋다', '잘한다' 등 자유롭게 호응하며 공연에 방해가 되지 않는 선에서 어느 정도 참여할 수 있다는 것이 가장 큰 특징입니다. 이를 추임새라고 부르며, 이는 소리꾼이 청중에게 이야기를 전달만 하는 일방적인 음악 예술이 아니라는 것을 보여줍니다.

## 3. 판소리의 구성 요소

### 창(唱)

- 노래하는 부분으로, 판소리의 주요 서사를 이루는 가락과 가사
- 소리꾼의 목소리와 기교로 이야기의 감정과 분위기를 전달함

### 아니리

- 창과 창 사이에 이야기를 말하듯 풀어내는 대화체 부분
- 이야기를 설명하거나 극적인 상황을 강조. 음이 없는 산문적 형태

### 발림(身振/動作)

- 소리꾼이 이야기의 상황이나 감정을 표현하기 위해 사용하는 몸짓과 동작
- 극적인 효과를 주며, 이야기에 생동감을 더함

### 추임새

- 청중이나 고수가 소리꾼의 소리에 맞춰 넣는 감탄사나 반응
- 예: "얼씨구!", "좋다!", "그렇지!"
- 소리꾼의 감정을 북돋우고 공연의 흥을 돋움

## 4. 판소리의 음악적 요소

### 장단(長短)

북을 통해 음악의 리듬과 흐름을 조절하는 규칙적인 박자

판소리에서 자주 사용되는 장단

- 진양조: 느리고 서정적인 장단
- 중모리: 중간 정도의 속도를 가진 장단
- 중중모리: 조금 더 빠르고 경쾌한 장단
- 자진모리: 빠르고 긴박한 장단
- 휘모리: 매우 빠른 속도의 장단

### 더늠

특정 소리꾼이 창조하거나 발전시킨 소리(부분)

특정 소리꾼의 독창적인 대목으로, 그의 이름과 함께 불림

예: 박유전의 "쑥대머리"

### 청(淸)

소리의 높낮이를 조절하는 음조

- 평청: 보통 음높이
- 중청: 높은 음
- 하청: 낮은 음

### 바디

판소리 창자가 스승에게 전수받아 다듬었거나 혹은 창작해 부르는 판소리 한 마당 전체를 지칭하는 용어

바디라는 용어는 정정렬 바디 춘향가, 유성준 바디 수궁가와 같은 방식으로 쓰이며, 판소리 한 마당 전체를 지칭하는 용어로, 하나의 소리대목을 가리키는 더늠과는 구별되는 특징을 가지고 있음

# 5. 판소리 용어

**광대**
판소리 소리꾼의 옛 이름
노래와 연기, 몸짓으로 대중을 즐겁게 하던 예술인

**마당**
판소리 한 편의 이야기를 가리키는 단위
예: 춘향가 한 마당, 심청가 한 마당

**입창(立唱)**
여러 소리꾼이 무대에 서서 짧은 대목을 부르는 형태
판소리의 일종으로, 개인적인 연기가 아닌 집단 공연

**소리판**
판소리가 공연되는 자리나 무대
예: 마을 잔치, 장터 등에서 소리판이 열렸음

**한(恨)**
판소리에서 가장 두드러지는 정서로, 억눌린 감정과 희망의 결합
슬픔과 고난을 승화시키는 힘을 담고 있음

**흥(興)**
판소리에서 청중과 소리꾼 모두가 느끼는 흥겨움과 즐거움

**서사적 표현**
판소리는 이야기를 중심으로 하며, 대중적이고 극적인 표현이 강조됨

## 서편제

서편제는 박유전이 창시하였다고 하며, 애절하고 정한(情恨)이 많으며, 가볍고도 부드러운 가락이라는 뜻을 가지고 있습니다. 광주광역시를 비롯한 전라남도 나주시, 보성군, 강진군, 해남군 등지에서 성행하였으며, 특히 섬진강 서부에 위치한 지역들을 중심으로 행하였다고 하여 불리지게 되었습니다.

## 동편제

경쾌하게 올리며 짧게 끊는다는 특징이 있으며, 소리를 힘 있게 올리므로 비교적 톤이 높습니다. 서편제와 비교해서 기교를 거의 쓰지 않고 담백한 느낌의 창법으로 노래 부릅니다. 동편제는 주로 섬진강 동부에 위치하여 영남 지방과 인접해 있는 전라남도 동부(구례군, 곡성군), 전라북도 남부(남원시, 순창군, 고창군) 등지에서 성행한 판소리를 이야기합니다. 동·서편제의 구분은 한반도의 동서가 아닌 섬진강의 동·서안으로, 무겁고도 강한 가락을 뜻합니다. 동편제는 무겁고 매김새가 분명합니다.

## 강산제: 서편제 계열의 유파

서편제와 동편제를 합쳐서 만든 것입니다. 강산제의 이름은 박유전이 생전에 살았던 전라남도 보성군 웅치면 강산리에서 따온 것이며, 강산은 박유전의 호이기도 합니다. 강산제의 특징은 서편제를 부르면서도 동편제의 특징적 조성인 우조를 대폭 수용했다는 점입니다. 상대적으로 강산제 명창의 소리는 좀 더 힘을 많이 주고, 발음과 성음을 분명하게 내는 편입니다.

## 중고제

동편제와 서편제, 두 유파와 창법이 달랐는데, 이를 한자말로 '비동비서(동도 서도 아니다)'라고 표현합니다. 주로 충청도 북부지방을 중심으로 분포했다고 추정되며, 중고제의 중고가 中古인지 重高인지는 아직까지 학자들 사이에 논란거리입니다. 중고제는 동편제와 서편제의 중간적인 창법을 구사한다고 알려져 있습니다. 대체적으로 무거운 발성을 사용하지만, 가

벼운 발성이 아예 없지는 않습니다. 부침새 역시 비교적 단순하게 구사하며, 빠른 장단을 사용하는 것이 특징입니다.

## 계면조

판소리 선법 중 하나로 감상적이며 슬픈 대목에 쓰입니다. 판소리 외에도 산조, 민요, 시나위 등 남도 음악에 폭넓게 사용됩니다. 정악의 계면조는 '라도레미솔'인 반면에 판소리의 계면조는 '미솔라시도레'로 이루어져 있습니다.

## 향가

향가는 신라 시대의 노래 형식의 시가로, 종교적 의식과 정서를 노래로 표현했습니다. 이 노래는 후대의 문학과 예술에 영향을 끼쳤고, 특히 판소리의 서사적 요소와 감정 표현에서 그 흔적을 찾아볼 수 있습니다.

### 4구체 향가

네 줄로 구성된 가장 단순한 형태의 향가입니다. 대표적인 작품으로는 〈서동요〉와 〈풍요〉 등이 있습니다.

### 8구체 향가

여덟 줄로 이루어진 중간 형태의 향가로, 〈처용가〉와 〈헌화가〉 등이 이에 해당합니다.

### 10구체 향가

열 줄로 구성된 가장 발전된 형태의 향가로, 〈원가〉와 〈찬기파랑가〉 등이 대표적입니다.

## 전기소설

전기소설은 조선 전기의 문학 장르로, 비현실적이고 환상적인 서사를 특징으로 하며, 인간의 삶과 교훈을 다룹니다. 전기소설은 판소리의 서사 구조와 내용에 직접적인 영향을 주었습니다.

### 귀곡성

귀곡성(鬼哭聲)은 판소리에서 사용하는 독특한 창법 중 하나로, 소리의 애절함과 처절함을 극대화하여 청중의 감정을 깊이 있게 움직이는 기술입니다. 이 창법은 이름 그대로 귀신의 울음소리처럼 애잔하고 비통한 음색을 만들어내는 것이 특징입니다.

## 6. 판소리 12마당

18세기의 판소리는 12마당으로 구성되어 있었습니다. 그러나 현재 전승된 작품은 5마당(춘향가, 심청가, 흥보가, 수궁가, 적벽가) 뿐입니다. 나머지 7마당(옹고집타령, 장끼타령, 변강쇠타령, 배비장타령, 강릉매화타령, 무숙이타령, 가짜신선타령 또는 숙영낭자전)은 판소리사의 전개 가운데 전승이 끊어진 작품으로 실전판소리라고 불립니다. 이들 판소리 작품도 조선 후기에는 중요한 레퍼토리로 전승되고 있었으나, 이 작품들이 갖고 있는 주제가 대체로 민중적 세계관을 철저하게 유지하고 있다는 점이나, 사설의 내용이 발랄한 민중 언어로 되었다는 점 등 여러 가지 이유로 19세기 후반 전승이 끊겼습니다.

사라진 7개 마당은 옛날 판소리 사설집과 구전을 기반으로 한 판소리 및 고전소설 연구를 통해 명칭과 줄거리가 전해져 내려오고 있습니다. 《조선창극사(朝鮮唱劇史)》에서는 〈가짜신선타령〉 대신 〈숙영낭자전〉이 12마당 중 하나로 포함되어 있습니다.

사라진 7마당 중 줄거리가 확실하고 널리 알려진 4마당(옹고집타령, 장끼타령, 변강쇠타령과 숙영낭자전)을 책에 담았습니다.

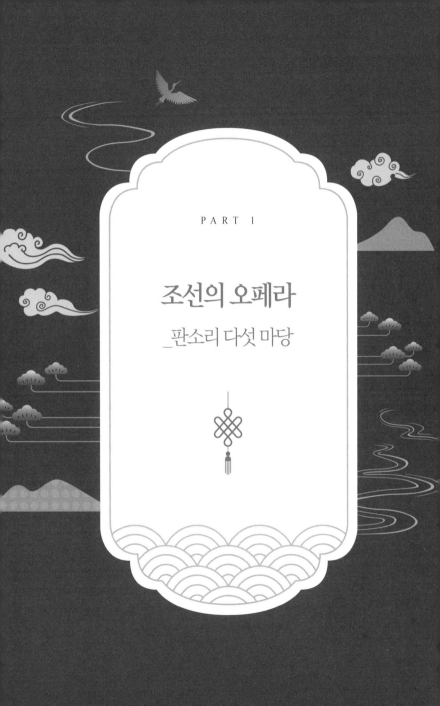

PART 1

# 조선의 오페라

## _판소리 다섯 마당

# 심청의 바다:
## 헌신과 기적의 오페라

**심청가**

한 발만 더 내디디면 허공입니다. 집요하게 출렁이는 거대한 파도 위에서 배 한 척이 속절없이 흔들리고 있습니다. 그 배 위에 열다섯 살 소녀가 아슬아슬하게 서 있습니다. 소녀는 떨리는 손을 애써 부여잡고 바다를 바라봅니다. 바다에 빠지면 그 이후의 시간은 길지 않을 것이라고 마음을 다잡습니다. 심청은 그렇게 한 발자국, 눈을 감고 천천히 발을 움직입니다.

이 모든 비극은 심봉사, 즉 심학규의 삶으로부터 비롯됩니다. 앞이 보이지 않는 그를 사람들은 심봉사라고 불렀습니다. 심봉사는 어여쁜 아내 곽씨 부인과 그녀의 뱃속에 있는 곧 태어날 아이와 함께 사랑으로 가득한 날들을 보내고 있었습니다.

하지만 모든 상황은 급작스럽기 마련이지요. 아이를 가진 몸으로 과로를 한 아내는 그만 출산 중 목숨을 잃고 맙니다.

그러나 불행 중 다행히도 건강하게 태어난 심청이라는 이름을 가진 여자아이는 젖동냥으로 무럭무럭 자라나지요. 그렇게 자라 열다섯 살이 된 심청은 도청에 소문이 자자합니다. 죽은 어머니를 닮은 미색은 어떠하고, 지금 홀로 남은 눈먼 아버지를 모시는 효심은 또 어떠한지요. 그런 가설항담을 들은 승상 부인은 심청을 불러 양딸로 들어올 것을 제안합니다. 그러나 심청은 홀로 남게 될 아버지가 걱정되어 수차례 거절을 하고, 승상 부인은 그 효심을 높이 사 모녀의 의를 맺게 되지요.

심청이 승상 부인을 만나고 있을 때, 심봉사는 걱정이 되어 가만히 있을 수가 없었습니다. 심청이 어딜 간단 말도 없이 사라진 지 한 시진[1]이나 지났기 때문입니다. 동네로 오는 길목에서 이제 오나 저제 오나, 딸을 기다리던 심봉사는 그만 발을 헛디디고 맙니다. 깜짝 놀란 심봉사를 순간적으로 덮치는 건 얼음장같이 차가운 물입니다. 사람 살려! 소리치는 심봉사에게 어느 순간 갑자기 딱딱한 나뭇가지가 와 닿습니다. "이것을 잡으시오!" 심봉사가 물을 꼴깍꼴깍 마시며 기다시피 나뭇가지를 잡고 나오자, 부드러운 사람의 손이 심봉사를 토닥입니다. "몽은사 화주승입니다. 지나는 길에 당신이 물에 빠진 것을 보고 구하게 되었습니다."

---

1  지금의 시간으로 2시간

심봉사는 문득 서글픈 마음이 들었습니다. 눈이 보였더라면 물에 빠질 일도, 딸을 그렇게 애타게 기다릴 일도 없었을 테니까요. 애초에 심청이가 그렇게 멀리까지 구걸하러 나갈 일도 없었을 테고요. 자신도 모르게 한탄이 새어나간 것인지, 몽은사 화주승은 심봉사에게 이리 이릅니다.

"공양미 300석을 부처님께 시주하면 눈을 뜰 수 있답니다."

그야말로 눈이 번쩍 떠지는 이야기였습니다. 심봉사는 그 자리에서 덜컥 시주를 약속하고 맙니다. 하지만 심봉사의 집에는 공양미 300석[2]은커녕 내일 아침 먹을 곡식도 없는 상황이었지요. 집으로 돌아온 심청은 그 말을 듣고 밤을 새워 간절히 빌었습니다. 부디 무사히 공양미 300석을 시주할 수 있게 해달라고요. 당시에는 부처님께 거짓 시주를 올리면 앉은뱅이가 된다는 풍문이 떠돌고 있었습니다.

며칠 후, 마을에 뱃사람들이 잠시 머물게 되었습니다. 그들은 인당수를 지나 물건을 옮겨야 했는데, 어쩐지 젊은 여자가 필요하다는 말이 들려왔습니다. 사납고 험한 인당수를 건널 때 바칠 제물이라고 했지요. 이를 들은 심청은 망설임 없이 나서서 자신을 제물로 바치겠다고 합니다. 그 대가로 공양미

---

2 지금의 기준으로 48톤

300석을 받을 수만 있다면, 무서울 것도 없었죠.

심봉사에게 이 사실을 말해야 했지만, 심청은 도저히 입이 떨어지지 않았습니다. 그리하여 결국 심청은 바다로 나가는 날이 되어서야 심봉사를 붙잡고 사실을 고합니다. "아버지. 저는 인당수의 제물이 되러 갑니다." 심봉사는 물론, 모녀의 의를 맺었던 승상 부인까지 심청이를 책망하며 슬픔을 토해냅니다. 마을의 부자로 손꼽혔던 승상 부인은 심청이의 공양미를 대신 내주려 했으나, 심청은 이를 거절합니다. 이제 와서 뱃사람들과의 약속을 물리면 또다시 다른 처녀를 구해야 하는 수고가 이만저만이 아닐 것이라고 이르면서요.

통곡소리가 지상을 가득 메웁니다. 그 소리가 점점 작아지는 것을 느끼며 울음을 터뜨린 심청은 이제 출렁거리는 바다 위에 서 있습니다. 끝도 없이 짙은 푸른빛은 매우 거대해서 쉽사리 발을 내디딜 수도 없습니다.

한곳을 당도하니, 이는 곧 인당수(印塘水)라. 대천(大川)바다 한가운데 바람불어 물결 쳐, 안개 뒤섞여 젖어진 날, 갈길은 천리만리(千里萬里)나 남고, 사면(四面)이 검어, 어둑 정그러져, 천지적막(天地寂寞)한데, 까치뉘 떠 들어와, 뱃전 머리 탕탕. 물결은 위르르, 출렁 출렁. 도사공(都沙工) 영좌이하(領坐以下), 황황급급(遑遑急急)하여, 고사지제(告祀之祭)를 차릴제, 섬쌀로 밥짓고, 온소잡고, 동

우슬, 오색탕수(五色湯需), 삼색실과(三色實果)를, 방위(方位) 차려
갈라 궤고, 산돗 잡아 큰칼 꽂아, 기는듯이 바쳐 놓고, 도사공(都
沙工) 거동봐라. 의관(衣冠)을 정제(正祭)하고 북채를 양손에 쥐고

바로 그때, 바다 아래에서는 또 다른 난리가 펼쳐지고 있
었습니다. 아주 귀한 손님이 오시니 다들 똑바로 준비하라는
어명이 있었기 때문입니다.

옥황상제(玉皇上帝)께서, 사해용왕(四海龍王)을 불러, 하교(下敎)
하시되, 오늘 무릉촌(武陵村), 심학규(沈學奎) 딸, 심청이가, 인당수
에 들터이니, 착살히 모셔드려라. 용왕이 수명(受命)하고, 심소저
를 환수(還收)할제, 시녀를 불러 드려, 오늘 묘시초(卯時初)에 심
소저가 인당수에 들터이니 백옥교(白玉轎)에 착살히 모셔드려라.

풍덩! 심청이 바다에 빠질 때 용왕의 명을 받은 대신들은
혼이 쏙 빠질 정도로 바쁘게 뛰어다녔습니다. 혹여나 심청의
몸에 생채기 하나라도 날까 싶어서, 부드럽고 따스한 물살로
살포시 감싸 무사히 용궁에 도착하도록 했지요.

용궁에서는 옥황상제의 지엄한 명에 따라 심청을 환대하
였습니다. 바다의 진귀한 음식과 극진한 대접을 받게 된 심청
의 앞에 상상도 하지 못했던 자가 모습을 드러냈는데, 바로 심
청의 어머니, 곽씨 부인이었습니다. 부인과 심청은 서로 끌어안

고 펑펑 울며 그동안의 회포를 풀고 아주 오랜만에 즐겁고 기쁜 마음으로 시간을 보냅니다.

하지만 바로 그 시각, 혼자 남겨진 심봉사에게는 새로운 고난이 다가오고 있었습니다. 이제 더 이상 밥을 벌어먹게 해 줄 딸도 가족도 없는 그는 자신을 챙겨줄 가족이 아주 절실했습니다. 뺑덕어멈은 그런 심봉사가 마음에 들었습니다. 자신의 도움이 필요한 사람이었으니까요. 어쩌면 보이지 않는 눈마저도 그녀에게는 매력적으로 보였을지도 모릅니다. 게다가 심봉사가 제법 재산을 가지고 있었다는 점도 그녀의 마음에 쏙 들었습니다. 그 재산은 심청이 바다에 뛰어들어 얻게 된 공양미 삼백 석이었습니다. 뺑덕어멈이 어떤 마음을 가지고 있었든, 심봉사 역시도 뺑덕어멈이 마음에 들었습니다. 둘은 살림을 합치고 함께 살기로 합니다.

한편 심청은 아버지가 걱정되는 마음에 어머니를 만난 기쁨을 뒤로하고 뭍으로 올라가기로 합니다. 용왕은 심청을 고운 연꽃에 담아 동실 띄워주고, 마침 그 바다 위를 지나가던 남경 상인이 이 기이한 꽃을 발견하죠. '이렇게 탐스럽고, 아름다우면서도 흠 하나 없이 완전무결한 연꽃이라니? 마침 송나라 천자에게 진상할 물품이 필요했는데.' 남경 상인은 이 어여쁜 연꽃을 조심조심 건져 올려 송나라 천자에게 바칩니다. 송나라 천자는 이 꽃을 보며 감탄을 금치 못했지요.

황제(皇帝) 반기하야, 대강연유(大綱緣由)를 탐문(探聞)한바, 세상(世上)의 심소저(沈少姐)라. 궁녀(宮女)로 시위(侍衛)하여, 별궁(別宮)으로 모신지라. 이튿날 조회(朝會) 끝에, 만조백관(滿朝百官)을 모여놓고, 간밤 꽃봉 사연(事緣)을 말씀하시니, 만조재신(滿朝宰臣)이 여짜오되, 국모(國母)없음을 하나님이 아옵시고, 인도(引渡)하심이니, 천여불취(天與不娶)면 반수기앙(反受其殃)이라. 인연(因緣)으로 정(定)하소서. 그말이 옳다 하고, 그날 즉시 택일(擇日)하니, 오월오일(五月五日) 갑자시(甲子時)라. 심황후(沈皇后) 입궁후(入宮後)에, 연년(年年)이 풍년(豊年)이요, 가가호호(家家戶戶) 태평(太平)이라. 그때에 심황후(沈皇后)는, 부귀(富貴)는 극진(極盡)하나, 다만 부친(父親) 생각(生覺) 뿐이로다.

하지만 그 안에서 아리따운 여인이 등장할 줄은 정말로 몰랐을 겁니다. 하얀 꽃잎이 하나씩 펼쳐지고, 꽃 안에서 눈을 감고 있던 심청이 반짝 눈을 뜨고 자신을 바라볼 때, 송나라 천자는 무언가 특별한 감정을 느꼈던 걸까요? 그의 가슴에 작은 파문이 일었을지도 모릅니다. 그리고 머지않아, 두 사람의 국혼이 이루어집니다. 심청은 황후가 되었고, 이제 그는 모든 사람들에게 심황후라고 불리게 되었지요. 그러나 심황후는 깊이 잠 못 드는 밤이 늘어만 갔습니다. 먼 곳에 홀로 두고 온 아버지 생각이 나서였지요. '앞 못 보시는 우리 아버지, 밥은 잘 드시고 계실까? 빨래는 어찌하시려나? 고생은 고생대로 하시고 추운 데서 주무시는 건 아닐까?' 그런 고민을 하고 있자면 어느새 달빛이 환히 밝아오는 한밤중까지 잠이 오질 않아서, 심황후는 후원으로 종종 산책을 나가곤 했습니다.

심황후의 이런 근심을 알게 된 천자는 맹인 잔치를 여는 것이 어떻겠냐는 제안을 합니다. 전국의 맹인들을 모두 불러 모으는 잔치를 아주 대대적으로 연다면 사람들의 입을 타고 소문은 흘러 흘러 널리 퍼지게 될 것이고, 그러다 보면 심황후의 아버지 심봉사도 역시 그 소문을 듣고 잔치에 참석하러 오지 않겠느냐고요. 짙은 슬픔 속 한 줄기 빛을 보기라도 한 듯 심황후는 기뻐하며 그리하자 동의합니다.

하지만 심청의 생각만큼 심봉사는 그렇게 고생하고 있지 않았습니다. 왜냐하면 그의 옆에는 재혼한 아내 뺑덕어멈이 있었기 때문이었죠. 다소 밤일을 밝히긴 했지만, 심봉사는 뺑덕어멈이 제법 자신을 잘 챙겨준다고 생각하고 있었습니다. 물론 뺑덕어멈이 심봉사 몰래 재산을 요리조리 빼돌리고 써버려서 이미 곳간은 먼지만 휘날리고 있다는 사실을 심봉사는 감쪽같이 모르고 있었지만 말입니다. 뺑덕어멈이 없으면 정말 아무것도 할 수 없던 심봉사는 뺑덕어멈에게 자신을 데리고 잔치에 가달라고 이야기합니다. 뺑덕어멈도 맹인 잔치의 이야기를 듣고 당연히 참석해야겠다고 생각하고 있었죠.

_____ 여보 뺑파. 황성서 맹인 잔치를 배설하였는데, 잔치에 불참하면

중죄를 면치 못한다니, 어서 올라가세, 노비까지 후이주데 뺑파가 그의 노비까지 올길양으로, 아이고, 영감 여필종부(女必從夫)라니, 천리(千里)라도 만리(萬里)라도, 영감 따라 가제. 어느놈 따라 갈놈 있소.

잔치로 향하는 길은 생각보다 험했고, 심봉사와 뺑덕어멈은 어느 주막에서 하룻밤 쉬어가기로 합니다. 깊은 밤, 문득 심봉사가 잠에서 깨어납니다. '뺑덕어멈이 놀자고 깨웠나?' 심봉사는 내심 좋은 마음을 숨기고 짐짓 튕기는 척이라도 했을까요. '뺑덕어멈' 하고 불러보지만, 답이 없습니다. 사실, 그 방에 뺑덕어멈은 없었습니다. 깜깜한 방 안에 심봉사는 혼자 남겨져 있었지요.

뺑덕어멈은 며칠 전부터 서로 눈길을 주고받던 황봉사와 같이 도망치는 중이었습니다. 황봉사는 심봉사와는 달리 앞을 어느 정도 볼 수 있는 반소경이었는데, 뺑덕어멈이 서방질을 잘한다는 말을 듣고 한 번 보기를 평생의 원으로 삼았더랬지요. 심봉사가 이를 알아차리기까지는 시간이 좀 걸렸고, 이 사실을 알게 된 후 심봉사는 탄식하며 깊이 후회했습니다. 외양간을 고친다 해도 잃어버린 소는 돌아오지 않는 법이지만요.

허허, 뺑덕이네가 갔네 그려. 예이, 천하(天下) 의리(義理) 없고, 사정없는 요년아. 당초에 네가 버리테면, 있든 곳에서 마다고하지,

수백리(數百里), 타향(他鄉)에다가 날 버리고, 네가 무엇이 잘 될소냐. 귀신이라도 못되리라 요년아. 너, 그러줄 내 몰랐다. 아서라 내가 시러베에 아들놈이제, 현철(賢哲)하신 곽씨(郭氏)도, 죽고 살고, 출천대효(出天大孝) 내 딸 청이도, 생죽음을 당했는데, 네가 짓 년을 생각하는 내가, 미친놈 이로구나. 에라, 이 호랑이나 바싹 깨물어 갈년

구시렁 구시렁거리며 결국 심봉사는 다시 길을 떠납니다. 하지만 하늘도 무심하지, 어쩌면 심봉사에게만 이런 일이 생길까요? 매우 더운 초여름 땀이 줄줄 흘러 잠시 목욕하러 시냇가에 들어갔다 나온 사이, 아뿔싸 의관과 봇짐을 모두 도둑 맞고야 맙니다. 자신을 안내해 줄 사람도, 여비도, 신뢰도, 의지도, 모두 잃게 된 심봉사는 의지할 곳 없는 타지에서 홀로 남겨진 셈이었습니다.

아이고, 아이고, 내신세야. 백수풍신(白首風身) 늙은 몸이 의복(衣服)이 없었으니, 황성천리(皇城千里)를 어이 가리. 위 아래를 훨씬 벗고, 더듬 더듬 올라 갈적, 체면(體面)있는 양반(兩班)이라, 두 손으로 앞 가리고, 내 앞에 부인네, 오거든 돌아서서, 가시오 나 벗었소.

심봉사는 신세한탄을 하다가 갑자기 어딘가에서 들려오는 소리에 귀를 기울입니다. 왁자지껄하게 누군가를 받들며 내

려오는 소리가 얼핏 들리는 것도 같았습니다. 혹시 어느 관장이 오는 것일지도 모른다는 생각으로, 심봉사는 그 앞에 뛰어 들어 억지를 써보기로 하지요.

그 당황스러운 억지를 마주하게 된 것은 바로 황성에 다녀오는 길이었던 무릉태수였습니다. 무릉태수는 잠시 당황하다가 심봉사가 하고자 하는 말을 듣기 위해 행차를 멈춥니다.

예, 소맹(小盲)이 아뢰리라. 예, 소맹(小盲)이 아뢰리라. 소맹(小盲)이 사옵기는, 황주도화동(黃州桃花洞) 사옵는데, 황성 잔치가는 길에, 하도 날이 더웁기로, 목욕을 하고 나와 보니 의관행장(衣冠行裝)이 없소그려. 찾아 주고 가시단지, 한벌 내어 주고 가시단지, 별반(別般) 처분(處分)을 하옵소서. 적선지가(積善之家)에, 필유여경(必有餘慶)이라 하였으니 태수장덕택(太守長德澤)에 살려주오.

심봉사의 사정을 들은 무릉태수는 심봉사에게 의복과 갓과 노비를 주었습니다. 그리하여 심봉사는 다시 길을 떠납니다. 궐문 밖에 무사히 당도한 심봉사에게 맹인잔치에 들라 하는 명령이 떨어집니다. 심봉사는 앞이 보이지 않아도 직감으로 알 수 있었죠. 이곳에는 심봉사처럼 맹인인 자들이 가득하다는 것을 말입니다.

한편, 맹인 잔치를 연 심황후는 심려가 이만저만 깊은 것이 아니었습니다. 심황후는 오늘로 마지막인 맹인 잔치에서 아버지를 보지 못할까 애가 타 혹시 심 씨인 맹인이 있다면 별궁으로 모시라고 명합니다.

"이 잔치를 배설(排設)키는, 예부상서(禮部尙書)를 또다시 불러, 오늘도 봉사 거주(居住) 성명(姓名)을, 명백(明白)히 기록(記錄)하여, 차차(次次) 호송(護送)하되, 만일, 심맹인(沈盲人)이 계시거든, 별궁(別宮)안으로 모셔오라. 예부상서(禮部尙書) 분부 듣고, 봉사 점고(點考)를 차례(次例)로, 불러 나가는데, 제일말석(第日末席)에 앉은, 봉사 앞으로 당도하여, 여보시오, 당신 성명(姓名)이 무엇이요. 예, 나는 심학규(沈學奎)요. 옳다, 심맹인(沈盲人), 여기 계시다 하더니, 어서, 별궁으로 들어갑시다. 아니, 왜 이러시오. 우에서 상(賞)을 내리실지, 벌(罰)을 내리실지는 모르나, 심맹인이, 계시거든 별궁 안으로 모셔오라 하셨으니, 어서 들어갑시다."

별궁으로 모시고 온 심봉사를 본 심황후는 3년 동안이나 용궁에서 지내다 보니 심봉사의 얼굴이 기억날 듯 말 듯 했습니다. 게다가 심봉사는 요 며칠 새 험난한 길을 오지 않았던가요. 잔뜩 지치고 겁먹은 얼굴이 예전의 심봉사와는 또 사뭇 다른 모습이었습니다. "딸이 있는가?" 그 물음에 심봉사는 눈물을 흘리며 대답합니다. 사실 어미 잃은 딸이 하나 있었다고. 젖동냥으로 힘겹게 고이고이 길러낸 딸이라고. 그 딸이 자라 효심이 깊어, 구걸하여 자신을 먹여 살리더니 요망한 중의 말을 듣고 덜컥 몸을 팔아 죽었다고. 인당수의 제수로 빠져 죽었던 때가 십오 세. 자신은 눈도 뜨지 못하고 그저 자식을 잃었어야만 했다고.

심황후는 그 말을 듣고 심봉사임을 확신합니다. 버선발로 뛰어내려와 심봉사를 껴안고 자신이 인당수에 빠져 죽었던 심청이라는 사실을 말합니다. 이게 무슨 말인가? 심봉사는 그 말을 듣고 내 딸 좀 보자며 기적처럼 눈을 번쩍 뜹니다. 심봉사 눈 뜨는 소리에 잔치에 있던 모든 맹인들의 눈도 덩달아 밝아지고, 집 안에 있는 맹인, 배 안의 맹인, 배 밖의 맹인 모두가 눈을 뜨고 천지개벽을 맞이하게 되어 세상의 빛이 쏟아지는 경험을 하게 되는 것이었습니다.

"얼씨구나 절씨구. 지화자 좋을시고. 어둡던 눈을 뜨고 보니, 황성궁궐이 웬 일이며, 궁 안을 살펴보니, 창해만리 먼 먼 길에, 인당수 죽은 몸이, 환세상 황후 되기, 천천만만 뜻밖이라. 얼씨구나 절씨구. 어둠침침 빈방 안에, 불킨듯이 반갑고 산양수 큰 싸움에, 자룡 본듯이, 반갑네. 흥진비래 고진감래, 나를 두고 이름인가. 얼씨구나 절씨구, 지화자자 절씨구. 일월이, 밝아 조림하여, 요순 천지가 되었네. 부중생남 중생녀, 나를 두고 이름이로구나 얼씨구나 절씨구, 여러 봉사들도, 좋아라 춤을 추며 노난다."

심봉사가 덩실덩실 춤을 추며 노래를 부르자 맹인들 역시도 춤을 추며 노래를 부릅니다.

"얼씨구나 얼씨구나, 얼씨구 좋구나, 지화자 좋네, 얼씨구나 절씨
구, 이 덕이 뉘덕이냐, 심황후, 폐하의 덕이라, 태고적 시절이후로,
봉사 눈떳단말 처음이로구나, 얼씨구나 절씨구, 송천자, 폐하도
만만세, 심황후 폐하도 만만세, 부원군도 만만세, 여러 귀빈들
도 만만세, 천천만만세를, 태평으로만 누리소서, 얼씨구나 좋을
시고."

〈심청가〉는 현대까지 전해지는 판소리 다섯 마당 가운데
중 한 곡으로, 효심이 깊은 심청이 목숨을 바쳐 아버지의 눈
을 뜨게 하는 이야기입니다. 이 작품은 조선 후기를 배경으로
하여, 가난한 서민들의 현실적인 모습을 적나라하게 보여주되,
동시에 아름다운 희망으로 결말 지어집니다. 특히 심청이 용
왕에게 구출되고 아버지를 다시 만나게 되는 장면은 조선 후
기 서민들의 마음에 낭만과 환상을 심어줬습니다.

이 작품은 심청이 탄생하는 이야기부터 심봉사가 눈을 뜨
는 대목까지, 짜임새 높은 구성과 음악적 완벽성으로 극찬을
받아왔습니다. 예술성이 높게 평가되는 〈심청가〉는 연주 시 약
네 시간이 소요되며, 슬픈 대목이 많아 계면조[3]가 많이 사용

---

3 국악에서 쓰이는 선법 중의 하나로, 단조와 비슷하다.

된다는 특징이 있습니다.

〈심청가〉의 핵심 주제인 '효'는 아주 오랫동안 인류의 가장 중요한 덕목으로 인정받아 온 정신입니다. 심청가는 판소리 다섯 바탕 중 어느 순간이든 아버지를 먼저 생각하는 심청의 지극한 효심이 가장 두드러지지요. 이 효의 실천은 당시 조선 사회의 가장 중요한 미덕 중 하나로, 그 시대의 유교적 가치관을 뚜렷하게 드러냅니다. 효는 부모에 대한 무조건적인 사랑과 봉사를 의미하며, 이는 심청이 자신의 삶을 아버지의 생명을 구하는 대가로 희생하는 과정을 통해 극대화됩니다. 즉 고전적인 유교적 가치관을 반영한 중요한 부분이라고 할 수 있죠.

심청의 운명은 그녀가 태어날 때부터 이미 결정된 것처럼 보입니다. 심청은 효녀로서 아버지를 구하기 위해 운명적으로 희생하는 길을 걷습니다. 이러한 운명론적 사고는 당시 사람들의 세계관을 반영합니다. 심청이 인당수에 몸을 던진 후, 신이 그녀를 구해내고, 이는 신의 섭리와 구원의 메시지를 전달하는 한편, 당시 사람들의 신앙적 세계관을 엿볼 수 있게 합니다.

효를 도덕적 규범의 기초로 보았던 유교 정신에 빗대어 생각한다면 작품의 의미가 더욱 드러나게 됩니다. 그러나 부모의 눈을 뜨게 하려고 자신의 몸을 내던진 심청은, 역설적으로 자신의 몸을 스스로 버렸기 때문에 부모보다 먼저 죽음을 택한 불효를 저지른 것이 되기도 합니다. 하지만 결국 황후가 되어 아버지의 눈을 뜨게 만든 심청의 원동력은 아버지를 위하는 효, 그것 하나뿐일 것입니다.

또 한 가지 흥미로운 점은 효의 미덕을 종교적 테마와 결합시켰다는 점입니다. 효의 실천이 단순한 도덕적 가치에서 벗어나 신의 은혜와 연결된다는 점에서 독창적인 서사라고 볼 수 있죠.

심청이 보여주는 효행은 현대 우리가 바라보는 효와는 차이가 있을 것입니다. 많은 환경적 변화에 의해 현대에는 거의 지니기 어려운 정신이기 때문이죠. 하지만 효를 행하겠다는 심청의 강건한 마음과 가족애는 어떤 면에서 보면 현대에도 여전합니다. 심청이 효에 가치를 두고 몸을 바치는 강건한 행동을 보여준 것처럼, 현재의 우리도 가치를 두고 있는 무언가에 이렇게 굳은 의지를 보이고 있을 테니까요. 어디에선가 망설이게 되는 순간이 찾아올 때면, 효녀 심청을 떠올려보세요.

**심청전**의 대표곡을
감상해 보세요

# 기적의 박 씨:
# 사랑과 희망의 선율

## 흥보가

"아이고, 여보 형님 동생을 나가라고허니 어느곳으로 가오리까?
이 엄동설한풍의 어느 곳으로 가면 살듯허오 지리산으로 가오
리까 백이숙제 주려죽던 수양산으로 가오리까"
"이놈 내가 너를 갈 곳까지 일러주랴? 잔소리 말고 나가거라!"

끌려 나오느라 이리저리 엉망인 옷차림을 한 사람이 마당
에 엎어져 곡소리를 내고 있습니다. 하염없이 울면서도 자꾸
만 시선은 마루 위 우뚝 서 있는 한 남자를 향해 있었죠. 마
당에서 두 손을 대고 절하듯 위를 쳐다보는 사람은 흥보, 그
것을 가당찮게 내려다보는 사람은 놀보입니다. 흥보의 옆에는
같이 끌려 나온 그의 아내가 흥보의 팔을 잡으며 어떻게든 그
를 부축하려고 애쓰고 있습니다. 하지만 역부족일 수밖에 없
는 일이라, 그들은 몇 분이 채 지나기도 전에 속수무책으로 대
문 밖까지 쫓겨나고 맙니다. 갈 곳 없는 흥보네 가족들. 마을

사람들은 그들을 안타까운 눈으로 바라보고 있었습니다. 한 집에서 살아오던 가족이 분열되는 순간이었습니다.

경상, 전라, 충청의 삼도 그 사이 어딘가, 놀보와 흥보는 한 집에 살고 있었습니다. 부유하기로 소문난 놀보는 가진 재산 만큼이나 심술도 덕지덕지 붙어 있기로 유명했지요. 하다못해 속에 심술보라는 장기가 하나 더 들었다는 소문이 날 정도였습니다. 의원이 쓰는 침을 훔치고, 양반이 쓰는 정자관을 찢어 버리고, 다 큰 처녀를 겁탈하다니요?

사람마다 오장이 육본디 놀보는 오장이 칠보라. 어찌허여 칠본고 허니 왼편 갈비밑에가 장기궁쪽만허게 심술보 하나가 딱 붙어 있어 본디 심술이 많은 놈이라. 그 착한 동생을 쫓아낼 량으로 날마다 심술공부를 허는디 꼭 이렇게 허든 것이었다.

대장군방 벌목허고 삼살방에 이사권코 오구방에다 집을짓고 불붙는데 부채질 호박에다 말뚝박고 길가는 과객양반 재울듯기 붙들었다 해가지면 내어쫓고 초란이 보면 딴낯짓고 거사보면은 소구도적 의원보면 침도적질 양반보면은 관을 찢고 다 큰 큰애기 겁탈, 수절과부는 모함잡고 우는 놈은 발가락 빨리고 똥누는 놈 주저앉히고 제주병에 오줌싸고 소주병 비상넣고 새 망건 편자끊고 새갓보면은 땀때 띠고 앉은뱅이는 택견, 곱사둥이는 되집어 놓고 봉사는 똥칠허고 애밴 부인은 배를 차고 길

가에 허방놓고 옹기전에다 말달리기 비단전에다 물총놓고,

　궁핍한 흥보네 가족은 그런 놀보네 집안에서 눈칫밥을 먹으며 살아가고 있었는데, 흥보는 그의 형과는 반대로 심성이 착하기로 소문이 나 있었죠. 아무리 같은 어머니의 배에서 나온 형제라고는 해도, 그런 악행들을 저지른 놀보가 흥보를 눈엣가시처럼 여기는 일은 당연할 수밖에 없었습니다. 흥보네 가족들이 쫓겨난 날은 엄동설한으로, 눈이 꽃잎처럼 떨어지던 어느 날이었겠지요. 더 이상 울고만 있을 순 없었던 흥보는 새빨개진 코를 문지르며 가족들을 데리고 길을 떠납니다.

　밥그릇, 숟가락 하나 없이 갑자기 쫓겨나오게 된 흥보는 돈이 절실했지만, 밥그릇은커녕 줄줄이 있는 자식들 입에 들어갈 쌀 한 톨조차 구하기가 어려웠지요. 더 이상 굶기만 할 수는 없었던 흥보는 읍내에 나가 곡식을 꾸어오겠다고 마음을 먹습니다. 흥보의 채비를 도와주는 아내는 걱정스러운 눈으로 배웅을 할 수밖에 없었죠. 양반 차림을 한 채로 걷는 흥보의 걸음걸이는 어딘가 어설프고 불안한 데가 있었습니다. 자고로 양반의 걸음걸이는 호방하게, 그러나 느긋하고 여유로운 분위기가 풍겨 나와야 하지요. 하지만 흥보는 뱃속이 비어 꼬르륵 소리는 기본이고, 자꾸만 눈치를 보는 습관이 비어져 나오는 탓에 쫓겨가는 듯한 행색이 아주 불쌍해 보였지요.

흥보가 들어간다, 흥보가 들어간다, 흥보치레를 볼작시면 철대 떨어진 헌 파립 버릿줄 총총매여 조새갓끈을 달아서 떨어진 헌 망건 밥풀관자 종이당줄 뒤통나게 졸라매고 떨어진 헌 도포 실띠로 총총이어 고픈 배 눌러띠고 한 손에다가 곱돌조대를 들고 또 한손에다가는 떨어진 부채들고 죽어도 양반이라고 여덟 팔자 걸음으로 의식비식이 들어간다.

흥보의 그런 모습이 눈에 들어오기라도 한 것일까요? 어쩌면 흥보가 자꾸만 뒤를 돌아보면서 걷느라, 앞에 오던 사람을 보지 못하고 부딪힌 것일 수도 있습니다. 흥보는 호방과 마주쳐 운이 좋게도 매품팔이 제안을 받았습니다.

"우리골 좌수가 영문에 잡혔는디 대신가서 곤장 열 대만 맞으면 한 대에 석냥씩 서른 냥은 꼽아놓은 돈이오, 마삯까지 닷냥 제지했으니 그 품 하나 팔아보오"
"매맞으러 가는 놈이 말타고 갈 것 없고 정장말로 다녀올 것이니 그돈 닷 냥을 나를 내어 주지"

흥보는 덥석, 그 제안을 수락하고 맙니다. 돈 나올 구석이 생겨 아주 안심이 된 듯, 흥보의 발걸음은 신바람이 납니다. '서른다섯 냥이면 며칠은 밥을 먹을 수 있고, 좀 더 아껴 먹으면 며칠은 더 먹을 수 있고, 반찬은 이것을 살 수 있고, 저것을 살 수도 있을 것이고.' 그런 생각을 하는 흥보의 만면에 미소가 가득합니다.

　　박흥보 좋아라고 칠청밖으로 썩 나서서 얼시구나 좋구나 돈 봐
　　라 돈 돈 봐라 돈 돈 돈 돈 돈 봐라 돈, 이 돈을 눈에 대고 보
　　면 삼강오륜이 다 보이고 조금있다가 나는 지환을 손에 다 쥐고
　　보면 삼공오륜이 끊어지니 보이난 것 돈밖의 또 있느냐 돈 돈
　　돈 돈봐라 돈, 뚝국집으로 들어가서 떡국 한 푼어치를 사서 먹
　　고 막걸리 집으로 들어가서 막걸리 두 푼어치를 사서 먹고 어깨
　　를 느리우고 죽통을 빼트리고 대장부 한 걸음에 옆전 서른 닷
　　냥이 들어를 간다.

　서른닷 냥. 흥보가 매를 맞기로 약속한 값 중 닷 냥은 마
삯[4]입니다. 흥보는 그 닷 냥을 미리 받아들고 얼른 집으로 뛰
어가 아내에게 보여주자, 아내 역시도 들뜬 마음을 감출 수가
없습니다. 하지만 어떻게 이리 바로 돈을 벌어올 수 있었단 말
인가요? 흥보의 아내는 그 비법이 궁금하여 자꾸만 캐묻습니
다. 흥보는 아주 조금 머뭇거리더니 아내에게 곧 이리 말했습
니다. 아내는 눈을 동그랗게 뜨고 흥보를 쳐다보았고요.

　　"우리골 좌수가 영문에 잽혔는디 대신가서 곤장 열대만 맞으면
　　한 대에 석 냥씩 서른 냥을 준다기에 삯전으로 받어왔으니 아무

---

**4** 말을 부린 데 대한 삯

누설 내지말소이"

아무리 가난한들 남편이 곤장을 맞아 벌어온 돈을 기뻐할
수 있을까요? 순식간에 억장이 무너진 아내는 눈물을 터뜨리
고 맙니다. "아이고, 우리 남편이, 가지 말지." 그리 말하며 통곡
을 하는 아내의 속을 모르는 것인지, 흥보는 그것마저도 걱정
되어 소리를 낮추라 이릅니다. 옆집 사는 꾀쇠 애비가 들을지
도 모른다면서요. 꾀쇠 애비, 이 사실을 안다면 자신의 매품을
빼앗아 갈 것이 자명하기 때문입니다.

하지만 막상 병영에 당도한 흥보는 겁에 질리고 맙니다. 맞
아야 하는 매가 자꾸만 떠오르는 까닭에 발걸음은 무거워졌
습니다. 곤장 한 대에 종신 골병이 든다고 하는데, 열 대를 맞
으면 어떻게 되는 걸까요?

방울이 떨렁 사령이 예이 야단났저 흥보가 삼문군기를 들여다
보니 죄인들이 볼기를 맞고 있거날 흥보 숫헌 마음에 저 사람들
도 자기모양으로 돈 벌로 온줄 알고 "내 앞에와 돈 수십냥 반다!
나도 볼기를 가고 압져 볼거나?" 삼문간에 볼기를 가고 압져노니
사령한쌍이 나오더니 "혀! 병영 배판지후에 볼기전 보는 놈 생겼
구나" "아니 당신 박생원 아니시오?" "알아 맞혔구먼" "박생원 곯았
소!" "곯다니 계란이 곯지 사람이 고나?" "아까 어떤 놈이 박생원
대신이라허고 곤장 열대 맞고 돈 서른 냥 받아서 벌써 떠났소"

사령은 흥보에게 '아까 자네 대신한 이가 벌써 매품을 팔아 갔다'라는 소식을 전합니다. 누군지는 아주 뻔합니다. 사령이 말해준 바로는 키가 구척장신에 기운이 좋아 보였다지요. 단박에 꾀쇠 애비가 떠오릅니다. 그 아들에 그 아비, 아니면 그 아비에 그 아들이던가요? 하는 수없이 흥보는 빈손으로 집에 터덜터덜 돌아갈 수밖에 없었습니다.

그 사실을 모르는 아내는 흥보가 걱정되는 마음에 버선발로 달려와 남편을 맞이합니다.

"날 건드리지 말어 요망한 계집이 밤새도록 울더니 아 그것이 와 전되야, 엽전 한 푼 못 벌고 매 한 대를 맞았으면 내가 인사불성 쇠아들 놈이제"

흥보가 그렇게 자신을 탓해도 아내는 그저 천만다행이라고 생각합니다. 하루 종일 흥보 걱정에 그 무엇도 손에 잡히지 않을 정도였으니까요. 하지만 여전히 집에 먹을 것은 부족하고 돈은 모자랍니다. 아내는 조심스럽게 말을 꺼내죠. 저기, 형님네 한 번 가보는 게 어때요? 흥보는 아내의 말을 듣고 또다시 귀가 솔깃합니다. 혹시나 하는 마음에 놀보네 대문을 슬쩍 넘으면….

"네 이놈 흥보놈아! 잘 살기 내 복이요, 못 살기는 니 팔자, 굶고

벗고 내 모른다. 볏섬 주자헌들 마당에 두지안에 다물다물이 들었으니 너 주자고 두지 헐며 전간 주자헌들 천록방 금궤안에 가득가득이 환을 지어 때돈이 들었으니 너 주자고 궤돈 헐며 찌갱이 주자 헌들 구진방 우리안에 때돼야지가 들었으니 너주자고 돗굶기며 싸래기 주자헌들 황계 백계 수백마리가 턱턱하고 꼭꼬우니 너주자고 닭굶기랴."

아 이러고 들어가거들랑 놀보 기집이라도 후해 전곡간에 주었으면 좋으련만 놀보 기집은 놀보보다 심술보 하나가 더 붙었던 것이었다. 밥푸던 주걱을 들고 중문에 딱 붙어서서 "아니 여보, 아주뱀이고 도마뱀이고 세상도 귀찮아 죽겠네. 언제 나한테 전곡갔다 졌든가? 아나 밥, 아나 쌀, 아나 돈!"

홍보는 심술 맞은 놀보 부부에게 갖은 수모를 당하며 쫓겨나고 맙니다. 장날 닭 잡듯이, 비 오는 날 먼지 나듯이 맞아죽을 뻔한 홍보는 죽을 둥 살 둥 도망칠 수밖에 없었습니다. 그러나 또 어찌 자신을 걱정하는 아내에게 사실대로 말할 수 있겠습니까? 홍보는 먼지를 탁탁 털고, 시침을 떼는 표정으로 천연덕스럽게 집에 들어섭니다. 아내는 의심스러운 눈으로 홍보를 이리저리 살피죠.

"아니 또 맞었구료."

"시끄러 그런 것이 아니라 형님댁을 건너 갔더니 형님 양주분이

어찌 후하던지 전곡을 많이 주시기에 가지고 오다가 요넘어 강정
모퉁이에서 도적놈에게 싹 빼앗기고 이렇게 매만 실컷 맞았네."

무슨 수를 써도 살림살이가 나아지기 힘든데 건사할 식구
는 많습니다. 그래도 흥보는 도적질 같은 나쁜 짓을 해서 남의
것을 빼앗아 배를 채울 생각은 추호에도 없었지요.

그러던 어느 날, 하루는 제비 한 쌍이 날아 들어와 귀여운
새끼를 두 마리 낳았습니다. 흥보는 그 제비마저도 아주 반가
웠지요.

"반갑다 저 제비야. 고루거각을 다 버리고 궁벽강촌 박흥보 움막
을 찾아드니 어찌 아니 기특하랴."

새끼들은 무럭무럭 자랐습니다. 어느 날 새끼 한 마리는
날개를 쭉 펴더니 훌쩍 날아갔지요. 그런데 흥보가 잠시 나갔
다 돌아와 보니 둥지에서 떨어진 새끼 제비 한 마리가 땅에서
바르작거리고 있는 것이 아니겠어요? 날갯짓을 보아하니 그
실력이 미숙하여 차마 날아오르지 못하고 바닥에 떨어진 것이
분명해 보였습니다. 다리가 부러져 버린 작은 새에게 동정을 느
낀 흥보 부부는 정성 어린 치료를 해주었죠. 당사실로 명태껍
질을 다리에 잘 동여매, 제비를 다시 제집에 넣어주는 그 손은
투박하긴 하였으나 다정하고 조심스러운 기색이었습니다.

"부디 죽지 말고 살아 멀고 먼만 리 강남을 평안히 잘 가거라"
미물의 짐승이라도 흥보 은혜 갚을 제비거든 죽을 리가 있겠느
냐. 수 십일만의 부러진 다리가 나아가니 하로난 날개공부 힘을
써보는 디

흥보의 보살핌 속에서 말끔히 나은 제비는 어느덧 제 형제
처럼 훨훨 날아오를 수 있게 되었습니다. 제비는 그 길로 자신
부모의 고향으로 돌아갑니다. 그곳에는 미국 갔던 분홍제비,
독일로 갔던 초록제비, 중원 나갔던 만맥이 등 많은 새들이 모
여 있었죠.

흥보 제비가 들어온다. 박흥보 제비가 들어온다. 부러진 다리가
봉통아지가 져서 전둥거리고 들어와 "예~~~이!" 제비장수 호령
을 허되 "너는 왜 다리가 봉통아지가 졌노?" 흥보제비 여짜오되
"소조가 아뢰리다. 소조가 아뢰리다. 만리 조선을 나가 태어나 소
조운수 불길허여 뚝 떨어져 대반에 다리가 작각 부러져 거의 죽
게 되었으나 어진 흥보씨를 만나 죽을 목숨이 살았으니 어찌허
면은 은혜를 갚소리까 제발 덕분의 통촉허오."

제비장수는 흥보 제비에게 보은할 수 있는 씨앗 하나를 건
넵니다. 이듬해 봄에 흥보 제비는 그 씨앗을 입에 물고 흥보에
게 찾아가지요. 자신을 알아보고 반가워하는 흥보에게 어찌
기쁜 마음을 느끼지 않을 수 있을까요? 흥보의 반가운 인사

말에 씨앗을 입에 물고 무어라 재잘대던 제비는 흥보네 집 마당에 그것을 톡 떨어뜨립니다. 흥보가 떨어진 씨앗을 잘 주워 심었더니, 신기하게도 수십 일 만에 큼지막한 박이 세 통이나 열렸지요. "박이라는 게 원래 이렇게 빨리 자라나?" 아내와 마주 보고 의아해하다가 박을 이상하게 쳐다보아도 박은 천연덕스럽게 자신의 탐스러움을 뽐내고 있었습니다. 계속해서 배를 곯고 있었던 흥보네 가족들은 박속이라도 끓여 먹자며 박 하나를 땄지요. 톱질을 하는 흥보의 입에서는 자꾸만 흥겨운 소리가 흘러나왔습니다.

"시리리리렁 실건 당거주소 에이여로 당겨주소 이박을 타거들랑은 아무것도 나오지를 말고 밥한통만 나오너라 평생의 포한이로구나 에이여루 당그여라 톱질이야 여보게 마누라 톱소리를 어서 맞소." "톱소리를 내가 맞자고 헌들 배가 고파서 못 맞것소" "배가 정 고프거들랑은 허리띠를 졸라를 매소, 에이여루 당거주소 작은 자식은 저리가고 큰 자식은 내한트로 오너라 우리가 이박을 타서 박속일랑 끓여먹고 바가질랑은 부자집에다 팔아다가 목심보명을 살아나세, 당겨주소, 강상의 떴난 배가 수천석을 지가 싣고 간들 저희만 좋았지 내 박 한통을 당할 수가 있느냐, 시리리리렁 실건 시리렁 시리렁 시리렁실건 당그여라 톱질이야"

그런데 웬걸, 이게 무슨 일일까요? 박 한 통에서는 쌀과 돈이 한도 끝도 없이 나오는 궤짝이, 또 다른 박에서는 온갖 종

류의 비단이, 마지막 세 번째 박에서는 집 지어주는 일꾼들이 뛰어나오는 게 아니겠어요? 흥보는 뒤로 나동그라질 정도로 놀랐습니다. 흥보의 아내 역시도 마찬가지라 두 사람은 톱을 그만 놓칠 뻔했습니다. 두 사람은 곧이어 벌떡 일어나 덩실덩실 춤을 추었죠. 하루아침에 벼락부자가 되다니! 흥보가 그렇게 활짝 웃는 모습을 자식들은 처음 보았다지요?

> 사랑치레 볼작시면 가장장판 소래반자 완자밀창의 화류문갑 대모책상까지 놓여있고 시전 서전의 주역이며 이백두시 어어어 통사략을 좌우로 좌르르르 별렸난듸 박흥보가 좋아라고 "여보아라 큰 자식아 건너 말 건너가서 너의 큰 아버지를 오시래라 경사를 보아도 우리형제 볼란다. 얼씨구나 좀도좋네. 이리렁성 저리렁성 흩트러진 근심일랑 마누래와 같이 모여 앉아서 거드렁 거리고 놀아 보자."

흥보네 집은 매우 부자가 되었습니다. 이에 수군대는 사람들의 말소리는 아주 빠르게 놀보의 귀에까지 들어갑니다. "그집 참, 착한 사람이 가난하게 사는 것이 안 되었는데 말이야. 이제 아주 다행이지? 그 흥보네 집 말이야." 흥보, 제가 아는 그 한심한 흥보 놈이 맞을까요? 놀보는 한걸음에 동생의 집으로 달려가 세간을 살핍니다. 과연 번쩍번쩍, 큼직큼직 귀한 것들이 한가득 쌓여 있었지요. 놀보는 이리저리 말을 돌리고 돌려 흥보의 세간이 어디에서 왔는지 알아내고야 맙니다.

"하루는 제비 한쌍이 날아들어 새끼 두 마리를 깠는디 먼저 깐 놈은 날아가고 나중 깐 놈이 날개공부 힘을 쓰다 뚝 떨어져 다리가 짝각 부러졌지요. 아 그래서 명태껍질을 얻고 당사실을 구하여 부러진 다리를 동여매어 제 집에 넣어 살려 주었더니 그 이듬해 강남을 들어갔다 나오면서 박 씨를 물어다 주어 그 박 씨를 심었드니 박 세통이 열려 팔월추석은 돌아오고 먹을 것이 없어 박속이나 먹을 양으로 박을 타보았더니 아 그속에서 이렇게 은금보화가 많이 나왔지 제가 무슨 도적질을 했단 말씀이요."

이 놈이 가만히 듣더니마는 "야 거 부자되기 천하에 쉽구나. 너는 한 마리 분질러서 부자가 되었거니와, 나는 한 열댓 마리 분질러 보내면 거부장자가 될 것이야."

놀보는 다리 다친 제비만 생긴다면, 지금보다 더 큰 부자가 되고도 남을 것이라고 생각합니다. 자명한 사실이지요. 그러나 눈을 씻고 둘러봐도 다리 다친 제비는커녕 갓 태어난 새끼조차도 보이지 않습니다. 하는 수 없이 놀보는 멀쩡한 제비를 잡아다 다리를 부러뜨립니다. 몸을 비틀며 고통스러워하는 제비의 다리에 손수 명태 껍질을 동여매주는 놀보는 사뭇 섬뜩한 웃음을 짓고 있었죠. 제비를 날려 보내는 손길은 거칠고 다급하기까지 했습니다.

하지만 놀보의 괘씸한 정성이 하늘에 닿은 것이었을까요? 놀보는 동생이 말해준 대로 박 씨를 얻게 되었습니다. 씨앗을 얻은 놀보는 자신을 쳐다보는 제비의 눈빛이 어땠는지 살필

겨를조차 없었죠. 얼른 씨앗을 심고 들여다보기를 수십 일. 과연 박이 무르익었고, 이 땅에서 제일가는 부자가 될 생각에 들뜬 놀보는 얼른 박 하나를 따 신나게 톱질을 시작합니다. 거의 박을 다 타 가는 무렵, 놀보가 타던 박이 심하게 들썩거리기 시작합니다.

'이게 뭐지?' 미처 생각이 미치기도 전에 박이 번쩍! 열리더니 놀보는 어이쿠! 이리저리 두들겨 맞기 시작합니다. 놀보의 박 속에 들어 있었던 것은 심보 고약한 놀보를 혼쭐낼 상전이며 사당패 무리였지요. 박으로 인해 다른 재산까지 모두 잃게 된 놀보는 허름한 옷차림새로 끙끙, 앓다가 그제야 잘못을 깨닫고, 홍보를 찾아가서 용서를 구했습니다. 홍보는 잘못을 뉘우치는 형님을 넓은 마음으로 이해했고, 두 형제는 전과는 조금 달라진 모습으로 함께 살아가게 됩니다.

가난하고 착한 동생 홍보가 부러진 제비 다리를 고쳐주고 박 씨를 얻어 큰 부자가 되자, 그것을 질투한 형 놀보가 일부러 제비 다리를 부러뜨린 뒤 얻은 박 씨로 크게 혼쭐이 났다는 〈홍보가〉 역시 현대까지 전승되는 판소리입니다. 다른 다섯 판소리보다 골계적 구조가 돋보여 익살스럽게 느껴지는 것이 가장 큰 특징이지요.

〈홍보가〉는 판소리사 초기부터 불려온 작품으로 추측되지만, 19세기 중반부터 해당 판소리를 폄하하는 시각이 생겨났습니다. 이는 〈흥보가〉에 자주 등장하는 해학적이고 익살스러운 대목들이 양반층 관객들의 취향과 맞지 않았기 때문이었죠. 이러한 이유로 〈흥보가〉의 창자와 전승이 줄어들었던 것도 잠시, 20세기 이후 〈흥보가〉는 다시 활성화되어 그 속에 담긴 교훈과 예술적 가치를 인정받게 되었습니다.

〈흥보가〉는 단순히 복수와 보상을 그린 이야기처럼 보일 수 있지만, 그 안에는 여러 인문학적, 철학적 요소가 깃들어 있습니다. 특히 고통과 희망, 사회적 약자에 대한 동정, 그리고 정의와 부조리라는 주제들이 잘 드러납니다. 흥보는 놀보의 수탈과 고통 속에서 살아가면서도 끊임없이 긍정적이고 희망적인 태도를 유지합니다. 흥보의 인내와 긍정적인 태도는 그가 겪는 고난을 단순히 운명으로 받아들이지 않고, 미래의 가능성을 믿으며 살아가는 인간의 희망을 상징합니다.

경제적으로 궁핍한 상황에 처한 착한 흥보가 놀보처럼 악한 사람들의 핍박과 무시에 시달린다는 서사는 조선 사회의 빈부 격차와 계급 구조에서 사회적 약자가 겪는 고통을 고발하는 요소로 볼 수 있습니다.

현대에 들어서는 '흥보처럼 산다'라는 말이 더 이상 칭찬으로 들리지 않을 수도 있습니다. 오히려 바보 같을 정도로 착하다는 말은 칭찬보다는 타박으로 쓰이는 경우가 많죠. 사람들은 손해를 본 정도로 착한 사람을 평가하고, 그 기준으로 행동을 판단합니다. 하지만 바로 이럴 때일수록 우리는 〈흥보가〉를 다시 읽어야 합니다. 악의 무리가 득세하는 시대일수록, 착한 이야기가 더욱 중요해지기 때문입니다. 착한 사람에게만 상이 주어지는 것이 아니라, 선한 기질을 가진 사람은 삶의 풍파 속에서도 흔들릴지언정 그 뿌리가 뽑히거나 꺾이지 않기 때문입니다. 결국, 우리가 이 이야기를 통해 깨달아야 할 것은, 선한 마음이야말로 어떤 역경 속에서도 그 사람을 굳건하게 만든다는 깨달음 아닐까요.

흥보가의 대표곡을
감상해 보세요.

# 달 아래 맹세:
# 춘향과 이몽룡의 노래

## 춘향가

전라도 남원 고을에 이름난 기생 하나가 살고 있었습니다. 가무에 능하고 얼굴도 빼어나게 아름다웠던 그 기생은 어느 날 한 양반과 결혼하여 기생 일을 그만두었죠. 그녀의 이름은 월매. 월매에게는 한 가지 고민이 생겼습니다. 바로 나이 40이 되도록 아이가 없다는 것이었습니다. 월매는 고민 끝에 목욕재계를 하고 산에 올라 매일같이 기도를 드렸습니다. 예쁜 아이 하나만 주시면 금이야 옥이야 키우며 행복하게 살겠다고요.

그 기도가 정말 효험이 있었던 것인지, 5월 5일에 월매는 이상한 꿈을 하나 꾸었습니다. 어여쁜 선녀가 아름다운 빛깔의 옷을 입고, 화관을 쓴 채로 아이 하나를 안겨주었던 것이었죠. 꿈에서 깨고 보니 어찌 길몽이 아닐 수 있겠어요? 과연 그 달부터 아이를 임신한 기척이 느껴지더니, 열 달이 흐르자 월매의 배는 동그란 달처럼 부풀어 올랐습니다. 예쁜 여자아이를 낳은 후에는 춘향이라고 이름을 지어주고, 약속했던 대로 금이야 옥이야 길지요. 춘향은 매우 어여뻤지만, 품행도 단정하고 효심도 깊어 동네 사람들이 감탄하곤 했습니다.

단오절이 되자 사람들은 모두 길거리에 나와 단오절을 즐겼습니다. 삼청동 이한림이라는 자가 마침 남원 부사로 있었는데, 그의 아들인 이도령 역시도 화창한 날씨를 즐기러 한들거리는 발걸음으로 걷고 있었습니다. 하인 방자에게 물어 경치 좋은 곳을 찾아가는 중이었지요. "공부하는 도련님이 승지는 왜요?" 그리 묻는 방자에게 이도령은 이리 답합니다.

기산영수별건곤(箕山潁水別乾坤) 소부허유(巢父許由) 놀고
적벽강추야월(赤壁江秋夜月)에 소자첨(蘇子瞻)도 놀았고
채석강명월야(采石江明月夜)의 이적선(李謫仙)이도 놀았고
등왕각(藤王閣) 봉황대(鳳凰臺) 문장명필(文章名筆)의 자취라.
내 또한 호협사(豪俠士)로 동원도리(東園挑李) 편시춘(片時春)
낸들 어이 허송(虛送)혈거나 잔말 말고 일러라

문장의 대가들이 자고로 승지강산을 보고 그리된 것이라고 말하는 이도령의 눈은 반짝였습니다. 제사보다 젯밥에 관심이 있는 것처럼 보이는 도련님이었지만, 방자는 이에 흥겹게 대답합니다. 남문 밖에 나가 있는 광한루가 제일의 승지라고요. 방자는 안장을 씌운 나귀에 이도령을 태우고 광한루로 향

합니다.

적성의 아침날의 늦인 안개는 떠어 있고 녹수의 저문 봄은 화류동풍 둘렀는디 요헌기구(瑤軒綺構) 하최외(何崔嵬)난 임고대(臨高臺)로 일러있고 자각단루(紫閣丹樓) 분조요(紛照耀)난 광한루를 이름이로구나. 광한루도 좋거니와 오작교가 더욱 좋다. 오작교가 분명허면, 견우직녀(牽牛織女) 없을소냐 견우성은 내가 되려니와 직녀성은 게 뉘랴 될고, 오날 이곳 화림중(花林中)에 삼생연분(三生緣分)을 만나를 볼까

아름다운 풍취에 취했던가요. 어쩌면 방자가 가져다준 술에 흥겹게 취해 버렸는지도 모릅니다. 이도령은 기분이 아주 좋아져 글도 한 수 지어 읊고, 앉았다가 일어났다가 신이 나이리저리 걸어 다니기도 하면서 한껏 풍류를 즐깁니다. 그때 아름다운 한 소녀가 이도령의 눈에 들어왔습니다. 태양빛처럼 화려하고 밝은 것 같다가도, 달처럼 은은하고 고운 것도 같았습니다. 소녀는 고운 손으로 그넷줄을 꼭 붙잡고 그네 위로 올라서더니, 발을 툭 하고 굴러 그네를 타기 시작했죠.

어느새 이도령은 그 소녀에게서 눈을 뗄 수가 없었습니다. 마치 무엇에라도 홀린 것처럼 하염없이 바라보는 시선 속에는 어느샌가 알 수 없는 감정이 싹터 올랐죠. 날이 유독 더웠던 것이었을까요? 얼굴에 조금씩 뜨거운 열감이 느껴지는 감

각은 매우 생소했습니다. "방자야", "예", "저기 저 건너 장림숲 속의 울긋불긋 오락가락하는 저게 무엇이냐?", "아무것도 안 보이는데요?", "건너가서 보고 오너라!" 급박한 목소리와 잔뜩 능글거리는 목소리가 몇 번 오간 후였습니다.

> "다른 무엇 아니오라 이 고을 퇴기 월매 딸 춘향이라 하옵는디 제 본심 도고하야 기생구실 마다허고 대피넣고 물러나와 백화 춘엽의 글귀나 생각하옵는디 오늘이 마침 단오절이라 몸종 향 단이를 다리고 추천(鞦韆:그네)하러 나온 줄 아뢰오."

월매라는 퇴기의 딸. 기생이 되길 거부하는 기생의 여식. 단오절을 맞아 그네를 타러 나왔다는 저 울긋불긋, 오락가락 하는 저것. 이도령은 춘향을 그리 기억하기 시작합니다. "얼른 춘향을 불러 데리고 오너라!" 방자는 또다시 흥겹게 총총거리 며 춘향에게로 갑니다.

> 방자 분부듣고 춘향 부르러 건너간다. 맵씨있는 저 방자 태도 좋은 저 방자 연입 벙치 눌러쓰고 충충거리고 건너갈 제, 조약 돌 덥벅 쥐여 양유앉인 저 꾀꼬리 툭 쳐 휘여 날려보며 서왕모 (西王母)요지연(瑤池宴)의 편지 전튼 청조(靑鳥)같이 이리저리 건너가 춘향 추천 하는 곳 바드드득 달려들어 아니 옛다 춘향아!

"춘향아!" 방자가 그리 소리를 지르니 그네 타던 어여쁜 소녀 춘향이 깜짝 놀라지 않겠어요? 춘향에게 방자는 어서 가야 한다고 다짜고짜 말을 꺼냅니다. "글쎄, 사또 자제 도련님이 광한루 구경 나오셨다가 글쎄, 자네를 보았다네. 불러오라 하시기에 하릴없이 건너왔지 뭔가. 어서 가지." 방자의 말이 마음에 안 드는지, 춘향의 표정은 영 밝지 않습니다. "공부하시는 책방 도련님이 나를 어찌 알고? 네가 조랑조랑 까 바쳤지? 나는 못 간다!" 다만, 춘향은 방자에게 부탁합니다. 도련님에게 이 말 한마디만 전해 달라고요. 도련님께 여쭙기를 "안수해 접수화 해수혈이라."

방자는 곧장 돌아와 이도령에게 그 말을 전합니다. 공부하는 책방 도련님 이도령은 단박에 그 말뜻을 깨닫죠. 안수해 접수화 해수혈(雁隨海 蝶隨花 蟹隨穴). 기러기는 바다를 찾고 나비는 꽃을 찾으며 게는 구멍을 찾는다. 누가 누구를 찾아와야 하는지를 비유한 것이었죠.

'날더러 찾아오라는 뜻이구나.' 이도령은 방자를 데리고 빠르게 춘향의 집으로 찾아갑니다. 달이 유독 밝은 밤이었습니다. 그때 월매가 이도령과 방자를 발견하고, 귀한 사또의 자제가 집으로 찾아왔다는 것을 알게 되자 얼른 집 안으로 들입니다. 집 안으로 들어선 이도령은 월매에게 이렇게 말합니다. "며칠 전 춘향이 그네 타는 모습을 보고 내 마음이 혼란하여 왔는데, 혹시 춘향과 백년가약을 맺을 수 있겠는가?" 월매의 표정이 잠시간 어두워진 것도 같았습니다. 월매는 이런저런 말을 꺼냈는데, 말하자면 이런 것이었죠.

"도련님은 사대부라 탐화봉접(探花蜂蝶)으로 잠깐 보고 바리시면 천문백발 두 목심이 사생이 가련허니 그런 말씀 마옵시고 잠깐 노사다나 가옵시오."

즉 이도령이 춘향을 잠시 데리고 놀다가 버리면 어쩌나, 하는 걱정을 하고 있었던 것이었죠. 하지만 이도령은 절대 그럴 일은 없을 것이라고 단언합니다. 월매의 속은 하나부터 열까지 걱정과 고민으로 가득 차 있었으나, 결국 이렇게 이야기합니다. "구구절절 혼례니 상견례 같은 건 올리지 못하지만 증서 하나만 써주시오." 월매의 말에 이도령은 일필휘지, 붓을 한 번 휘둘러 막힘없이 멋들어진 글씨를 써 내려갑니다. 춘향과 이도령은 그날부터 혼례를 올린 것이나 다름없는 부부가 되었습니다. 춘향이 기생이었기에 첩이 될 수밖에 없는 운명이었지만, 그럼에도 두 사람은 진심 어린 사랑을 나누었습니다. 둘의 사랑 가득한 노래는 이런 가사로 불리고 있죠.

사랑 사랑 내 사랑이야 어허 둥둥 내 사랑이지. 만첩청산(萬疊靑山) 늙은 범이 살찐 암캐를 물어다 놓고 이는 다 담쑥 빠져 먹들 못허고 으르릉 아앙 넘노난 듯 단산봉황(丹山鳳凰)이 죽실(竹實)을 물고 오동(梧桐)속의 넘노난 듯 구곡청학(九曲靑鶴)이 난초를

물고 송백(松柏)간의 넘노난 듯 북해 흑룡이 여의주를 물고 채
운 간의 넘노난 듯 내 사랑 내 알뜰 내 간간이지야 오호 둥둥 늬
가 내 사랑이지야 목난무변 수여천(木欄無邊 水如天)의 창해같이
깊은 사랑 사모친 정 달밝은 데 무산천봉(巫山天峯) 완월(玩月) 사
랑 생전 사랑이 이러커니 사후기약이 없을소냐!

얼굴만 봐도 웃음이 나고 업고 놀기만 해도 시간이 가는
줄 모르는 신혼의 부부입니다. 이 시간이 계속해서 이어지면
좋으련만, 이도령의 아버지이자 고을의 사또는 궁 안에서 근무
하라는 명을 받습니다. 춘향은 이도령을 따라 서울로 올라가
고 싶었지만, 바깥 첩을 만들었다는 것을 들키기라도 하는 날
에는 벼슬길도 뚝 막혀버린다는 이도령의 말이 걸렸습니다. 그
러나 속상하고 서운하며 슬프고 막막한 것도 사실이라, 춘향
은 구슬픈 울음으로 자꾸만 이도령을 붙잡습니다.

"아이고 여보 도련님 참으로 가실라요 나를 어쩌고 가시랴오 인
제 가면 언제와요 올날이나 일러주오 동방작약 춘풍시의 꽃피거
든 오시랴오 늦드라는 상상봉이 평지가 되거든 오시랴오 조그
마한 조약돌이 크드라는 광석이 되어 정이 맞거든 오시랴오 마
두각(馬頭角: 말 머리의 뿔이 남)허거든 오시랴오 오두백(烏頭白)[5] 허

<hr>
5 까마귀 머리가 희어짐

거든 오시랴오 운종룡(雲從龍), 풍종호(風從虎)라 용가는데 구름이 가고 범이 가는데는 바람가니 금일송군(今日送君) 님 가신곳 백년소첩 나도 가지"

이도령 역시 혼자가 될 춘향이 안쓰러워 애간장이 녹고 자꾸만 눈물이 납니다. 떨어지지 않는 발걸음을 옮기려 애쓰다 보면 방자가 얼른 뛰어와 그를 잡아끌고 가지요. 사또가 찾으시는데, 지금 도련님이 사라져서 아주 발칵 뒤집혔다고요. 춘향은 이도령이 말을 타고 가는 길까지 배웅하러 나갑니다. 그가 떠나는 모습을 보며 이리 말하지요. 간 곳 소식이나 간간이 전해 달라고요.

춘향은 그날부터 그리운 사랑의 꿈을 꿉니다. 밤늦게 이도령이 찾아와 문고리를 달랑달랑 흔들며 열어달라고 웃는 꿈을요. 그러나 춘향은 깊은 잠에 빠져 이도령이 오는 소리를 듣지 못합니다. 그리하여 이도령은 지쳐 돌아가게 되지요. 그제야 춘향은 벌떡 일어나 바깥으로 달려 나갑니다. 이도령은 간 곳 없고, 춘향은 마음이 매우 쓸쓸해져 이리 중얼거립니다.

"아이고 꿈아 무정한 꿈아 오시는 님을 꼭 붙들어주고 잠든 나를 깨울 것이지 꿈도 빌어 볼 수가 없구나."

춘향이 눈물로 하루하루를 버티고 있을 때, 이도령과 사또가 떠난 마을에는 새로운 바람이 조금씩 불기 시작합니다. 서울 자하골에 살던 변학도라는 자가 새로운 사또 자리를 차지하게 된 것이었죠. 하지만 이 새로운 남원부사에게는 음흉함이 깃들어 있었는데, 그건 바로 춘향이 절세미인이라는 소리를 듣고 솔깃하여 관심을 보이는 호색한의 기질이었습니다. 그는 고을에 도착하여 하인들의 점고보다도 기생의 점고를 더 먼저 듣고 싶어 했습니다.

"만경대 구름 속 높이 놀던 학선이 왔느냐?"

"예 등대허였소"

"만화방창의 봄바람 부귀할 손 모란이 왔느냐?"

"예 등대허였소"

"바람아 둥땡 부지마라 낙락장송의 취향(翠香)이 왔느냐?"

"예 등대허였소"

곧이어 기생 점고[6]를 모두 마쳤다는 보고가 들려옵니다. 그런데 이상하지요. 춘향의 이름은 불린 적이 없는데 말입니다. "춘향이라는 기생이 있다던데, 어째서 점고에 불참했느냐?" 그리 묻는 변 사또에게 호장은 춘향이 이미 이도령, 다시 말해 이몽룡이라는 자와 백년언약을 한 후 수절을 하였기 때문이라고 대답하지요. "희한할세, 기생에게 수절이 어디 있느

---

6 명부에 일일이 점을 찍어 가며 사람의 수를 조사함

냐? 냉큼 불러오거라!" 변 사또의 그 욕심 많은 한 마디 때문에, 독수공방을 지내던 춘향은 영문도 모른 채 자신을 잡으러 온 사령들을 맞이하게 됩니다.

하지만 춘향은 순순히 끌려가지 않습니다. 사령들에게 맛좋은 술을 잔뜩 먹이고, 돈 열 냥을 쥐어주니 사령들은 봐주는 체하더니, 짐짓 못 이기는 척을 하며 슬그머니 일어나는 것이 아니겠어요. 춘향은 그렇게 사령들을 무사히 돌려보냅니다. 하지만 상대는 변 사또였죠. 자꾸만 사람을 보내오는 통에 춘향은 결국 관문 앞에 도착하고야 맙니다.

변 사또는 춘향이가 마음에 쏙 들었습니다. "옹골지게 잘 생겼다! 이리 올라오거라!" 춘향은 변 사또의 말에 변 사또가 있는 쪽으로 올라갔지만 가까이 다가가지 않고 고개를 숙인 채 요지부동으로 서 있었죠. 변 사또는 그런 춘향을 보며 이렇게 말합니다. "이몽룡이 간 후 독수공방하였을 리가 없는데, 또 누가 있는가?" 춘향은 전면으로 그 말을 부정하죠. 기생의 딸로 태어났지만 기생으로 살지 않았으며 몽룡과 백년가약을 맺었다고요.

"네 마음 기특하나 이 도령 어린아해 귀가댁에 장가들고 대과급제 허게되면 천리타향의 잠시 장난이지 네 생각할 리가 있느냐? 너 또한 고서를 읽었다니 사기로 이르리라. 옛날에 예양(禮讓)이는 재초부(再醮婦)의 수절이라 너도 나를 위해 수절하거드면 에양과 일반이니 오날부터 몸단장 곱게허고 수청들게 하라"

변 사또는 또 이렇게 말합니다. 이 도령은 아직 어린데, 과거에 급제하고 나면 춘향이 같은 건 금방 잊어버릴 것이라고요. 또 자기 수청을 들라는 말도 덧붙이는데, 결국 이도령이 춘향을 잊을 테니 미리 자신과 인연을 맺으라는 뜻이었습니다. 춘향은 계속하여 그것을 거절하다가, 결국에는 분에 차 말합니다.

> 기생에게 충이없소 열녀가 없소 대부인 수절이나 소녀 춘향수절이나 수절은 일반인데 수절에도 상하가 있소? 사또도 국운이 불행허여 도적이 강성하면 적하의 무릎꿇어 두 임군을 섬기랴오 마오 그리마오 창녀자식이라고 그리마오.

도적이 들이닥치면 무릎을 꿇어 천하에 두 임금을 섬길 것이냐는 춘향의 물음에 사또는 몹시 화를 냅니다. 춘향을 끌어내라고 명령하자 군로사령들은 춘향의 머리채를 휘휘 감아 잡고 아래로 내동댕이 쳐버리죠. 춘향은 곤장까지 맞습니다. 한 대를 맞자 정신이 번쩍 들고 소름이 돋고, 두 대를 맞자 온몸이 따끔거리고 뜨겁습니다. 춘향의 다리 사이로 검은 피가 주르륵 흐를 때까지 곤장을 맞습니다. 매질하던 집장사령도 이리 말할 정도였지요.

"못 보겠네 못보겠네 사람인륜으로는 볼 수가 없네 이제라도 나가서 문전걸식을 헐 지라도 집장사령 노릇을 못허겠네"

하지만 변 사또는 노기가 풀리지 않았습니다. 춘향의 목에 칼을 채워 옥에 가둬 버리라고 소리를 지르는데, 오히려 춘향에게는 좋은 일이었는지도 모릅니다. 춘향은 형틀 아래 기절하여 옥에 갇히게 됩니다. 뒤늦게 이 소식을 들은 월매가 춘향에게 달려와 울며 소리치죠. 이도령에게 편지를 띄울 것이라고요. 그때 깨어난 춘향은 월매를 간곡하게 말립니다. 오지도 못할 사람에게 속병이나 나게 할 것이라고 말입니다. 춘향은 그렇게 모든 것을 감내하기로 합니다. 변 사또는 계속하여 춘향을 굴복시키려고 합니다. 다른 기생들을 시켜 춘향을 설득하게 하고, 성공한 사람에게는 상금과 보상을 주겠다고 회유합니다.

한편 이도령은 춘향과 헤어져 서울로 올라와 과거를 봅니다. 보란 듯이 장원으로 합격한 후, 그는 암행어사로 차출되지요. 헌 망건을 두르고 다 떨어진 짚신을 신고 다 해진 옷을 입었지만, 품에 마패를 숨기고 날카로운 눈을 갖춘 사람 말입니다. 암행어사로서 길을 떠나던 도중, 이도령은 어쩐 일인지 방자와 마주칩니다. "너 어디 가느냐?" 이도령인 것을 알아보지 못한 방자는 말을 빙빙 돌리다 결국 이리 대답하지요.

"우리골 남원옥중 춘향편지 갖고 구관댁 이 몽룡씨 찾어갑니다."

이도령은 편지를 잠시 보여달라고 청한 후, 그것을 읽으며 눈물을 뚝뚝 흘립니다. "아, 편지 다 젖겠네!" 그리 불평하던 방자는 깜짝 놀라 이렇게 말합니다.

"아이고! 여 우리 서방님 아니시오 아이고 서방님!"

이도령은 방자와 광한루에서 다시 만나기로 한 후, 월매를 찾아갑니다. 월매는 정화수를 떠놓고 이몽룡이 찾아와 춘향을 살려주길 기도하고 있었죠. 이도령은 월매를 불러 거지 꼴을 한 자신이 이몽룡임을 밝힙니다. 이 거지가 누군지 눈을 가늘게 뜨고 경계 태세를 늦추지 않던 월매는 번쩍 눈을 뜨며 만면에 활짝 웃음을 짓습니다.

"아이고 이 사람아 왔구나! 우리사위 왔네 어디를 갔다가 이제 오는가 얼씨구 내 사우 하날에서 뚝 떨어졌나 땅에서 불끈 솟았나. 하운이 다기봉터니 구름속에 쌓여왔나 풍설이 쇄란터니 바람결에 날려왔나. 춘수는 만사택이라 허더니 물이 깊어서 이제온 가. 무정허고 야속헌데 한번 가더니마는 여영잇고 일장수서가 돈 절하니 어찌그리도 무정헌가 야속하다고 일렀더니 어디를 갔다가 이제온가 들어가세 이 사람아 뉘 집이라고 아니 들어오고 문밖에서 주저를 하는가 들어가세 들어가세 내 방으로 들어가세."

하지만 방으로 들어간 월매는 이내 좌절하고 맙니다. 왼쪽으로 보나 오른쪽으로 보나 서울에서 돌아온 사위는 과거에 급제하긴커녕 거지꼴이 되어 왔으니까요. 답답하여 가슴만 치고 있는 월매에게 이도령은 괜스레 더욱 답답할 소리를 합니다.

> "장모 날로 봐서 그만 참소 참어. 그런데 참 장모가 말하니 말이지 내 얼골 많이 변했지? 춘향에게 장가올 때는 얼골 좋았지. 얼골 뿐 아니라 형세로 말하드라도 서울서 둘째자라면 섧게 알던 형세인데 그 돈이 나발소리들은 돈이라 그런지 허망하게 달아나 버리데 그려. 아 집안이 망허고 보니 내 꼴도 이렇게 되데 그려 헐 수 있나."

월매와 향단은 결국 이도령을 춘향에게 데려가기로 합니다. 춘향이 몹시 슬퍼할 걸 걱정하면서도요. 어찌 우리 어여쁘고 착한 아기씨에게 이런 비정한 일이 생기는지, 하나님도 무심하다고 우는 향단의 울음소리에는 이도령조차도 울컥하게 만드는 안타까움이 서려 있었습니다. 그리하여 마침내 옥에 도착하여 춘향을 불러낸 월매는 춘향을 안쓰럽게 바라보다가 이몽룡의 존재를 알립니다.

> "네 평생 원하든 앉어도 서방 누워도 서방 죽어가면서도 서방 허든 너의 서방 이몽룡씨 비렁거리되어 왔다. 어서 나와 얼골 좀 보아라."

춘향은 이도령의 처지가 불쌍하고 슬프면서도 다시 보게
된 것이 마냥 좋기만 합니다. 내일이 바로 변 사또 생일인데,
생일날 변 사또가 자신을 죽이겠다고 벼르고 있다는 것을 전
하면서, 이도령에게 자신의 시체를 수습해줄 것을 부탁하지
요. 이도령은 차마 그러리라 대답할 수 없었습니다. 설령 거짓
이라 해도 사랑하는 사람의 죽음을 입에 담을 수는 없었을
테니까요. 애달픈 연인들의 짧은 만남이 끝나면 새벽이 오고
변 사또의 생일이 옵니다. 변 사또의 생일날, 이도령은 허름한
차림 그대로 변 사또의 생일잔치에 나타나 참석하겠다고 떼를
쓰지요. 그 당당한 태도를 보고 사람들은 이 도령을 가난한
양반쯤으로 여기고, 그에게도 자리를 하나 내어줍니다.

하지만 이도령은 그저 잔치에 참석하여 밥만 배불리 먹을
요량이 아니었지요. 잔칫밥을 얻어먹은 후 슬쩍 일어서더니,
청패역졸들이 근처에 구름떼처럼 혹은 구경꾼처럼 몰려 서 있
는 것을 확인합니다. 이도령이 눈짓을 한 번 까딱, 부채질을 한
번 까딱하자, 우레와 같은 고함이 터져 나왔습니다.

"암행어사 출두야 출두야 암행어사 출두허옵신다!"

탐관오리와 부정한 관리들이 걸음아 날 살려라 도망치는
모습은 그야말로 장관이었습니다. 모두 붙잡아 처벌한 후, 이
도령은 죄인 춘향을 올리라 명령합니다. 춘향은 저곳에 올라

앉아 있는 자가 차마 자신의 서방님이라고 생각지도 못했지요. 그래서 자신의 수청은 들 수 있겠냐 묻는 이도령의 말에 가당치도 않다는 듯 대답을 했던 것입니다.

> "내 아무리 죽게 된들 두 낭군이 웬 말이요. 소녀의 먹은 마음 수의사또 출도후의 새 새원정을 아뢴 후에 목숨이나 살아날까 바랐더니마는 초록은 동색이요 가재는 게 편이라, 양반은 도시 일반이요 그려, 송장 임자가 문밖으로 왔으니 어서 급히 죽여주오."

이도령은 그제야 춘향에게 얼굴을 들라 분부합니다. 기생을 시켜 춘향이 헤어질 때 주었던 옥지환도 건넵니다. 춘향은 옥지환을 받아들고 이도령을 본 후, 그대로 기절을 하죠. 춘향을 눕히고 이곳저곳 주무르자 춘향은 겨우 눈을 뜨고 이도령을 원망합니다. 나한테까지 이렇게 철저히 숨길 수가 있는지, 진작 귀띔해줬다면 어젯밤은 맘 편하게 보냈을 것 아닌지, 그래도 다시 보니 이토록 반가울 수가 있는지. 춘향과 이도령은 그렇게 기쁨의 재회를 하게 됩니다.

> 지화자 좋을시구 남원부중 사람들 아들낳기 원치말고 춘향같은 딸을 나 곱게곱게 잘 길러 서울사람이 오거들랑 묻지 말고 사위 삼소 얼씨구나 잘씨구 수수광풍(誰水狂風) 적벽강 동남풍이 불었네. 궁뎅이를 두었다가 논을 살까 밭을 살까 흔들데로만 흔들어 보세 얼씨구나 절씨구 얼씨구 절씨구 지화자 좋네 얼

씨구나 좋을씨구.

〈춘향가〉는 현전 판소리 다섯 마당 중 가장 예술성이 뛰어난 작품으로 꼽힙니다. 남원부사의 자제였던 이몽룡은 기생의 딸 춘향과 사랑에 빠져 백년가약의 언약을 맺습니다. 이후 서울로 돌아간 이몽룡을 기다리던 춘향은 새로 부임해 온 변 사또로부터 모진 고초를 겪지요. 모두가 이몽룡이 돌아오지 않을 것이라고 믿었던 순간, 암행어사가 되어 나타난 이몽룡은 춘향을 위기에서 구해냅니다. 신분에 구애받지 않고, 결국 결실을 맺는 사랑 이야기는 조선시대에도 매우 인기가 있었던 것이지요.

춘향과 이도령의 사랑 이야기는 단순히 두 사람 간의 개인적인 감정을 넘어서, 사회적 계급과 권력의 문제 등 다양한 주제를 다룹니다. 춘향은 양반의 아들 이도령과 사랑에 빠지지만 그녀는 기생의 딸로서 사회적 지위가 낮은데, 이는 이도령이 벼슬길에 올라가는 과정에서 신분의 차이를 극명하게 드러냅니다. 이러한 상황은 계급 사회의 모순을 드러내며, 사회의 불평등과 부조리를 간접적으로 비판합니다.

춘향은 전통적인 여성상이자 순종적인 아내로서의 역할을 기대받지만, 그녀는 자기 의지와 자유를 주장합니다. 춘향이 어떠한 외압에도 굴하지 않고 이도령과의 약속을 지키려는 모습은, 당시 여성들이 자기 선택의 자유를 어떻게 실현할 수 있는지에 대한 중요한 메시지를 전달합니다. 춘향은 당대 사회적 제약 속에서도 자신의 가치와 자아를 지키려는 강한 의지를 보이며, 자기결정권의 중요성을 강조합니다. 그녀는 외부의 억압에 맞서 자신의 사랑을 지키려는 개인의 선택이 폐쇄적 사회적 규범을 넘어서서 중요한 가치를 지닌다는 것을 보여 줍니다.

음악적으로나 문학적으로 매우 빼어나다는 평가를 받는 〈춘향가〉는 더늠[7]이 덧붙여지며 성장해 왔습니다. 뛰어난 명창들의 춘향전 더늠뿐만 아니라, 알려지지 않은 더늠들이 판소리 전성기에는 더 많았을 것으로 추측하고 있습니다. 〈긴사랑가〉, 〈쑥대머리〉, 〈팔도담배가〉와 같은 것이 춘향가 더늠으로 전해지는 것들입니다.

〈춘향가〉는 애절하게, 그것보다 구슬프게, 때로는 무엇보다도 유쾌한 소리로 관객들을 울리고 웃게 만듭니다. 사랑을 작품 기조로 삼고, 그로부터 파생되는 다양한 주제들이 서민층과 양반층 모두의 이목을 끌었지요. 선과 악, 신분의 차이 등을 모두 다루는 해당 작품에서 무엇보다도 돋보이는 건 신분이 다른 기생의 딸과 양반가의 아들이 온몸 바쳐 보여주는 사

---

7 판소리 명창이 독창적으로 소리와 사설, 발림을 짜넣은 것

랑의 실천일 것입니다.

    현대를 사는 우리들 역시 다양한 방식으로 사랑의 장애물을 맞닥뜨립니다. 두 사람에게 찾아오는 고난과 역경은 예나 지금이나 고달프기 마련이지요. 그렇기 때문에, 우리는 자꾸만 사랑 이야기를 찾아 나서는지도 모릅니다. 눈앞에 닥친 역경이 개인적인 범위에서 시작되어 넓게 확대될 때 우리는 더 용기를 낼 수 있기 때문입니다. 고난을 극복할 용기, 서로를 믿고 함께 나아갈 용기, 비난과 비판을 수용하거나 수용하지 않을 용기, 사랑을 지킬 용기가 부족하다고 느껴질 때면 춘향과 이몽룡의 사랑 이야기를 들여다보세요.

**춘향가**의 대표곡을
감상해 보세요.

# 심해의 계략:
## 꾀와 용기의 교향곡

### 수궁가

거대한 파도가 철썩입니다. 진노한 듯 보이는 바다 아래로, 이야기 하나가 펼쳐집니다.

남해의 광리왕이 영덕전을 새로 짓고 매우 기뻐하며 연회를 크게 벌였던 때가 있었습니다. 삼해 용왕까지 한자리에 불러 모아 연회를 즐겼지요. 동해의 광덕왕, 서해의 광윤왕, 북해의 광택왕이 남해의 광리왕을 축하해 주었습니다. 몇 날 며칠 웃음소리가 끊이지 않았죠. 그러던 어느 날, 잔치 분위기는 온데간데없이 사라지고 초상집처럼 음울한 분위기가 용궁 전체를 감쌌습니다. 도대체 무슨 일이 벌어진 걸까요?

먹으면 안 될 술을 마신 것인지, 아니면 술을 너무 많이 마신 것인지, 연회를 주최한 광리왕이 그만 병을 얻어 드러누워 버린 것입니다. 광리왕의 병을 고치기 위해 바다 아래 유명하다는 의원들이 모두 찾아와 왕을 진료했습니다. 이 명의들은 그야말로 백 가지 약을 하나하나 써가며 용왕에게 차도가 보이는지 살폈지만 모두 실패했지요. 수정궁의 높은 곳에서 용왕은 시름시름 앓고 있었습니다.

그러던 중, 용궁 주위로 검은 구름이 몰려오더니 폭풍우가 마구 불어닥쳤습니다. 그러다 그 폭풍우 속에서 신선의 옷차림을 한 자가 홀연히 내려오는 게 아니겠어요? 이 자가 용왕이 누워 있는 곳으로 갑자기 들어오더니, 불쑥 이렇게 말하더라는 겁니다.

"백이 경동맥이라 비위맥이 상하오면 복중으로 난병이요 복중이 절여 아프기난 화병으로 난병인되 음황 풍병(淫荒風病)이라 여섯가지 기운이 동허야 손기산기(損氣疝氣)난 정음(正陰)이요 진경에 미(迷)난 정양이라 의무화동(醫務和同) 황달을 겸하였사오니 진세(塵世)산간으 토끼간을 얻으면 차효가 있으려니와 만일 그렇지 못하오면 염라대왕이 동성삼촌이요 동방삭이가 조상이 되어도 누루황 새암천 돌아갈 귀 허였소."

토끼 간. 그것을 얻으면 효험을 볼 수 있겠지만 얻지 못한다면 염라대왕과 동방삭이가 있는 저승으로 가게 될 것이라는 무시무시한 이야기였습니다. 게다가 용궁은 바닷속 깊은 곳에 잠겨 있지 않던가요. 바다에서 토끼는 대체 어떻게 찾는단 말인가요? 용왕은 시름에 잠겼습니다. 살아생전 토끼 간은커녕 토끼 얼굴을 제대로 본 적이 없는데 어찌 약으로 쓸 수 있겠어요? 제발 다른 약을 알려 달라고 말해도 그 요상한 의원은 요지부동이었습니다. 알 수 없는 자가 홀연히 사라지고 나서야 도사인 줄을 깨닫고, 용왕은 허공을 향해 절을 하며 감사의 인사를 올렸습니다.

도사가 사라진 후 용왕은 용궁의 모든 벼슬아치를 모으라 이릅니다.

> 이 세상 같고보면 일품 제상남네들이 들어오시련마는 수국이라 물고기 등물들이 각각 벼슬이름을 맡아 가지고 들어오는디, 가관이었다.
> 숭상은 거북 숭지는 도미 판서 민어 주서 오징어 한림박대 대사성 도루묵 방첨사 방첨사[8] 조개 해운군 방개 병사 청어 군수 해구 현감 홍어 조부장 조기 부별 낙지 장대 숭대(성대) 청다리 가오리 좌우나졸 근근 모조리 상어 솔치 눈치 준치 멸치 삼치 가재 개구리까지 명을 듣고 어전에 입시허여 대왕에게 절을 꾸벅꾸벅

---

8 방첨사(蚌僉使): 내시부의 종삼품 벼슬

용왕은 어찌 보면 오뉴월 시장의 조물주와 같기도 합니다. 그러나 용왕은 그런 생각은 접고 이렇게 말했죠. "그대들 중 누가 나를 위해 육지로 올라가 토끼의 간을 가지고 올 것이냐?" 용왕의 바람과는 다르게 모두가 묵묵부답으로 일관했습니다. 매우 실망하는 용왕에게 누군가 조심스럽게 아룁니다. "저어… 승상 거북이 어떠합니까?" "승상 거북은 적재적소에 지략을 훌륭하게 사용할 줄 아는 자지만, 인간들 눈에 발견되는 날에는 대모장도, 밀이개, 탕건 등으로 사용될 우려가 있으니 안 된다." "그럼, 방첨사 조개는요?" "새에게 발견되는 날에는 새가 조개의 살을 콱 물어버리고, 조개가 입을 확 다물어 새를 물어버릴 적에, 어부에게 발견된다면 둘 다 죽을 것이니 안 된다." 누가 누구를 추천하고, 또 누구는 그 누구를 추천하지 않는 설전이 계속되었습니다. 이 지지부진한 논쟁을 끊은 것은 다름 아닌 별주부였죠.

"소신이 비록 재주는 없사오나 강상에 높이 떠서 망보기를 잘하오니 무슨 봉폐(逢弊) 있사오리까마는 수국의 소생이라 토끼 얼굴을 모르오니 화상이나 한 장 그려주옵소서"

별주부는 망을 잘 보기로 타고났으니 혹여나 잡혀 무슨 일을 당할까 걱정하지 않아도 되지만, 토끼의 얼굴을 모르는 관계로 그의 얼굴만 그려준다면 당장 잡아올 수 있다고 말했습니다. 토끼의 그림을 받아 든 별주부는 종이가 물에 젖지 않게 하기 위해서 길게 뺀 목에 그림을 그린 종이를 턱 붙이고 조심스럽게 목을 집어넣었습니다.

별주부가 화상을 받아들고 어데다 넣어야 물이 한점 안묻을까? 하고 곰곰이 생각하다 한 꾀를 얼른 내여 목을 길게 빼고 목덜미에다 화상을 턱 붙여 놓고 목을 움추리며 자아 이만허면 수로만리를 다녀와도 물한점 눈을 길이 없겠구나.

별주부는 걱정하는 어머니와 아내에게 차례로 인사했습니다. 만류하는 이 둘은 누구보다도 별주부를 걱정하는 이들이었지요. 그러나 별주부는 용왕의 신하로서 해내야 할 대의가 있었습니다. 멀고 먼 길을 헤엄쳐 마침내 올라온 육지는 그야말로 처음 보는 새로운 세계였습니다.

사내유수난 청산으로 돌고 이골물이 쭈루루루룰 저골물이 콸콸 열에 열두골 물이 한데로 합수쳐 천방져 지방져 월특져 구부져 방울이 벅큼져 건너 평풍석에다 마주 꽝꽝 마주 때려 대하 수중으로 내려 가느라고 벅큼이 북쩍 물농월이 뒤트러져 어루루루 꿜꿜 뒤둥구러져 산이 울렁거려 떠나간다 어디메로 가잔 말 아마도 네로구나 요런 경치가 또 있나 아마도 네로구나 요런 경치가 또 있나.

경치를 감상하는 것도 잠시, 별주부는 으슥한 곳에 자리

잡고 사방을 둘러보기 시작합니다. 그때 어디서 시끌시끌한 소리가 들려옵니다. 별주부가 조용히, 그리고 가만히 살펴보니 이들은 서로 자신이 가장 권위 있다고 소리 높여 주장하는 날짐승들이 아니겠어요? 봉황새, 까마귀, 부엉을 비롯하여 또 한쪽에서는 길짐승들의 싸움이 이어지고 있었지요.

별주부는 눈을 크게 뜨고 살펴보았습니다. 길짐승들이라면 분명 토끼도 길짐승에 속할 것인데, 그렇다면 토끼는 분명 저곳에 있어야 하니까요. 아! 저기 앉아 있는 것이 바로 토생원인가 봅니다. 별주부는 목을 길게 빼고 토생원을 부릅니다. 다만 작은 문제 하나는, 별주부의 목이 먼 길을 헤엄쳐 오느라 조금 뻣뻣한 탓에 살짝 발음이 잘못되었다는 것이었죠. "저기 앉은 게, 그러니까 호생원이오?"

"누가 호생원을 불렀는가?" 첩첩산중의 호랑이가 별주부의 말을 듣고 내려옵니다.

  범나려 온다 범이 나려온다 송림 깊은 골로 한김생이 내려온다 누에머리를 흔들며 양귀 쭉 찢어지고 몸은 얼쑹덜쑹 꼬리는 잔뜩 한발이 넘고 동이 같은 앞다리 전동같은 뒷다리 새낫같은 발톱으로 엄동설한 백설격으로 잔디뿌리 왕모래 좌르르르르르 헛치고 주홍입 쩍 벌리고 자래 앞에거 우뚝서 홍행홍행 허는 소리 산천이 뒤덮고 땅이 툭 깨지난 듯 별주부는 깜짝 놀라다 못해 심장이 쿵 떨어졌습니다. 하지만 별주부는 바다를 헤엄쳐 육지까지 올라온 인재 중의 인재였죠. 머리를 이리저리 굴려 꾀를 하나 냅니다. 누구를 잡아먹을까 고민하는 호랑이 앞을 별주부가 턱, 막아서더니 이렇게 소리를 질렀습니다.

"우리 수국 퇴락하야 천여칸 기와집을 내 솜씨로 올리려다 목으로 철럭 떨어져 이 병신이 되었으니 명의더러 물은즉 호랑이 쓸개가 좋다허기로 도량귀신 잡어타고 호랑이 사냥을 나왔으니 네가 일찍 호랑이냐 쓸개 한 봉 못주겠나 도량귀신 게 있느냐 비수 겁드는 칼로 이 호랑이 배 갈라라!"

별주부는 호랑이의 가랑이 사이를 꽉 물고 놓지 않습니다. 호랑이는 눈물이 쏙 빠질 정도로 아파 괴로움에 찬 비명을 내질렀습니다. 어찌나 아팠던지, 아주 멀리 떨어진 의주 압록강까지 도망을 갔지요. 한편 별주부는 성공적으로 호랑이를 내쫓은 후에야 토끼를 만납니다. 쫑긋한 두 귀, 늘씬한 허리와 도리도리한 눈. 아무리 봐도 자신이 품고 온 화상과 똑 닮은 짐승이었지요. 토끼, 즉 토생원은 성격이 좋았습니다. 자신을 찾는 별주부에게 거부감 없이 손을 내밀고 통성명을 했습니다.

흑운을 박차고 백운을 무릅쓰고 여산낙조경과 위국(廬山落照
經過 魏國)의 일출경을 완완히 세말하니 등태산소천하(登泰山小天

下)의 공부자의 대관(戴冠) 인들이어서 더 하드란 말이냐 밤이며
는 완월구경 낮이되면 유산헐제 이따금 심심허면 적송자 안기생
(安期生)을 종아리 때리고 강산풍경 흥미간에 지상신선이 나쁜안가

별주부는 이런 재간둥이 토생원을 홀려 용궁으로 데리고
가야만 했습니다. 그러자면 일단 용궁을 매우 멋지고 휘황찬
란한 곳으로 꾸며 토생원의 흥미를 끌어야 했지요. "우리 바닷
속 용궁 이야기도 들어보지 않겠나?" 별주부는 자랑을 늘어
놓습니다.

우리 수궁 별천지라 천양지간에 해위최대(海爲最大)허고 만물지
중에 신위최령(神爲最靈)이라 무변대해에다 천여칸 집을 짓고 유
리(琉璃)기둥 호박주초 주란화각(朱欄畵閣)이 반공으 솟았난디
우리용왕 즉위허사만족귀시(滿族貴示)허고 백성으게 안덕이라
앵무병(鸚鵡甁) 천일주와 천빈옥반(千賓玉盤) 담은 안주 불로초
불사약을 취토록 먹은후에 취흥이 도도헐제 적벽강 소자첨과
채석강 태백 흥미 예 와서 알았으면 이 세상에 왜 있으리 채약허
던 진시황과 구선허든 한무제도 이런 재미를 알았든들 이 세상
에 있을손가

토생원은 별주부의 말에 그만 홀리고 맙니다. 깡충깡충 뛰
어 엉금엉금 걸어가는 별주부의 뒤를 쫓아갑니다. 가는 길에
여우를 만나자 토생원은 여우에게도 자랑을 하지요. "나 지금

수궁으로 벼슬하러 간다네." 그러자 여우는 토생원을 말립니다.

> "칼 잘쓰는 위인 형가(刑軻) 역수한파(易水寒波) 슬픈소리 장사일
> 거 제모왔고 천추원한 초희왕도 진무관에 한번가서 다시 오지
> 를 못허였구나. 가지마라 가지마라 수궁이라 허는데는 한번 가
> 면 다시 못오느니라 위방불입 난방불거(危邦不入 亂方不去) 허니
> 수궁길을 가지마라"

　여우의 말을 들은 토생원은 문득 겁을 먹고는 가지 않겠다
고 발걸음을 딱 멈춥니다. 별주부는 짐짓 화를 내며 올 거면
오고 말 거면 말라고 이야기하지요. 하지만 좋은 벼슬을 시켜
준다는 별주부의 꼬임에 토생원은 흔들리다가 결국 다시 넘
어가고 맙니다. 그렇게 물 앞까지 겨우 도착했건만, 여전히 들
어가길 망설이는 토생원의 발목을 잡아챈 별주부는 헤엄치며
용궁으로 향합니다. 남해수궁 수정문 앞에 도착한 토생원은
겁을 내거나 의심하는 기색은 조금도 없었습니다. 그저 훈련
대장이 되고 싶어 안달이 난 모습이었지요.

> "아닌게아니라 대체 좋소 좋아 어서 들어가서 나 훈련대장 좀
> 꼭 허게하여 주시오."
> "아따 글랑 염려마시오. 그런데 여기 가만히 앉어계시다가 혹시
> 토끼 잡아들여라 허거든 놀래지 마시오"
> "어찌 그렇단 말이요"

"세상같고 보면 훈련대장 입사하라 하는 그 말이요"

"그 법 참 말질(末質)법이요 내가 훈련대장하게 되면 그 법은 딱 뜯어 고칠라요"

"글랑은 그리하시오"


하지만 아무리 그렇더라도 토생원은 자신에게 달려드는 군졸들의 무리가 무섭지 않은 것은 아니었습니다. 덥석 잡혀 들어가 눈만 깜박깜박하고 있자니 용왕이 나타나 토생원에게 이렇게 말했습니다.


"네 토끼 듣거라 내 우연 득병허여 명의다려 물은즉 네 간이 으뜸이라하기로 우리 수궁에 어진 산하를 내보내어 너를 잡아 왔으니 죽노라 한을마라"


토생원은 그제야 전말을 알게 되었습니다. 자신을 속인 별주부를 원망하는 동시에 어떻게 하면 살아나갈 수 있을까 머리를 싸매고 고민했죠. 그러다 턱, 자신의 배를 내어 보이며 "어디 한 번 갈라 보시오!"라고 당당하게 외쳤습니다.


"태산이 붕퇴(崩頹)허여 오성이 음음헌디 실갈성(時日曷喪) 노래소리 탐학(貪虐)한 상주임군 성현의 뱃속에 칠궁기가 있다기로 비간(脾肝)으 배를 갈러 무고이 죽였으나 일곱궁기 없었으니 소퇴도 배를 갈러 간이 들었으면 좋으려니와 만일에 간이 없고보면은 불쌍한 퇴명만 끊사오니 뉘를 보고 달라허며 어찌 다시 구허리까 당장으 배를 따서 보옵소서"

지금 당장 자신의 배에는 간이 들어 있지 않다는 말이었습니다. 장기 없이 짐승이 어찌 살아갈 수 있느냐 진노하는 용왕에게 토생원은 덧붙여 이리 말하지요.

"소퇴가 아뢰리다 소퇴의 간인즉 월륜정기(月輪精氣)로 생겼삽더니 보름이면 간을 내고 그믐이면 간을 들이내다 세상의 병객들이 소퇴 곧 얼른허면 간을 달라고 보채기로 간을 내어 파초잎에다 꼭꼭 싸서 칡노로 칭칭 동여 의주 석산계수나무 느러진 상상가지 끝끝트리 달아매고 도화유수옥계변(桃花流水玉溪邊)의 탁족[9]허러 내려왔다 우연히 주부를 만나 수궁흥미가 좋다기로 완경차로 왔나이다"

계수나무 가지 끝에 간을 잘 매어두고 왔다는 토생원의 말은 아무리 생각해도 이상했습니다. 하지만 너무나도 당당하게 말하는 그 모습에, 용궁의 사람들은 점차 설득되기 시작했죠. 결국 용왕은 이리 말하기에 이릅니다.

---

9 탁족(濯足): 발 씻음

별주부는 울며 용왕에게 아룁니다. "세상천지 간을 빼놓고 다니는 짐승이 어디 있습니까? 제 말을 한 번만 믿고 배를 갈라 보십시오. 간이 있다면 있는 것이고 없다면 그 죄를 달게 받을 터이니, 제 구족을 멸하고 능지처참하더라도 아무 말 안할 것이니 한 번만 믿어 주십시오." 그러나 용왕은 요지부동이었습니다. 별주부는 어쩔 수 없이 토생원을 태우고 다시 육지로 나올 수밖에 없었지요. 육지로 다시 나올 적에, 별주부는 아무것도 모르는 척 깡충깡충 뛰며 멀어지는 토생원을 바라보며 이리 말했지요. "여보 토공! 여보 토공 간 좀 빨리 가지고 오시오." 토생원은 문득 멈춰 서더니, 뒤를 돌아보며 이리 욕을 퍼붓는 게 아니겠어요?

"제기를 붙고 발기를 갈 녀석 뱃속에 달린 간을 어찌내고드린단 말이냐 미련허드라 미련허드라 너그 용왕이 미련허드라 너그 용왕 실갭기 날같고 내 미련티 너그 용왕같거드면 영락없이 즉을 걸 내 밑궁기 서이 아니였드라면 내 목숨이 살어나리 내 돌아간다 내가 돌아간다 백운청산으로 나는 간다"

그러면서 토생원은 용왕에게 먹일 약을 하나 알려줍니다.

"수궁에 들어가면 암자라 이쁜놈 많이 쌓였드구나 하루 일천오
백마리씩만 잡아서 석달 열흘간 먹이고 복쟁이 쓸갤르 천석을 만
들어서 양일간에 다 먹으면 죽단지 살단지 양단간에 끝이 날 것이
다. 자 나는 간다 어서 들어가거라"

토생원은 살아난 기쁨에 이리 깡충, 저리 깡충 뛰다 사냥
꾼의 덫에 걸리기도 하고, 독수리에게 잡혀가기도 합니다. 하
지만 수궁에서 보여주었던 그 뛰어난 꾀를 이용하여 무사히
살아남고, 평화롭게 남은 생을 보내지요. 한편 별주부는 토생원
이 알려준 약을 지극 정성으로 달여 용왕을 보살핍니다. 용왕
은 별주부의 보살핌을 받고 다행히 쾌차하였다는 후문이 전해
집니다.

〈수궁가〉는 〈구토지설〉이라는 이야기로부터 왔습니다. 〈구
토지설〉은 불교의 전파가 한창 성행했던 시기, 불전설화가 들
어오며 우리에게 널리 알려진 것으로 파악되고 있지요. 병이
난 남해 용왕의 약을 찾기 위해 백방으로 수소문하던 중, 토
끼의 간을 먹으면 나을 것이라는 도사의 말을 듣고 별주부 자
라가 길을 떠납니다. 별주부는 토끼를 속여 용궁으로 데려오
는 데 성공하지만 토끼는 죽음의 문턱에서 꾀를 내어 도망치
는 데 성공하지요. 많은 이본이 있겠지만 기본 골격은 모두 이
구조를 갖추고 있습니다.

〈수궁가〉와 〈구토지설〉은 동물들을 의인화하여 인간 사회의 다양한 면모를 풍자하고 있습니다. 토끼와 자라의 대립은 지혜와 권력, 약자와 강자 간의 갈등을 상징하며, 이를 통해 인간 사회의 복잡한 관계와 권모술수를 우화적으로 표현합니다. 이러한 구조는 조선 후기 평민들의 삶과 현실을 반영하며, 당시 사회에 대한 비판과 풍자를 담고 있습니다.

〈수궁가〉가 〈소적벽가(小赤壁歌)〉라는 또 다른 이름으로 불리는 까닭은, 이 작품 자체가 까다로운 편에 속하기 때문입니다. 통성과 우조를 사용하고, 다양한 기교가 포함되어야 했지요. 〈수궁가〉의 특징으로도 꼽히는 '바싹 마른' 소리는 오랜 내공을 쌓은 훌륭한 창자들이 아니면 쉽사리 시도하기 어렵다고 판단되었고요. 현재는 동편제와 강산제, 두 계열로 전승되어 오고 있는 것으로 알려져 있습니다.

용왕의 병은 다름 아닌 술병으로 알려져 있는데, 이는 봉건국가의 무능한 왕을 풍자적으로 비판한 것으로 해석됩니다. 이를 두고 대립하는 별주부와 토끼는 왕을 옹호하거나 왕을 비판하는 각각의 입장을 대변하는 인물이라고 해석할 수 있습니다. 유교 사회의 규범 중 하나인 '충'을 드러내는 별주부와 임금을 조롱하는 토끼 중, 현대를 살아가는 우리는 아마 토끼에게 더 마음이 끌릴 것입니다. 별주부가 임금의 무능을 탓하기보다는 자신의 노력이 부족함을 스스로 한탄하는 모습에서 특히 그렇습니다. 어쩌면 우리는 별주부가 답답하거나 미련하게 느껴질지도 모릅니다. 지금 시대에는 권력 앞에서 자신의 지혜로 스스로를 지키는 토끼 같은 인물에 더 쉽게 마음이 끌리기 때문이지요.

하지만 우리는 많은 충신들을 알고 있습니다. 별주부를 비롯해서 현종을 지켜낸 지채문, 〈단심가〉를 불렀던 정몽주, 선조에게 충성했던 이순신 장군 등, 하나하나 모두 꼽지도 못할 정도로 많은 충신들이 우리 역사 속에서 살아 숨 쉬었습니다. 현대인의 관점에서 미련하게 여겨지는 충심은 역사의 현장에서 큰 흐름을 바꾸어 승기를 잡는 열쇠가 되기도 했고, 후대에 길이 남을 시조를 탄생시키기도 했으며, 지금까지도 느껴지는 충신들의 절개를 남기기도 했습니다. 이와 같은 관점에서 볼 때 〈수궁가〉의 별주부는 우리의 역사를 이해하기에 가장 적합한 캐릭터 중 한 명이 아닐까요?

**수궁가**의 대표곡을
감상해 보세요.

# 운명의 강가:
# 바람과 불의 교향곡

## 적벽가

    날카로운 쇳소리가 부딪히는 소리가 선연합니다. 쨍하게 울리는 소리가 선득하게 귓가를 스치면 생각할 겨를도 없이 반격해야 합니다. 그렇게 하지 않으면 곧이어 칼날이 가슴을 향해 날아올 테니까요. 적벽강에서의 싸움은 이렇듯 살벌합니다. 그 중심에는 우리가 잘 아는 장수인 조조, 유비, 손권이 있었습니다.

    한나라 시절, 위한오(魏漢吳) 삼국 시절이 형성되어 있던 당시의 이야기입니다. 뱀과 같은 사내인 조맹덕(曹孟德)은 난세를 틈타 천하를 엿보던 기질을 드러냈습니다. 손견의 둘째 아들이었던 손중모(孫仲謀) 역시 나라가 어지러워 이를 타파하고자 노력해 온 바가 있었고요. 한나라의 유현덕(劉玄德, 유비)은 관우, 장비와 도원에서 의형제를 맺고 있었습니다. 삼국지의 도원결의가 시작되는 때였지요.

도원이 어데인고 한날 탁현이라 누상촌(樓桑村) 봄이 들어 붉은 안개 빛어나고 반도하(蟠桃河) 흐르난 물 아침 노을에 물들었다. 제단(祭壇)을 살펴보니 금(禁)줄을 둘러치고 오우백마(烏牛白馬)로 제 지내며 세 사람이 손을 잡고 의맹(義盟)을 정하는디 유현덕으로 장형 삼고 관운장(關雲長)은 중형이요 장익덕(張翼德) 아우되여 몸은 비록 삼인이나 마음과 정신은 한 몸이라 유관장(劉關張) 의형제는 같은 연월 한 날 한 시에 죽기로써 맹약(盟約)허고 피끓는 구국충심 도원결의(桃園結義) 이루었구나.

나라는 매우 어지러운 상황이었습니다. 꼬리에 꼬리를 물고 이어지는 사건들이 연이어 벌어지고 있었죠. 황건적이라는 도적들이 들끓어 이들을 평정하니, 정치적 혼란을 틈타 정권을 잡은 동탁이 횡포를 부렸습니다. 동탁의 난을 평정하자 또다시 이곽이란 자가 난을 일으키고, 이곽의 이후로도 줄줄이 사건이 터졌지요. 그때 유비는 의형제를 맺었던 관우, 장비와 함께 한나라의 위상을 회복하고자 노력했지만 쉽지만은 않았습니다. 이에 유비는 지금의 흐름을 정확하게 읽어 나갈 지략가를 모셔오고자 하였는데, 바로 공명(孔明, 제갈량)이었죠. 공명은 서서라는 자가 유비에게 천거[10]한 인물이었습니다. 서서는 그가 꼭 누워 있는 용과 같다고 묘사하였습니다. 능력은 출중하나 아직 때와 주인을 만나지 못한 인물이라는 뜻이었죠.

---

10 어떤 일을 맡아 할 수 있는 사람을 그 자리에 쓰도록 소개하거나 추천함

전무후무(前無後無) 제갈공명(諸葛孔明) 와룡강(臥龍岡)의 복룡(伏龍)이요 초당에 깊이 묻혀 상통천문(上通天文)이요 하달지리(下達地理) 구궁팔괘(九宮八卦) 둔갑장신(遁甲藏身) 흉중(胸中)에 품었으니 긍만고지 인재이요 초인간의 철인이라

하지만 유비는 쉽게 공명을 만날 수 없었습니다. 동생들과 함께 찾아간 첫 번째 방문에서는 집에 공명이 없어 그만 퇴짜를 맞고 만 것이었죠. 두 번째 방문에서도 마찬가지였습니다. 마침내 세 번째 방문에서 유비가 공명 있음을 묻자, 동자는 이렇게 대답합니다.

"초당에 춘수(春睡) 깊어 계시나이다"

유비는 잠들어 있는 와룡이 깨어날 때까지 조용히 기다리기로 합니다. 성질이 불같기로 유명한 장비가 자신의 형을 고생시킨다며 성을 내어도 조용히 기다리라고 타이르죠. 마침내 와룡이 일어나고, 유비는 마침내 공명을 만날 수 있게 됩니다. 두 인물은 마주하자마자 서로의 기상을 단박에 깨닫죠.

공명이 눈을 들어 현덕의 기상을 보니 수수(秀粹)한 영웅이요 창업지주(創業支主)가 분명허고 현덕도 눈을 들어 공명의 기상을 보니 신장은 팔척이요 얼굴은 관옥같고 미재강산정기(美哉江山精氣)하야 담연청기(淡然清氣)허고 맑은 기운이 미간에 일어나니 만

유비는 공명에게 자신이 찾아온 이유를 이야기합니다. 왕실과 나라가 아침저녁으로 망할 징조를 보이며 간신들이 권력을 잡고 판을 치는 이 형국에 부디 공명이 자신을 따라나서 주었으면 좋겠다는 말을 전하자, 공명은 잠시 생각에 잠깁니다. 그러고는 이렇게 대답했지요. "달 아래서 가사나 읊고 밭이나 갈던 본인이 어찌 국가 대사를 논할 수 있겠느냐"라고요. 하지만 이에 물러설 유비가 아니었습니다. "400년의 한나라 황실의 마지막이 눈앞으로 다가왔는데, 어찌 슬프지 아니하고, 또 그 한나라에서 살아오던 백성들의 고통을 어찌 헤아릴 수 있겠느냐"라고 이야기하며 구슬피 울기 시작합니다. 공명은 그 모습에 감동하여 유비를 따라나서기로 합니다.

그렇게 공명을 세 번이나 찾아가 간절히 부탁한 일화에서 비롯된 말이 바로 '삼고초려'라는 말입니다. 유비와 함께 하기로 한 공명은 우선 형주지도(荊州地圖)를 건네며 중원을 회복할 수 있는 계략을 알려줍니다. 그리하면 강동은 자연히 유비의 품으로 들어올 것이라고 하는 공명의 말은 마치 어두운 밤을 밝게 비춰주는 달과도 같았지요. 하지만 일은 마냥 쉽게만 풀리진 않았습니다.

장담(壯談)허던 하후돈(夏候惇)과 승기(勝氣)내던 조인(曹仁) 등 기창도주(槍逃走) 패한 분심(憤心) 수륙대병을 조발(調發)하야 남으로 지쳐 내려갈 제 원망이 창천(漲天)이요 민심이 소요(騷擾)로구나 현덕이 하릴없어 강하로 물러나니 신야(新野) 번성(樊盛) 양양(襄陽) 백성들이 현덕의 뒤를 따르거날 따라오는 저 백성을 차마 버릴 길이 전혀 없어 조운(趙雲)으로 가솔(家率)을 부탁허고 익덕으로 백성을 이끌어 일행십리 행할 적에 그때 마참 황혼이라 광풍이 우루루 현덕 면전에 수자기(帥字旗) 부러져 펄펄 날리거날 경산(景山)에 올라 바라보니 조조(曹操)의 수륙대병(水陸大兵)이 물밀 듯이 쫓아온다

유비의 눈앞에 수자기가 부러지는 것이 보였죠. 이는 매우 불길한 징조였습니다. 산에 올라 바라보니, 아니나 다를까 조조의 병사들이 물밀듯이 밀려들어오는 것이 보였습니다. 두 진영이 맞붙게 되고 문빙이란 자가 달려들자, 장비는 크게 노하여 그를 물리치고 유비를 보호하며 장판교를 지나갈 수 있게 하였습니다. 이 같은 혼란 속에서 유비를 따라오던 백성들의 울음소리가 산에 가득했죠.

장수들이 모두 흩어져, 살았는지 죽었는지도 모르는 상황에서 유비 일행은 마침내 쉬어갈 수 있는 장소까지 도망쳐 오게 되었습니다. 유비의 일행들은 나무 아래에서 쉬면서 제장들이 모이길 기다렸습니다. 조자룡이라고도 불리는 조운이라는 한 장군이 그 제장 중 한 명이었는데, 모두가 혼란에 빠진

상황 속에서 그는 유비의 아들 선과 두 부인을 찾아 헤매는 중이었지요.

조운은 마침내 감부인과 선을 데리고 있던 미부인을 찾아냈지만, 미부인은 이미 많이 다친 상태였습니다. 왼팔에 창을 맞고 오른쪽 다리도 거동이 불가할 정도로 다친 상태로 빈집에서 선을 안고 울기만 하던 미부인을, 누군가 발견하고 조운에게 알려준 것입니다.

조운이 말게 내려 부축허며 위로허되 "부인께서 고생하심은 소장의 불충지심이라 죄사무석(罪死無惜)이오나 추병(追兵)이 급하오니 부인은 승마서행(乘馬徐行)하옵시면 소장이 보호하야 뒤를 닦고 가오리다" 부인이 이른 말씀 "장군께옵선 갈성단력(竭誠單力)으로 어찌 두 목숨을 건지리까, 한나라 제실지체(帝室之體) 골육이 이 뿐이니 부디 이 아이를 살려 부자상봉(父子相逢)케 함은 장군의 장중에 있는가 하나이다"

미부인은 그 말을 끝으로 조운에게 선을 맡긴 채 우물에 뛰어들어 스스로 목숨을 끊습니다. 아마도 조운에게 더한 짐이 되고 싶지 않은 마음이었을 것입니다. 조운은 슬픈 마음을 금치 못하고, 감부인과 선만을 데리고 다시 유비에게로 돌아가기 위해서 전쟁 중인 곳의 한가운데를 지나기로 마음먹습니다.

마상에 선뜻 올라 채를 쳐 도망혈제 앞으로 마연(馬延) 장의(張
儀) 뒤로 초촉(焦觸) 장남(張南) 앞을 막고 뒤를 치니 조운 일시 함
정(陷穽)이라 청강검(靑剛劍) 빼어들고 동에 가 번 듯 서장(西將)을
땡그렁 남장(南將)을 얼러서 북장을 선뜻 이리저리 헤쳐가다 토
항(土巷)중에 가 뚝 떨어져 거의 죽게 되었을제 장합이 바라보고
쫓아오니 조운의 생명이 급한지라

조운은 장판교에서 장비를 만나 무사히 전쟁터를 건너올
수 있었습니다. 그러나 아무리 뛰어난 장수라지만 조운은 어
쩔 수 없이 이곳저곳을 다친 상태였지요. 유비에게 미부인을
모셔오지 못했다 아뢰며 선을 유비에게 안겨주자, 유비는 잠
든 아이를 땅에 내던집니다. 어린아이 하나 살리려다 중요한
장군을 잃을 뻔했다며 화를 내지요. 그 모습을 보고 조운은
더욱더 유비에게 충성하게 됩니다. 한편 장판교에서 홀로 장팔
사모를 들고 조조의 수륙대병을 상대하던 장비는 세 번의 호
통으로 군사들을 퇴병시키며 그 위압감을 자랑합니다.

그리고 강하로 물러 나온 유비는 마침내 안전한 곳에 도
달합니다. 그때 강동의 손권이 공명의 높은 이름을 듣고 그를
영입하고자 회유를 해왔는데, 공명은 단박에 그 거짓을 깨닫
고 오나라에 들어가 손권과 주유를 떠밀어 조조와 싸움을 붙
일 계획을 세웁니다. 다만 유비에게, 떠나기 전에 '금(今) 동짓달
이십 일에 조운에게 군사를 주어 남병산하 오강 어구로 오게

하라'라는 말을 남기지요. 공명은 그렇게 오나라로 떠납니다.

　　　공명선생 거동보소 노숙따라 오 나라 들어갈제 일엽편주 빨리
　　저어 강동에 당도허니 노숙이 인도하야 관역(館驛) 안헐(安歇)할
　　새 공명이 눈을 들어 좌우를 살펴보니 아관박대(峨冠博帶)로 장
　　소(張昭)등 십여인이 일좌로 늘어앉어 설전군유(舌戰群儒)가 분분
　　혈제 수다(數多)이 묻는 말씀 한 두 말로 물리치니 기이허구나

　　한편 그렇게 도착한 공명이 계략대로 행동하고 있을 무렵,
조조는 적벽강에 있었습니다. 백만 대병을 데리고 그들에게
술과 맛있는 음식을 주어 사기를 북돋고 있었지요. 조조는 높
은 상에 올라앉아 이리 말하고 있었습니다.

　　　"어와 장졸 영 들어라 너희들도 주육간(酒肉間)에 실컷 먹고 위한
　　오(魏漢吳) 승부를 명일로 결단허자 만승제업(萬乘帝業)을 한 사
　　람께 맽겼으랴 득천하(得天下) 헌 연후에 천금상 만호후(萬戶侯)
　　를 차례로 봉하리라"

　　흥거운 노래가 흐르기 시작하고, 춤을 추는 와중에 웃음
소리가 들려왔습니다. 투전을 하다 다투는 이가 있는가 하면
취하여 욕하는 사람과 토하는 사람이 함께 있기도 했죠. 하
지만 그중 눈에 띄게 괴로워하며 슬피 눈물 흘리는 한 병사가
있었습니다. 전장 중 병사가 그렇게 우는 것은 재수가 없는 일

입니다. 그리하여 다른 군사 한 명이 나서, 승상은 지금 천하 대사를 바라는 와중인데 그렇게 우는 것은 요망스러운 일이라고 타박하며 이리 와 술이나 먹자고 말하지요. 하염없이 울던 군사는 입을 열고 이렇게 이야기합니다. "네 말도 옳지만 내 말을 일단 들어 보아라."

화목허던 절내권당(節內眷黨) 규중의 홍안처자(紅顔妻子) 천리전장에다가 나를 보내고 오날이나 소식이 올거나 내일이나 기별이 올거나 기두리고 바래다가 서산의 해는 기울어지니 출문망(出門望)이 몇 번이며 바람불고 비 죽죽 오난디 의려지망(倚閭之望)이 몇 번이나 되며 소중(蘇中)의 홍안거래(鴻雁去來) 편지를 뉘 전허며 상사곡(相思曲) 단장회(斷腸懷)는 주야수심(晝夜愁心)이 맺혔구나

그 병사는 생사가 눈앞에서 왔다 갔다 하는 전장에서 객사하게 된다면 안장도 못하고 시체가 이리저리 굴러다닐 모양을 생각하니 더욱 슬퍼지는 기분이 들었지요. 그는 낯선 타지에서 죽는 군사의 설움을 한껏 품고 있는 자였습니다. 또 한 군사는 그 이야기를 듣고 이렇게 이야기했지요. 오십이 가까워지도록 아이 하나 없다가 아주 늦게나마 아들 하나를 얻었는데, 그 아이가 눈에 밟히고 꿈에도 나타난다고 합니다.

뜻밖에 급한 난리 위국(魏國)땅 백성들아 적벽으로 싸움가자 나오너라 외난소리 아니 올 수가 없든구나 사당문 열어놓고 통곡

재배(痛哭再拜) 하직헌 후 간간헌 어린 자식 유정헌 가솔(家率) 얼굴 안고 누워 등 치며 부디 이 자식을 잘 길러 나의 후사를 전해 주오 생이별 하직허고 전장에를 나왔으나 언제나 내가 다시 돌아가 그립든 자식을 품안에 안고 아가 응아 어루어 볼거나 아이고 아이고 내 일이야

이번에는 말리는 아내를 떼어놓고 나온 자의 목소리가 들려왔습니다.

군복 입고 전립(戰笠)을 쓰고 창대 끌고 나올 적에 우리 아내 내 거동을 보더니 버선발로 우루루루 달려들어 나를 안고 엎더지며 '날 죽이고 가오 살려두고는 못가리다 이팔홍안(二八紅顔) 젊은 년을 나 혼자만 띠여두고 전장을 가랴시오' 내 마음이 어찌 되겠느냐 우리 마누래를 달래랄 제 '허허 마누라 우지마오 장부가 세상을 태어났다 전쟁출세(戰爭出世)를 못허고 죽으면 장부절개(丈夫節槪)가 아니라고 허니 우지 말라면 우지마오' 달래어도 아니 듣고 화를 내도 아니 듣든구나

그렇게 서로 설움을 털어놓던 군사들 중, 누군가 모두가 들을 수 있게 소리 높여 타박합니다. 울지 말라면 울지 말 것이지, 죽지 말 생각을 할 것이지 왜 자꾸 좋지 않은 쪽으로만 생각을 하느냐면서요. 그들은 서로 소리 높여 이야기하다가 마침내 이리저리 시끄러운 말싸움이 벌어집니다.

"시용간과(始用干戈) 헌원씨(軒轅氏) 여염제(餘炎帝)로 판천(阪泉) 싸움 능작대무(能作大霧) 치우작란(蚩尤作亂) 사로잡던 탁록(琢鹿)싸움 주 나라 쇠진천지(衰盡天地) 분분헌 춘추 싸움 위복진황(威福秦皇) 늙은 후에 잠식산동(蠶食山東) 육국(六國)싸움 봉기지장(蜂起之將) 요란허다 팔년풍진(八年風塵) 초한(楚漢)싸움 칠십여전(七十餘戰) 공이 없다 항도령의 우벽(羽壁)싸움에 아서라 싸움타령 가삼 끔쩍기 맥힌다 싸움타령 허지말고 공성신퇴(攻城身退) 허고지고"

그렇게 소란스러운 밤이 지나고 아침이 찾아옵니다. 조조가 보아하니 이번 전투는 이미 완전히 이긴 것이나 다름없어 보였지요. 군사들의 연습을 지켜보고 나서 그 마음은 더 굳건해졌습니다. 그때, 정욱과 순욱은 적군이 불로 진지를 태우면 어찌하나 하는 고민을 하고 있었죠. 조조는 그 질문에, 자신들의 진은 북쪽에 있고 그들의 진은 남쪽에 있으니 불을 사용해서는 절대 공격할 수 없다고 대답합니다. 바람이 반대 방향으로 불기 때문이었죠. 조조는 얼른 수륙군을 정비하여 싸움이 벌어지기만을 기다립니다.

한편 오나라 주유는 불로 조조를 치기 위해 동남풍이 불기를 기다리고 있었지만, 그런 기색이 전혀 없었죠. 건강이 좋지 않았던 주유는 각혈하고는 정신을 잃고 쓰러집니다. 후에 공명은 주유에게 문병을 와서 오백 장졸만 준다면 남병산에 올라가 동남풍을 빌어보겠다 제안하지요. 모두가 그의 말을 믿지 못했지만, 결국 공명은 원하는 것을 얻어내고야 맙니다. 그리고 약속대로 기도를 시작하지요. 모두가 공명의 신통함을 두고 신기해하는 것도 잠시, 위기감을 느끼는 자들도 나왔습니다. 애초 공명은 다른 나라의 지략가였으니까요. 그리하여 공명이 기도하는 산에 올라가 몰래 죽이라는 분부가 내려집니다. 그러나 공명은 모든 것을 꿰뚫어 보고 있었지요. 남병산을 넘어, 일전에 자신이 유비에게 부탁했던 조운을 만나러 가고 있었으니까요.

> 상산 조자룡(常山 趙子龍)은 배말이 등대(等待)허고 선생 오기를 기다리다 선생 오심을 보고 자룡의 거동 봐라 선미에 바삐 내려 공명전 절허며 "선생은 위방진중(危邦陣中)을 평안히 다녀오시니까?" 공명 또한 반가라고 자룡 손길 잡고 "현주 안녕허옵시며 제장 군졸이 무사허오?" "예" 둘이 급히 배에 올라 일편 풍석(風席)을 순풍에 추여달고 도용도용(滔溶滔溶)떠나간다.

　주유는 공명의 말대로 동남풍이 쉬이 불지 않자 초조함을 느끼고 있었습니다. 하지만 노숙이란 자가 공명의 말을 믿고 더 기다려보자 이야기하자 마음을 가라앉혔죠. 과연 그날 밤에서 새벽으로 넘어가는 사이, 바람이 천천히 일어나더니 동남대풍(東南大風)이 불어왔습니다. 사람들은 모두 깜짝 놀랐지요. 그때 공명은 조운이 가져온 배를 타고 빠져나가고 있었고,

자신을 죽이러 온 자들을 이미 마주한 채로 이렇게 이야기하고 있었습니다. "너희 도독이 나를 죽이려 하는 것은 이미 알고 있었으니 나중에 보자고 보고를 올리라"라고요. 조운은 그들을 죽이자고 공명을 재촉했지만, 공명은 양국의 관계를 생각해서 죽이진 말고 놀라게 해서 돌려보내라고 분부합니다. 조운은 어쩔 수 없이 그의 말을 따릅니다.

> "이 놈들! 당양(當陽) 장판교 싸움에 아두를 품에 품고 필마단창(匹馬單槍)으로 위국적병 십만대병을 한칼에 무찌르던 상산 조자룡이란 명망(名望)도 못들었느냐 너희를 죽일 것이로되 우리 선생 명령하에 너희를 산적 주검을 못 시키는구나 어 분헌지고! 사공아!" "예" "돛달고 노 저어라!"

조운과 공명은 그렇게 본국으로 무사히 돌아갈 수 있었습니다. 주유는 하는 수 없이, 조조를 먼저 치고 유비를 훗날의 계획으로 미뤄두자고 다짐합니다. 공명은 본국으로 돌아온 후 바로 조조를 칠 계략을 유비에게 말하기 시작하지요. 조운, 장비 등 장군들은 모두 공명에게 지시를 한 가지씩 하달받습니다. 단 한 명, 관우만 빼고요. 관우는 청룡언월도를 들고 공명에게 불만을 표출합니다. 평소에는 자신을 빼놓지 않고 불러주더니, 어찌하여 이런 대전투에 자신을 찾지 않느냐고요. 공명은 그의 말에 살짝 웃고는 이리 대답합니다.

"장군을 제일 요긴한 화용도(華容道)로 보내랴 허였으나 전일 조
조가 장군에게 후대(厚待)한 공이 적지 아니헌지라 정군께서는
조조를 잡고도 놓을 듯하야 정치 아니하오"

관우는 사실 이전에 조조에게 몸을 의탁한 적이 있었습니
다. 그리하여 공명은 의를 중시 여기는 관우가 그간의 은혜를
갚기 위하여 조조를 잡을 수 있는 순간이 오더라도 놓아줄 수
도 있다는 염려를 한 것이라고 말하지요. 관우는 그 말을 듣
고 정색하며 이리 다짐합니다. 만일 조조를 잡고도 놓아주는
일이 생긴다면 그때는 율법에 따라 참수당해도 마땅하다고요.
공명은 관우의 말을 듣고 화용도로 향하여, 불을 피워 연기를
내라고 이릅니다. 조조는 그 연기를 보고 그곳으로 올 것이라
고 말하지요. 하지만 관우는 어찌하여 연기를 일부러 내는 곳
에 조조가 찾아온다는 것인지 알 수가 없어, 만약 그 길로 조
조가 오지 않는다면 어떡하느냐고 묻습니다. 공명은 자신 역
시 관우가 약속한 것처럼 책임을 지겠다고 이야기합니다.

그때 적벽강에 있던 조조는 장검을 어루만지고 있었고, 정
욱이 조조에게 충고를 하고 있었습니다. 갑작스럽게 동남풍이
불기 시작하니 대비를 해두는 게 좋을 것 같다면서요. 하지만
조조는 별것 아닌 잠깐의 지나가는 일로 치부해 버립니다. 그
리고 오나라 황개를 기다리지요. 그는 조조에게 군량을 실어
다 주기로 약속한 자였습니다. 조조는 마침내 배를 끌고 온 황

개가 모습을 드러내자 매우 기뻐하였지만 정욱은 무언가 미심쩍음을 느꼈습니다. 군량을 실은 배라면 선체가 무거워 물에 어느 정도 잠겨 있어야 하는데, 이 배들은 너무나도 가볍게 물 위에 떠 있었으니까요. 정욱이 조조에게 이를 보고하고, 조조는 그제야 이상함을 알아채고 배들을 가까이 오지 못하게 하라고 명령합니다.

> 이 말이 지듯마듯 살 한 개가 피르르르 문빙 맞어 떨어지니 황개 화선(火船) 이십척 거화포(擧火砲) 승기전(乘機箭)과 때때때 나팔소리 두리둥둥 뇌고(雷鼓) 치며 좌우각선 부대가 동남풍에 배를 모아 불을 들고 달려들어 조조 백만군병에다가 한 번을 불이 버썩 천지가 떠그르르르 강산이 무너지고 두 번을 불이 버썩 우주가 바뀌난 듯 세 번을 불로 치니 화염이 충천 풍성(風聲)이 우르르

조조의 진영에 불이 붙었습니다. 동남풍이 불던 순간, 조조의 진영에 그 타오르는 뜨거운 열기가 모조리 옮겨 붙는 건 어려운 일이 아니었지요. 조조의 백만 군병은 오도 가도 못하고 죽어갑니다.

> 백만 군병은 날도 뛰도 오도가도 오무락 꼼짝딸싹 못허고 숨 맥히고 기맥히고 살도 맞고 창에도 찔려 앉어 죽고 서서 죽고 웃다울다 죽고 밟혀 죽고 맞어 죽고 애타 죽고 성내 죽고 덜렁

거리다 죽고 복장 덜컥 살에 맞어 물에거 풍 빠져 죽고 바사져 죽고 찢어져 죽고 가이없이 죽고 어이없이 죽고 무섭게 눈빠져서(혀)빠져 등터져 오사급사(誤死急死) 악사(惡死) 몰사(沒死)허여

그 순간 조조를 향해 벼락같이 날아드는 목소리가 있었습니다. "붉은 홍포를 입은 것이 조조니라! 도망 말고 어서 와서 내 손에 죽어라!" 조조는 긴급한 상황에서 머리가 비상하게 잘 돌아가는 자였습니다. 입은 홍포를 눈 깜짝할 새에 벗어버리고 군사의 전립을 뺏어 썼지요. 그리고 다른 군사를 가리키며 "저기, 진짜 조조가 도망간다!"라고 소리쳤습니다. 황개가 또 호통을 쳤습니다. "저기 수염 긴 것이 조조이니라!" 그러자 조조는 또다시 기겁하여 긴 수염을 쥐고 단숨에 뽑아버립니다. 조조는 그렇게 걸음아 날 살려라 도망치지요.

창황분주(蒼惶奔走) 도망을 갈 제 새만 푸르르 날아나도 복병인가 의심허고 낙엽만 버썩 떨어져도 추병(追兵)인가 의심을 허며 엎더지고 자빠지며 오림산(烏林山) 험한 곳을 반생반사 도망을 간다

조조가 겁을 내면서 주위를 이리저리 둘러볼 적에, 신기하게도 많은 새들이 이상하게 마구 울어댔습니다. 적벽강에서 죽은 군사들이 원조(寃鳥)라는 새가 되어 조조를 원망하며 우는 것이었죠.

소텅소텅 저 흉년새 백만군사를 자랑터니 금일 패군이 어인 일고 입삣죽 입삣죽 저 삣죽새 자칭 영웅 간 곳 없고 백계도생(百計圖生)의 꾀로만 판단 꾀꼬리 수리루리루 저 꾀꼬리 초평대로(草坪大路)를 마다하고 심산 총림(叢林)에 고리꽉 까옥 저 가마귀 가련타 주린 장졸 냉병(冷病)인들 아니 드리 병이 좋다고 쑥국 쑥쑥국 장요(張遼)는 활을 들고 살이 없다 설어마라 살 간다 수루루루

조조는 그 새들의 울음소리를 듣더니 탄식하고야 맙니다. 죽은 원귀들이 저를 원망하여 우는 것이라는 걸 알게 된 것입니다. 하지만 그것도 잠시, 조조는 갑자기 웃음을 터트립니다. 그 모습을 보고 뒤를 따르던 정욱이 이상하게 여겨 이유를 묻자 조조는 이렇게 대답하지요. 자신이 공명이었으면 바로 이 길에 매복을 두었을 것인데, 그러지 않아서 공명의 실기(實技) 없음을 비웃은 것이라고요. 하지만 공명은 이미 몇 수 앞을 내다보는 인물이 아니었던가요? 공명의 명을 받고 왔던 조운이 조조가 온 것을 알고 벼락같이 달려들어 공격하기 시작합니다. 조조는 다시 경악하며 도망치기 시작하지요. 어느 정도 안전한 곳으로 들어서야 다시 주위를 둘러볼 수 있게 됩니다.

바람은 우루루루 지동(地動)치듯 불고 궂은 비는 퍼붓는디 갑옷 젖고 기계(器械) 잃고 어디메로 가야만 살끄나 조조 군중(軍衆)에 영을 놓아 촌락노략(村落擄掠) 양식을 얻고 말도 잡아 약간

구급(救急)을 허며 젖은 옷은 쇄풍(曬風)에 달고 겨우 기어 살어
갈제 한 곳을 바래보니 한수(漢水) 여울 흐른 물은 이릉교(夷陵
橋)로 닿었난듸 적적산곡(寂寂山谷) 청계상(淸溪上)의 쌍쌍 백구(白
鷗)만 흘리 떨구나

    조조는 슬피 울다가 갑자기 다시 웃음을 터뜨립니다. 정욱
은 그 모습을 보고, 승상이 웃으면 복병이 나타나게 된다며 주
위를 경계하지요. 조조는 이전에 본인의 집에서 웃어봤자 복
병은커녕 술병만 들어왔다고 농담하며 더 크게 웃습니다. 하
지만 이번에도 조조를 노리는 자가 매복해 있었습니다. 바로
장비였습니다. 조조는 다시 죽을 듯이 달려 장비에게서 도망
칩니다. 조조는 도망치다 이윽고 어느 곳에 도달하였는데, 두
갈래로 나눠지는 갈림길이었습니다. 제장에게 각각의 길이 어
느 곳으로 향하는지를 물으니 제장은 이렇게 대답했습니다.
한쪽은 평탄한 대신 조금 돌아가는 길이고, 다른 쪽 길은 험
난한 대신 좀 더 빠르다고 말입니다. 조조는 현재 상황이 너무
위급한 나머지 정욱이 말리는 데도 불구하고 험난한 길 쪽으
로 빨리 가자고 이야기합니다.

    "네 이놈! 니가 병법도 모르고 그래갖고 장수라 어이 다니는고!
병서에 허였으되 실즉허(實卽虛)하고 허즉실(虛卽實)이라 허였느
니라. 꾀많은 공명이가 대로에 복병 허고 소로에 헛불 놓아 나
를 못가게 유인을 허제마는 내가 제까짓 놈 꾀에 빠질 성 싶으

냐 잔말 말고 소로로 가자"

그리하여 조조군은 조조가 가자는 길목으로 어쩔 수 없이
들어섭니다. 얼마나 갔을까요? 또다시 당도한 곳에서는 산 한
가운데에 키 큰 장수가 노기 어린 눈으로 조조를 형형하게 쏘
아보고 있었습니다. 수염이 인상적인 장수였습니다. 조조가 화
들짝 놀라며 저것이 무엇이냐 물었는데, 정욱은 그것이 장승
이라 일러줍니다. 조조는 화가 나서 장승을 잡아들여 군법으
로 다스리라 말합니다. 조조는 그 와중에 잠깐 잠에 드는데,
장승이 꿈에 나와 처사를 다시 생각해달라고 말하고, 조조는
화들짝 꿈에서 깨어나 다시 장승을 있던 곳에 가져다 두라고
이릅니다.

"얘들아 얘들아 목신행형(木神行刑)마라 목신보고 놀랜게 내 도
리어 실체(失體)이 로구나 분간방송(分揀放送) 허여라"

조조는 이어 남은 군사들의 수를 헤아려 보는데, 불과 백
여 명밖에 남지 않았죠. 창을 잃거나 다치거나, 갑옷과 투구가
성하지 않거나, 고향이 그리워 눈물을 뚝뚝 흘리거나 하는 군
사들까지 모두 합해서요. 조조는 이들을 데리고 다시 길을 재
촉합니다. 그러던 중 조조가 또다시 웃기 시작합니다. 정욱은
기가 막혀서 "얘들아 승상님이 또 웃으셨다. 이제 씨도 없이 다
죽는구나"라고 말합니다. 그러자 조조는 이렇게 대답하지요.

조조 듣고 화를 내어 "야 이 놈들아! 느그는 내 곧 웃으면 트집 잡지 말고 느그 놈들도 생막을 좀 해 봐라 주유 공명이가 이 곳에다가 복병은 말고 병든 군사 여나뭇만 묻어 두었드리도 조조는 말고 비조(飛鳥)라도 살어 갈 수가 있겠느냐" 하하해해 대소하니

그때 청룡언월도를 들고 적토마를 타고 우레 같은 소리를 지르며 달려오는 장수를 보고서, 조조는 입을 딱 벌린 채로 그대로 굳어버립니다. 늠름한 얼굴에 풍성한 수염을 기른 관우였습니다. 정욱은 혼비백산했다가 그가 관우임을 알아보고 조조를 설득합니다. 전에 조조가 관우에게 은혜를 베풀었으니 의를 중요시 여기는 관우에게 빌어 이곳을 빠져나가자고요. 조조는 하는 수 없이 그리하기로 합니다.

투구 벗어 땅에 놓고 갑옷 벗어서 말게 얹고 장검 빼어 땅에 꽂고 대아 머리 고추상투 가는 목을 움뜨리고 모양 없이 들어가서 큰 키를 줄이면서 간교한 웃음소리로 히히 해해 몸을 굽혀 절허며 허는 말이 "장군님 뵈온지 오래오니 별래무양(別來無恙)허시니까?"

조조는 이전의 은혜를 들먹이며 관우에게 선처를 부탁하지만, 관우는 벽력같은 목소리로 이를 거절합니다. 진작 죽일수 있었으나 이전의 은혜를 생각해서 그대의 말을 상대해 주는 것이라고 하면서요. 둘의 문답이 몇 번 이어지고, 이제는

조조의 장졸들까지도 합창하여 울며 빌기 시작합니다. 제발 우리 승상님 좀 살려달라고 애걸하는 조조의 장졸을 보며 관우는 무슨 생각을 했을까요? 다만 관우는 "조조, 그대를 잡으러 올 때 군령장에 다짐을 하고 왔는데 나 죽는 것은 원통하지 않느냐" 하고 묻지요. 그러자 조조는 유비와 공명은 관우를 오른팔로 여기니 자신을 잡아가지 않더라도 군율 시행은 하지 않는다고 말하며 빌기를 멈추지 않습니다. 결국 관우는, 공명이 염려했던 대로 조조를 놓아주기로 합니다.

하지만 공명은 관우가 조조를 죽이지 않을 것까지도 이미 예상하고 있던 차였습니다. 조조는 아직 죽을 운명이 아닌 것을 알아본 것이었죠. 그리하여 공명은 조조의 은혜를 입었던 관우가 옛정이나마 모두 털어버리라고 그를 보낸 것이었습니다. 그리하여 적벽가는 이렇게 마무리됩니다.

제갈량(諸葛亮)은 칠종칠금(七縱七擒)허고 장익덕은 의석엄안(義釋嚴顏)허고 관공은 화용도 좁은 길에 맹덕이를 살려주니 인후(仁厚)허신 관공이름 천추에 빛나더라 그 뒤야 누가 알리 더질더질

〈적벽가〉는 중국의 유명한 소설인 《삼국지연의》 중 적벽대전(赤壁大戰)을 바탕으로 만들어진 판소리입니다. 하지만 《삼국지》의 〈적벽대전〉과 다른 점이 있다면, 〈적벽가〉에는 고향을 그리워하는 군사들 개개인의 목소리가 훨씬 더 많이 담겨 있

다는 점입니다. 적벽대전에서 목숨을 구걸하는 조조의 모습을 보고 있자면, 지배층을 조롱하는 군사들의 입장을 엿볼 수도 있습니다.

유비, 장비, 관우의 도원결의로 시작하여 제갈공명을 향한 유비의 삼고초려, 장비의 장판교대전과 조운의 활약, 주유와 공명의 계책과 신묘한 술법, 위기에 빠진 조조와 관우의 만남까지 한 군데도 빠질 곳 없이 긴장을 하고 지켜보게 되는 〈적벽가〉는 19세기에 양반층의 사랑을 받았습니다. 남성 영웅들이 나오는 남성적인 소리 대목들이 양반층의 취향에 꼭 맞아떨어진 것인데, 그렇기 때문에 신분제가 해체되는 20세기 즈음에는 오히려 〈적벽가〉의 인기가 떨어지기도 했습니다. 이 시기에는 웅장한 동편제의 창법보다도 처절하고 서글픈 계면조 서편제의 창법으로 부른 〈적벽가〉가 더 인기를 얻은 것도 같은 이유에서지요.

〈적벽가〉에 등장한 조조의 군사들은 조조를 부당한 지배층으로 빗대어 표현합니다. 《삼국지연의》에서 뛰어난 두뇌로 전쟁을 위풍당당하게 진두지휘하던 조조는 이곳에 없습니다. 이곳에는 오직 한 명의 부당한 군주만 있을 뿐이죠. 대의를 위해 차출된 군사들이지만 정작 그들에게는 대의보다 개인사가 훨씬 더 중요합니다. 집에 남겨진 가족들과 자신의 미래가, 적과 싸워 이기는 것보다 훨씬 더 자신의 삶과 가깝고 중요하다고 생각하는 이들이지요.

군사들은 특정한 이름으로 등장하지 않고 오직 그들의 신체적 특징으로 불립니다. 그들이 우리와 아주 가까운 사람처럼 느껴지는 것은 그래서일까요? 우리는 《삼국지연의》에서 조조보다, 관우나 장비나 유비, 공명이나 주유보다도 군사들과 더욱 친밀한 사람들입니다. 그들의 고충이 곧 우리의 고충이고, 대의를 위해 차출되면서도 자꾸만 뒤를 돌아보게 되는 직무유기의 군사들을 비난할 수 없는 이유는 그래서일 것입니다. 〈적벽가〉는 또 다른 우리들의 모습을 이해하는 데에 있어서도 중요한 작품이 되는 이유는 바로 여기에 있습니다.

**적벽가의** 대표곡을 감상해 보세요.

PART 2

# 잃어버린
# 조선의 아리아들

_타령 네 마당

# 변화의 하모니:
## 삶을 바꾼 깨달음의 노래

**옹고집타령**

깊고 깊은 옹달우물이 있는 옹진골 옹당촌에는 으뜸가기로 유명한 자가 있었습니다. 마을 사람들이 그 이름만 들으면 질색팔색하고 문 앞을 지나기도 꺼려 했으며, 쥐조차도 그 집 곡식은 훔쳐 먹지 않는다고 했지요. 그의 성은 옹, 이름은 고집으로 옹고집이라 하였는데 이름만큼이나 그 성미도 고약하기 그지없었습니다. 남이 잘 되는 것을 보면 배가 아파 데굴데굴 구르고, 고집은 또 어찌나 질긴지 모두가 그와의 대화를 피하기 바빴습니다.

하루는 옹고집의 병든 어머니가 서럽게 울며 말을 건넵니다.

너를 낳아 길러 낼 제 애지중지 보살피며, 보옥같이 귀히 여겨 어르면서 하는 말이 '은자동아금자동아, 고이 자란 백옥동아, 천지만물 일월동아, 아국사랑 간간동아, 하늘같이 어질거라, 땅같이 너름거라! 금을 준들 너를 사며 은을 준들 너를 사랴? 천생 인간 무가보는 너 하나뿐이로다.' 이같이 사랑하며 너 하나를 키웠거늘, 천지간에 이러한 어미 공을 네 어찌 모르느냐? 옛날에 효자 왕상이는 얼음 속의 잉어를 낚아다가 병든 모친 봉양하였거늘, 그렇지는 못할망정 불효는 면하렷다!

옹고집은 효자 왕상이처럼 어머니께 잉어를 낚아 고아드리지는 못할망정, 조반석죽, 즉 아침의 밥과 저녁의 죽 두 끼만을 겨우 챙겨 드리고 있었던 것입니다. 옹고집은 잘못을 빌기는커녕 이름대로 고집을 부렸죠. "진시황도 초패왕도 현학사도 모두 이른 나이에 죽었는데 오래 살아서 무엇을 하리오? 오래 살면 욕심이 많아진다"라고요.

특히 옹고집은 불교를 업신여겨 중들을 천대하고는 했습니다. 옹고집의 고집은 아주 유명해서, 동냥중들은 옹가 집에는 가까이 가지도 않았지요.

월출봉 취암사의 한 도사는 옹고집의 이야기를 듣고는 이리 말했습니다.

"내 듣건대, 옹당촌에 옹좌수라 하는 놈이 불도를 업신여겨 중을 보면 원수같이 군다 하니, 네 그 놈을 찾아가서 책망하고 돌아오라."

그 말을 유심히 듣는 사람이 있었으니 바로 학대사였습니다. 학대사는 허름한 갓과 장삼 차림을 하고 백팔염주를 목에 둘러 자신이 누구인지를 알렸습니다.

봄부터 초겨울까지 오랜 기간 피고 진다는 계화가 활짝 피어난 어느 날이었습니다. 어느새 붉은빛의 저녁놀이 내려앉을 즈음 옹가네 집 앞에 다다른 학대사는 목탁을 치며 염불로 배례를 시작했습니다. "천수천안 관자재보살, 주상전하 만만세, 왕비전하 수만세, 시주 많이 하옵시면 극락세계로 가오리다. 아미타불 관세음보살…"

"소문도 못 들었소? 우리 댁 좌수님이 춘곤을 못 이기사 초당에서 낮잠이 드셨으매, 만일 잠을 깰라치면 동냥은 고사하고 귀 뚫리고 갈 것이니 어서 바삐 돌아가소."

옹가네 하인 중 한 노파가 그에게 슬쩍 일러주었죠. 그러나 학대사는 이에 굴하지 않고 다시 목탁을 두드리기 시작했습니다. 한편, 기분 좋은 봄바람에 낮잠이 들었던 옹고집은 슬쩍슬쩍 잠에서 깨어나기 시작합니다. 어디선가 거슬리는 소리가 들려오고, 그 소리를 따라 나오니 잠에서 깨더란 말이었지요. 벌떡 일어나 창문을 열고 "어찌 그리 요란하냐?" 하고 묻습니다. 노파는 얼른 옹고집의 눈치를 살피며 한 중이 문 앞에 와서 동냥을 달라고 하더라고 대답하죠. 단잠을 방해받은 옹고집은 벌컥 화를 내며 이리 말합니다.

"하늘이 만백성을 마련할 제, 부귀빈천, 자손유무, 복불복을 분별하여 내셨거늘, 네 말대로 한다면 가난할 이 뉘 있으며, 무자할 이 뉘 있으리? 속세에서 일러오는 인중 마른 중이렷다!"

그러고는 동냥은 무슨 네가 정말 중이라면 제 관상이나 봐보라며 코웃음을 칩니다. 학대사는 잠시 옹고집의 얼굴을 살피더니…

"좌수님의 상을 살피간대, 눈썹이 길고 미간이 넓으시니 성세는 드날리되, 누당이 곤하시니 자손이 부족하고, 면상이 좁으시니 남의 말을 아니 듣고, 수족이 작으시니 횡사도 할 듯하고, 말년에 상한병을 얻어 고생하다 죽사오리다."

이게 웬 망발입니까? 단박에 기분이 상할 대로 상해버린 옹고집은 힘깨나 쓰는 종놈들을 불러 학대사를 쫓아버립니다. 돌쇠, 몽치, 깡쇠는 학대사를 잡아끌어 돌 위에 내동댕이쳤죠. 그것도 모자라 아직 정신이 멍한 학대사를 꽉 붙잡아 눌러 꼬챙이로 귀를 뚫고, 태장 40대를 호되게 내리칩니다. 활짝 열렸던 문이 쾅 닫힐 때, 비틀거리던 학대사는 어느덧 멀쩡히 서서 옷을 털었죠. 술법이 높았던 그에게는 옹고집의 화풀이가 고양이의 할큄 정도도 되지 못했던 것이지요. 그러고는 괴이한 꾀 하나를 생각해냅니다. 동자를 시켜 짚 한 단을 끌어내고, 그것으로 허수아비를 하나 만든 것이죠. 부적을 써 붙이자 어느새 옹고집과 똑같이 생긴 자가 불쑥 서 있는 것이 아니겠습니까.

학대사가 만든 이 허수아비는 옹고집의 얼굴을 한 채로 뻔뻔하게 옹가 집을 찾아가 사랑문을 드르륵, 엽니다. 제 집인 양 이리저리 분부하는 것도 잊지 않았지요.

> "늙은 종 돌쇠야, 젊은 종 뭉치, 깡쇠야, 어찌 그리 게으르고 방자하냐? 말 콩 주고 여물 썰어라! 춘단이는 바삐 나와 밭 쓸어라."

옹고집의 지령을 들은 하인들은 바쁘게 나와 할 일을 합니다. 그때, 또다시 사랑문을 열고 태연한 발걸음으로 천천히 걸어오는 자가 있습니다. 진짜 옹고집은 사랑채가 소란한 것을 보고 어리둥절하여 누가 왔나 하고 하인들에게 물었습니다. 가짜 옹고집은 이에 벌컥 화를 냈죠. 예의 없이 남의 집에 들어와 주인인 체하는 그대는 대체 뭐 하는 자인가 하고요.

> "네가 나의 형세 유족함을 듣고 재물을 탈취코자 집안으로 당동히 들었으니 내 어찌 그저 두랴! 깡쇠야, 이놈을 잡아내라."

그러나 누가 누군지 알 턱이 있나요? 진짜 옹고집과 가짜 옹고집은 머리털 개수부터 발톱 길이까지 모두 똑 닮았는데요. 결국 하인들은 안채에 있는 옹고집의 어머니인 마님께 도움을 요청하기로 합니다. 하지만 어머니 역시도 이 둘 중에 진짜 아들을 가려내기란 쉽지 않은 일이었습니다. 그러다 문득, 제 아들은 좌수가 된 후 도포를 성급히 다루다 불똥이 떨어져 그 안쪽에 탄 자국이 있다는 게 생각나는 것이 아니겠어요?

하지만 불똥 튄 자국 역시, 이 옹가를 보나 저 옹가를 보나 아주 똑 닮은 자국이 나란히 자리하고 있었습니다. 심지어 자신을 알아보지 못한다고 호통을 쳐 대니, 마님의 분부를 받아 이 두 옹가를 살피는 춘단 어미만 죽을 노릇이었습니다. 이 소란에 옹가의 며느리는 또다시 이런저런 생각 끝에 이렇게 말했지요.

"우리 아버님은 머리 위로 금이 있고, 금 가운데 흰머리가 있사오니 이 표를 보사이다."

진짜 옹고집은 얼른 머리를 풀고 표를 보여줍니다. 며느리가 옹고집의 머리를 보고, 집안 식구들이 기웃기웃 살피는 틈을 타 가짜 옹고집은 얼른 요술을 부립니다. 진짜 옹고집의 흰머리를 훔쳐 자신의 머리에 붙인 것이죠. 진짜 옹고집은 어느새 가짜 옹고집이, 가짜 옹고집은 어느새 진짜 옹고집이 되었습니다. 며느리는 냉큼 가짜 옹고집을 보고 이렇게 소리칩니

다. "아! 이 분이 틀림없는 우리 시아버님입니다." 진짜 옹고집
은 주먹으로 가슴을 치며 억울함을 호소합니다.

> "애고 애고, 허웅가는 아비삼고 실웅가를 구박하니, 기막혀 나
> 죽겠네! 내 마음에 맺힌 설움 누구 보고 하소연하랴?"

　집안의 종들은 남문 밖으로 나서 옹고집의 아들을 데려옵
니다. "서방님, 우리 댁 좌수님이 글쎄, 아니 글쎄, 가보면 압니
다!" 이렇게 말하면서요. 하지만 아들 역시도 진짜 아버지를
구분해 내지 못하고, 그 새에 가짜 옹고집은 옹고집의 아내에
게 얼른 이리 말합니다.

> "여보 임자! 내 말을 자세히 들어 봐요. 우리 둘이 첫날밤 신방으
> 로 들었을 때, 내가 먼저 웅품하자 하였더니 언짢은 기색으로 임
> 자가 돌아앉기로, 내 다시 타이르며 좋은 말로 임자를 호릴 적
> 에 '이같이 좋은 밤은 백 년에 한 번 있을 뿐인지라 어찌 서로 허
> 송하랴?'하자 그제야 남자가 순응하여 서로 동품하였으니, 그
> 런 일을 더듬어서 진위를 분별하소."

　아, 가짜라면 어찌 그 일을 알고 있을까요? 옹고집의 아내
는 가짜 옹고집을 가리키며 과연 이 사람이 내 진짜 남편이라
고 말합니다. 진짜 옹고집은 그 옆에서 복장이 터지고 있었지
만요. 진짜 옹고집의 눈에서 불길 나오는 것을 목격하자 아내

는 또다시 마음이 흔들려, 둘 사이에서 갈팡질팡한 마음을 어찌할 줄 모르고 있었습니다. 구불촌 김 별감은 옹고집의 친우로 마침 집 문 앞에서 그를 찾고 있었지요. 답답한 진짜 옹고집이 선뜻 말을 꺼내지 못할 때 가짜는 얼른 또다시 선수를 칩니다.

> "그게 뉘신가? 허허 이거 김 별감 아닌가, 달포를 못 보았는데, 그새 댁내 무고한가? 나는 요새 집안에 변괴 있어 편치도 못하다네. 어디서 온 누구인지 말투와 몸놀림에 형용도 흡사하여, 나와 같은 자 들어와서 옹좌수라 일컬으며, 나의 재물 빼앗고자 몹쓸 비계 부리면서 낸 체하고 가산을 분별하니 이런 변이 어디 또 있을는고? '그의 아내는 알지 못하되 그의 벗은 알지로다' 하였으니, 자네 나를 모를까보냐? 나와 자네는 지기상통하는 터수, 우리 뜻을 명명백백 분별하여 저 놈을 쫓아 주게."

그러자 진짜 옹고집은 또 너무 억울한 것이 아니겠어요? 김 별감까지도 이 둘을 구분해내지 못하자, 결국 사람들은 관가에 가서 이 문제를 해결해달라고 청하기로 합니다.

사또는 맨 처음 둘의 옷을 모두 벗겨 샅샅이 따져 봅니다. 하지만 머리, 어깨, 무릎, 가슴, 팔뚝, 다리, 발까지도 모두 다른 곳이 없으니 이 방법은 실효성이 없다 판단되었지요. 결국 사또는 두 옹고집에게 각각의 호적을 말하라고 시킵니다. 진짜 옹고집은 이때다 싶어 얼른 가짜 옹고집을 제치고 먼저 이르죠.

"민의 아비 이름은 옹송이옵고 조는 만송이옵나이다."

"허허 그 놈의 호적은 옹송망송하여 전혀 알 수 없으니, 다음 백성 아뢰라."

가짜 옹고집은 심호흡을 하고 아주 샅샅이, 차근차근 이르기 시작합니다. "자하골 김등네 좌정하였을 적에, 민의 아비 좌수로 거행하며…" 진짜 옹고집의 눈이 흔들리기 시작하고, 사또의 표정이 조금씩 흥미를 갖출 무렵에, 어느새 그는 살림의 개수까지도 고하고 있었습니다. "논밭 곡식 합하여 이천백 석이요, 마구간에 기마가 여섯 필이요, 암퇘지 수퇘지 합하여 스물두 마리요…"

사또, 참으로 그 옹고집에게 신뢰를 갖지 않을 수 없게 되었습니다. 가짜 옹고집을 당상으로 올려 앉히고 기생을 불러 앉혀 술을 권하게 시킵니다. 반면에 진짜 옹고집은 그 모습을 보며 땀을 삐질삐질 흘리고 있었지요. 이윽고 사또의 불호령이 떨어집니다.

"네놈은 흉측한 인간으로서, 음흉한 뜻을 두고 남의 세간 탈취코자 하였으니, 죄상인즉 마땅히 의율정배할 것이로되, 가벼히 처벌하니 바삐 끌어내어 물리쳐라."

가볍게 처벌한다고는 했어도 대곤 삼십 대는 매우 고통스러운 형벌이었습니다. 다시 옹가라 한다면 곤장으로 맞아 죽는 것도 거짓은 아닐 듯싶어 진짜 옹고집은 하는 수 없이 자신이 가짜라고 이릅니다. 이에 옹고집은 걸인 신세가 되어 길가에 나앉게 됩니다.

가진 것을 모두 잃게 되면 과거의 소중함을 깨우치기라도 하는 듯, 어느새 옹고집의 입에서는 이런 말이 흘러나옵니다.

"나는 죽어 싼 놈이로되, 당상학발 우리 모친 다시 봉양하고 싶고, 어여쁜 우리 아내 월하의 인연 맺어 일월로 다집하고 천지로 맹세하여 백년종사 하렸더니……."

가짜 옹가가 춤을 추며 의기양양하게 집에 돌아오자 모든 식솔들이 반기고, 특히 옹가의 아내가 기뻐하며 그를 반갑게 맞이하였습니다.

"허허 흉악한 놈 다 보겠다! 하마터면 고운 우리 마누라를 빼앗길 뻔하였구나."

아무도 의심할 도리가 없었지요. 옹가의 아내조차도요. 날이 저물자 둘은 원앙금침을 펼쳐놓고 한자리에 누워 정을 나누었습니다. 깊은 밤, 옹가의 아내는 하늘에서 허수아비가 무수히 떨어지는 꿈을 꾸고, 과연 열 달이 지나자 옹가의 아내는 배가 불러오더니 자식을 하나, 둘, 셋, 넷, 부지기수로 낳게 됩니다. 자식이 많아 기르는 기쁨을 알게 되면서 서서히 어떤 사건이 있었는지는 식솔들의 머릿속에서 까맣게 잊혀가는 참이었죠.

그때, 진짜 옹고집은 거지꼴을 한 채로 갈 데 없이 이리저리 떠도는 참이었습니다. 집안의 재산을 모두 홀랑 뺏긴 것은 둘째치고서라도, 가족 모두가 자신을 믿어주지 않는 이 상황은 얼마나 비참하고 슬픈지요.

> "애고 애고 내 팔자야. 죽장망혜 단표자로 만첩청산 들어가니 산은 높아 천봉이요, 골은 깊어 만학이라. 인적은 고요하고 수목은 빽빽한데 때는 마침 봄철이라. 출람비조 산새들은 쌍거쌍래 날아들 새, 슬피 우는 두견새는 이내 설움 자아내어 꽃떨기에 눈물 뿌려 점점이 맺어두고, 불여귀는 이로 삼으니 슬프다. 이런 공산 속에서는 아무리 철석같은 간장이라도 아니 울지는 못하리라."

너무도 상심한 옹고집은 스스로 목숨을 끊으려다 벼랑 위 높은 곳에 백발도사가 앉아 있는 모습을 보게 됩니다. 제발 한을 풀게 해달라고 손이 발이 되도록 비는 옹고집, 도사는 그를 매섭게 꾸짖습니다.

"이 몸의 죄 돌이켜 생각하면 천만 번 죽어도 아깝지 아니하오나, 밝으신 도덕 하에 제발 덕분 살려 주사이다. 당상의 늙은 모친, 규중의 어린 처자, 다시 보게 하옵소서. 이 소원 풀고 나면 지하로 돌아가도 여한이 없을 줄로 아나이다."

"천지간에 몹쓸 놈아! 이제도 팔십 당년 병든 모친 구박하여 냉돌방에 두려는가? 불도를 업신여겨 못된 짓 하려는가? 너 같은 몹쓸 놈은 응당 죽여 마땅하되, 정상이 가긍하고 너의 처자 불쌍하기로 풀어 주겠으니 돌아가 개과천선하라."

도사는 그에게 부적 한 장을 써 줍니다.

"이 부적 간직하고 네 집에 돌아가면 괴이한 일이 있으리라."

단번에 고향으로 돌아와 목을 큼큼 가다듬고, "가소롭다, 허옹가야! 이제도 네가 옹가라고 장담을 할 것이냐?" 소리를 지르니 식솔들은 또다시 당황하여 집에 틀어박힌 옹고집을 찾습니다. 그러나 이게 무슨 일인가요? 집의 주인은 간 데 없이 짚 한 무더기만 덩그러니 놓여 있는 게 아니겠어요? 무수한 자식들까지도 모두 허수아비가 되자, 이를 지켜보던 집안 사람들은 넋이 나갔지요.

"마누라, 그 사이 허수아비 자식을 저렇듯이 무수히 낳았으니,

그 놈과 한가지로 얼마나 좋아하였을꼬? 한상에서 밥도 먹었
는가?"

옹고집의 아내는 지금껏 자신이 가짜 옹고집을 철석같이
믿으며 살고 있었다는 것을 깨닫고 매우 부끄러워하였습니다.
옹고집은 도사의 술법에 감탄해 마지않았고 동시에 그동안의
자신의 잘못을 반성했지요. 이에 옹고집은 드디어 마음을 고
쳐먹고, 어머니를 공양하고 착한 일을 많이 하게 되었습니다.
곧이어 그 마을에는 옹고집의 이름이 널리 퍼졌고 그의 어진
마음을 칭찬하지 않을 수 없게 되었다고 한답니다.

〈옹고집타령〉은 소설로도 만들어져 〈옹고집전〉으로도, 〈옹
생원전〉으로도 불립니다. 19세기 중엽 창을 잃어버려 현재는
판소리가 이어져오고 있지는 않지만, 여러 소리꾼들의 활약으
로 새로운 색채가 입혀지기도 했습니다. 성격 나쁜 부자 옹고
집이 도승을 홀대한 뒤 가짜 옹고집과 만나 설전을 벌이고 여
러 고난을 겪은 뒤 개과천선하는 이 이야기는 익숙한 구조이
지만 오래도록 우리가 좋아해 온 형태이기도 합니다.

특히 이 작품은 고집이라는 인간의 약점을 중심으로 변화
와 성장에 대한 메시지를 전달합니다. 〈옹고집타령〉에 담긴 독
창성은 유머와 풍자를 통해 도덕적 교훈을 전달하면서도, 서
사적 구성과 감정 표현을 통한 성찰도 이끌어내고 있지요. 옹

고집의 고집이 가져오는 자기 고립과 사회적 갈등을 탐구하면서, 자기 인식과 변화를 강조하는 이 작품은, 판소리의 특성에 맞는 감동적이고 교훈적인 이야기를 만들어내며 여전히 강한 의미를 지닌 작품으로 남아 있습니다.

현재 〈옹고집타령〉은 판소리 창본이 전해지고 있지 않아 〈옹고집전〉의 문헌 기록들을 통해 간접적으로나마 그 내용을 알 수 있습니다. 이 책에서 소개한 타령은 박동진 명창이 1972년 복원하고 완창한 내용을 참고하였습니다.

"사람이 누구나 다 고집 없는 사람이 어디가 있겠는가. 고치면 되느니라."

박동진 명창이 복원한 옹고집타령의 핵심 주제는 바로 이 문장일 것입니다. 그렇기 때문에 이 작품은 현재까지도 유효한 주제를 함의하고 있다고 말할 수 있겠지요. 이 문장이 마냥 무섭게만 들리지 않는 이유는 인간 본성에 대해 희망의 방향으로 나아가고 있는 화자의 다정함이 느껴지기 때문일 것입니다. 언제나 희망을 믿는 것은 끊임없이 노력하는 일과 동일히지요.

현대에도 여전히 고집 센 옹고집들은 존재하기 마련입니다. 현재를 동일하게 살아가고 있는 우리들이 모든 사람에게 책임감을 느낄 필요는 없겠지만, 한 번쯤은 〈옹고집타령〉 속 개과천선한 옹고집을 떠올릴 필요는 있을 것입니다. 그들의 고집을 받아들이기 위해서가 아니라, 언젠가는 스스로의 과오를 깨닫고 뉘우칠 옹고집들을 조금이나마 이해할 만한 여지를 남기기 위해서 말입니다.

**옹고집타령**의 대표곡을
감상해 보세요.

# 깃털의 노래:
## 장끼의 모험과 희생

### 장끼타령

얼어 죽어도 이상하지 않을 만큼 추운 겨울날, 장끼와 까투리는 먹이를 찾아 떠나고 있었습니다. 모든 것이 차갑게 식어가는 그 계절은 땅에서 아무것도 나고 자랄 수가 없어 하루하루 먹이를 구하는 것이 참 어려웠지요. 아홉 아들과 열둘의 딸이 있어 더더욱 매일이 고난이었습니다. 열 손가락보다 훨씬 많은 배고픈 입들이 딸린 상황에서 장끼와 까투리는 자식들을 데리고 먹이를 찾아 떠나고 있었습니다. 들판에 떨어진 콩이라도 주우러 가는 길이었지요.

> "어서 가자, 바삐 가자! 질펀한 너른 들에 줄줄이 퍼져서 너희는 저 골짜기 줍고 우리는 이 골짜기 줍자꾸나. 알알이 콩을 줍게 되면 사람의 공양을 부러워하여 무엇하랴 하늘이 낸 만물이 모두 저 나름의 녹이 있으니 한 끼의 포식도 제 재수라."

그러다 장끼와 까투리는 들판에 먹음직스럽게 놓여 있는 콩알 한 쪽을 발견하게 됩니다. 먹기 좋게 불어 있는 그것은 한눈에 장끼와 까투리의 눈길을 사로잡았지요. 장끼는 옳다구나, 하고 들판으로 들어가 그것을 단숨에 입에 넣으려 했습니다. 까투리가 그것을 뜯어말리기 전까지는요. 까투리는 어딘가 불길한 예감이 들었습니다.

> "아직 그 콩 먹지 마오. 눈 위에 사람 자취가 수상하오. 자세히 살펴보니 입으로 훌훌 불고 비로 싹싹 쓴 흔적이 심히 괴이하니, 제발 덕분 그 콩일랑 먹지 마오."

까투리가 말한즉슨, 콩알은 먹음직스러우나 그 먹이의 주위에 이상하게 사람의 자취가 어려 있다는 것이었습니다. 사람 발자국은 보이지 않으나 누군가 비질을 하여 흔적을 감춘 것 같다고요. 하지만 장끼는 그의 말에 동의하지 않았습니다.

> "자네 말은 미련하기 그지없네. 이때를 말하자면 동지섣달 눈 덮인 겨울이라. 첩첩이 쌓인 눈이 곳곳에 덮여 있어 천산에 나는 새 그쳐 있고, 만경에 사람의 발길이 끊겼는데 사람의 자취가 있을까 보냐?"

하지만 여전히 까투리는 장끼를 말렸습니다. 장끼의 말도 맞긴 하지만, 지난밤의 꿈이 불길했으니 여전히 불안하긴 매

한가지였기 때문입니다. 하지만 장끼는 또다시 자신이 간밤에 꾸었던 꿈이 아주 좋았다며 반박하려고 합니다. 꿈속에서 황학(黃鶴)을 타고 옥황상제를 뵈러 갔는데, 상제께서는 자신을 산림처사에 봉하시고 아주 많은 곡식을 넣어놓은 창고에서 콩 한 섬을 내어 주셨다나요. 그래서 장끼는 지금 눈앞에 보이는 콩 한 알이 마치 옥황상제가 떨어뜨려주신 것처럼 보였을 것입니다. 하지만 여전히 까투리는 생각이 달랐습니다.

> "당신의 꿈은 그러하나 이내 꾼 꿈 해몽해 보면, 어젯밤 이경 초에 첫 잠이 들어 꿈을 꾸었는데, 북망산 음지쪽에 궂은 비 홀뿌리면 맑은 하늘에 쌍무지개가 홀연히 칼이 되어 당신의 머리를 댕겅 베어 내리쳤으니, 이것이야말로 당신이 죽을 흉몽임에 틀림없으니 제발 그 콩일랑은 먹지 마오."

하지만 여전히 장끼는 고집을 부렸습니다. 문관 장원으로 급제하여 어사화 두 가지를 머리에 꽂고 장안 큰 거리를 왔다 갔다 할 꿈이라나요? 이에 까투리도 지지 않고 또다시 말립니다. 무쇠 가마가 장끼 머리에 얹어진 채로, 깊은 물에 풍덩 빠지는 꿈속에서 홀로 대성통곡하였다고요. 그러자 장끼는 명나라가 중흥할 때 자신이 대장이 되어 투구를 쓰고 압록강을 건너 중원을 평정할 꿈을 꾸었다며, 그 꿈이 훨씬 더 좋은 꿈이라고 말합니다. 이렇듯 꿈 이야기와 각자의 해석이 오가는 대화가 한바탕 이어진 후에, 까투리는 이렇게 이야기하지요.

"새벽녘 닭이 울 때 또 꿈을 꾸니, 색저고리 색치마를 이내 몸에 단장하고 푸른 산 맑은 물가에 노니는데, 난데없는 청삽사리 입술을 앙다물고 와락 뛰어 달려들어 발톱으로 허위치니 경황실색 갈 데 없이 삼밭으로 달아나는데, 긴 삼대 쓰러지고 굵은 삼대 춤을 추며 잘룩 허리 가는 몸에 휘휘청청 감겼으니 이내 몸 과부되어 상복 입을 꿈이오라, 제발 덕분 먹지 마오, 부디 그 콩 먹지 마오."

장끼는 더 이상 참을 수가 없었습니다. 부리부리한 눈을 치켜뜨고 벌컥 화를 내며 까투리에게 말했습니다.

"화용월태 저 간나위년 기둥서방 마다하고, 다른 남자 즐기다가 참 바, 올 바, 주황사로 뒤쪽지 결박해서 이 거리 저 거리 종로 네거리를 북치며 조리 돌리고, 삼모장과 치도곤으로 난장 맞을 꿈이로세. 그따위 꿈 얘기란 다시 말라! 앞 정강이 꺾어 놀 테다."

하지만 까투리는 도저히 장끼가 콩알을 먹도록 내버려 둘 수가 없었습니다. 까투리는 고집을 너무 부리다 좋지 않은 끝을 맞이했던 진시황과 초패왕 등의 예를 들며 그의 고집을 조금이나마 꺾고 싶어 합니다. 하지만 장끼는 여전히 포기할 마음이 없습니다. 이리저리 주위를 살피면서 콩을 먹으러 조심조심 다가갑니다. 까투리는 더 말릴 수도 없어 안절부절, 불안한 마음을 누르고 그를 지켜보기만 합니다. 마침내 탐스러운 콩이 눈앞에 다가온 순간, 장끼가 콩을 부리로 콱 쪼는 것과 동시에 장끼는 덫에 콱 걸리게 되고요. 까투리는 그만 눈앞이 깜깜해졌습니다.

"저런 광경 당할 줄 몰랐던가, 남자라고 여자 말 잘 들어도 패가 (敗家)하고 계집 말 안 들어도 망신하네."

그 모습을 지켜보고 있던 자식들도 매우 슬퍼하며 장끼가 죽어가는 것을 바라볼 수밖에 없었습니다. 덫에 걸린 장끼는 아득해지는 정신을 붙잡으려 하는 한편, 자신의 말을 듣지 않음을 애통해하는 까투리에게 화를 냅니다.

"에라 이년 요란하다! 호환을 미리 알면 산에 갈 사람 어디 있겠나? 미련은 먼저 오고 지혜는 누구나 그 뒤의 일이니라. 죽는 놈이 탈 없이 죽을까? 그것은 그렇다 치고 사람도 죽고 삶을 맥으로 안다 하니 나도 죽지는 않겠나 어디 한 번 맥이나 짚어 보소."

하지만 맥을 짚어 보아도 달라지는 건 없었습니다. 장끼는 점점 죽어가고 있었으니까요. 비위맥이 끊어지고 간맥이 서늘하고 태충맥은 굳어져 가고 명맥은 떨어져 가고 있었습니다. 자신이 죽기 직전임을 안 장끼는 까투리에게 너무 슬퍼하지 말라는 말을 남깁니다. 더불어, 자신이 죽고 난 뒤에는 수절하여 정렬부인이 되어 달라는 부탁까지도 덧붙이지요. 아무리 살아 보려고 애를 써도 애꿎은 깃털만 빠지고 흩날릴 뿐, 덫을 벗어날 수 있는 길이 전혀 보이지 않는 상황 속에서 모두가 장끼의 모습을 보고 슬퍼했습니다. 그때 덫의 주인, 탁 첨지가 망을 보고 있다가 장끼가 덫에 걸렸다는 사실을 알게 됩니다. 탁 첨지는 달려와 장끼를 탁 빼어 잡고 신나서 춤을 추며 희희낙락하지요.

> "지화자 좋을시고, 안 남산 벽계수에 물 마시러 네 왔더냐? 탐식 몰신 모르고서 식욕이 과하기로 콩 하나 먹으려 들다가 녹수청산에 놀던 너를 내 손으로 잡았구나. 산신님께 치성 드려 네 구족을 다 잡으리라."

곧이어 탁 첨지는 죽은 장끼를 바위 위에 얹어놓고 기도하기 시작합니다. 까투리까지 덫에 걸리게 해달라는 것이 그의 기도 내용이었지요. 탁 첨지가 돌아가고 나서, 까투리는 슬피 울며 장끼의 장례를 치를 준비를 합니다. 두루미는 초헌관을, 제비는 접빈객을, 앵무새는 진설을 맡았습니다. 따오기는 축문을 읽었지요.

> 유세차 모년 모월 모일 미당 까투리 감소고우 현벽 장끼 학생부군 혼귀둔석 신반실당 신주기성 복유존령 사구종인 시방시의…

그때 갈까마귀 하나가 근처를 지나가다 조문을 옵니다. 갈까마귀는 장끼와 까투리의 오랜 친구였지요. 장수할 줄 알았던 친구가 불은 콩 하나를 잘못 먹고 비명횡사한 것이 얼마나 믿기지 않든지요. 그러나 갈까마귀는 그것만 생각했던 건 아니었던 듯합니다. 왜냐하면 그가 곧이어 이렇게 말을 꺼냈기 때문이었죠.

> "여보, 까투리 마누라님 들어보오. 오늘 이 말씀하는 것은 체면상 틀린 일이나 옛날에 이르기를 장수 나면 용마가 나고, 문장이 나면 명필 난다 하였으니, 그대는 상부(喪夫)하고 나는 상처(喪妻)하여 오늘 여기 오게 되었으니 이는 곧 삼물조합이 맞음이라, 꽃 본 나비가 불을 망설이며 물 본 기러기 어옹(魚翁)을 두려워하랴? 그 성세와 그 가문 내가 알고, 내 형세와 내 가문 그대가 알 터인즉 우리 둘이 자수성가할 셈 잡고 백년동락 같이 함이 어떠하오?"

그러니 즉, 상을 당한 까투리에게 함께 살자 청하는 것이었습니다. 까투리는 어이가 없어 그 제안을 단박에 거절합니다. 아무리 죽었어도 남편을 떠올리며 수절하는 것이 맞는 일이라고요. 하지만 갈까마귀는 까투리가 수절했다는 말은 죽었다 깨나도 들어본 적 없다나요? 작은 말다툼을 시작으로 부엉이와 갈까마귀가 서로 어른이라고 다투는 동안, 또 까투리는 어이없는 일을 당합니다. 호반새가 이렇게 말한 탓이었지요.

"까투리 신부 계신가? 우리 신랑 들어가네."

오리는 또 이렇게 말했지요.

"과부 홀아비 만나는데 예절보고 사주 보랴? 신부 신랑 둘이
만나면 자연 궁합 되느니라. 그럴 것 없이 택일이나 한 번 하여 보
세. 일상생기, 이중천의, 삼하절체, 사중유혼, 오상화해, 육중복
덕일이요, 천덕일덕이 합하였으니 오늘 밤이 으뜸이라. 이성지합
(異性之合)은 백복(百福)의 근원이거늘 잔말 말고 조금 자세."

하지만 까투리는 이 둘의 청혼을 모두 거절합니다. 당연한
일이었지요. 하지만 이어지는 또 다른 이의 청혼이 있었습니
다. 바로 홀아비 장끼였지요.

"이내 몸 환거한 지 삼 년이 지났으되, 마땅한 혼처 없어 외롭더니
오늘 그대 과부되자 내가 조문하러 왔음은 천정배필을 하늘이
도우심이라. 우리 둘이 짝을 지어 아들딸 낳고 장가 시집보내 백
년해로함이 어떠한가?"

다른 이들의 청혼은 모두 단박에 거절하던 까투리가 이상
하게도 볼을 살그머니 붉히는 게 아니겠습니까? 까투리는 곧
이어 이렇게 답합니다.

"죽은 낭군 생각하면 개가하기 야박하나, 내 나이 꼽아 보면 늙도 젊도 아니한 중늙은이라, 숫맛 알고 살림할 나이로다. 오늘 그대 풍신 보니 수절할 맘 전혀 없고 음란지심(淫亂之心) 불붙었네. 허다한 홀아비가 예서 제서 통한하나 끼리끼리 논다 하였으니 까투리가 장끼 신랑 따라감이 실로 마땅한 일이로다. 아무렴 살아보세."

까투리에게 청혼하던 많은 새들은 모두 무안하여 훨훨 날아가 버리고 맙니다. 깜장새, 방울새, 앵무, 공작, 기러기, 왜가리, 황새 등 많았던 손님들 또한 날아가지요. 까투리는 새 남편과 아홉 아들 열두 딸을 데리고 돌아갑니다. 까투리와 새 남편이 된 장끼는 이듬해 봄에 자식들 모두를 혼인시키는 데 성공합니다. 이 산 저 산을 노닐고 저 강 이 강을 오가며 즐겁게 살다가, 10월 15일에 큰 물에 들어가 조개가 되기로 합니다. 이야기는 이렇게 끝나지요.

〈장끼타령〉은 판소리 열두 마당 중 하나이지만, 안타깝게도 창을 잃어버린 소리 중 하나이기도 합니다. 소설 〈장끼전〉은 판소리였던 이야기를 어림짐작하게 해주는 사설 중 하나이지요. 그러므로 이본도 많아서 다양한 내용을 즐길 수 있는 이야기이기도 합니다. 공통적으로 전해지는 것은, 열두 아들과 아홉 딸을 둔 장끼 까투리 부부의 말싸움입니다. 붉은 콩을 먹으려고 하는 장끼를 까투리가 말리지만, 고집이 센 장끼는 결국 콩을 먹고 죽고 맙니다. 까투리는 슬퍼하며 장례를 치르지요. 이후의 이야기는 이본마다 다르다고 알려져 있습니다.

〈장끼타령〉은 인간의 본성과 운명에 대한 깊은 교훈은 전달합니다. 장끼는 욕망과 고집을 상징하며, 까투리는 경고와 이성을 뜻합니다. 장끼의 죽음은 어리석은 고집과 욕망이 결국 자기 파멸로 이끈다는 점을 상징적으로 나타내고 있습니다. 이 작품은 동물의 특성을 통해 인간의 사회적, 도덕적 갈등을 나타내며, 이러한 상징적 접근은 판소리 장르에서 매우 독특한 특성이지요.

대부분의 이본에서 개가를 택하는 까투리의 행적은 당시 사회상이 반영되어 있다고 볼 수 있습니다. 실제 남편을 잃은 여성들이 개가하거나 재혼을 하는 상황들이 조금씩 생기고 있었는데, 그 당시의 모습이 〈장끼타령〉에 잘 반영되었다고 할 수 있습니다. 더불어 소설의 초반에 장끼 가족이 배고픔에 시달리던 모습은 서민들의 생활고를 반영한 부분으로 해석되기도 합니다.

따라서 〈장끼전〉은 여성의 주체적인 모습이 담긴 소설입니다. 지금에야 재혼이 자연스러운 일로 여겨지고 있지만 당시의 인식은 아주 달랐습니다. 그렇기 때문에 〈장끼전〉과 같은 소설을 읽으며 우리는 현실을 경계해야 합니다. 우리의 관점에서 아주 당연하게 느껴지는 일들이 어쩌면 기울어진 현실을 비추고 있을지도 모르는 일이기 때문입니다. 오래된 고정관념을 부술 때 우리는 새로운 세상을 만날 수 있게 되지요. 까투리의 두 번째 결혼 이야기를 상상하게 되는 건 그래서인지도 모릅니다.

**장끼타령**의 대표곡을
감상해 보세요.

## 강쇠의 비극:
## 사랑과 운명의 변주곡

### 변강쇠타령

평안도 월경촌에 아주 빼어나게 아름다운 미인이 살고 있었습니다. 이 미인은 옹녀라는 여인으로 웃을 때면 복숭아꽃 같은 분홍빛이 얼굴에 살포시 내려앉았고, 그 미소는 은은한 달빛이 어려 있는 것 같았죠. 앵두처럼 붉은 입술은 늘 부드럽게 반짝였습니다. 하늘거리는 허리는 아무리 옷 속에 감춰져 있다 해도 그 태를 숨길 수는 없었으며, 과히 주나라의 포사조차도 따를 수 없는 자태라고 할 수 있었습니다. 이렇듯 남부러울 것 없이 아름다웠지만 그렇다고 해서 모든 길이 탄탄대로일 수는 없는 법입니다. 사주에 과부살이 끼었다나요.

열다섯에 얻은 서방(書房) 첫날밤 잠자리에 급상한(急傷寒)에 죽고, 열여섯에 얻은 서방 당창병(唐瘡病)에 튀고, 열일곱에 얻은 서방 용천병에 펴고, 열여덟에 얻은 서방 벼락 맞아 식고, 열아홉에 얻은 서방 천하에 대적(大賊)으로 포청(捕廳)에 떨어지고, 스무 살

에 얹은 서방 비상(砒霜) 먹고 돌아가니, 서방에 퇴가 나고 송장
치기 신물난다.

남편을 여의고 과부가 된다는 흉한 살로 널리 알려진 과
부살. 그 때문인지, 이 아름다운 옹녀는 6명의 남편을 모두 먼
저 떠나보낼 수밖에 없었습니다. 6명뿐이던가요? 삼십 리 안팎
으로, 상투 올린 남자뿐만 아니라 열다섯 넘은 총각조차도 찾
아볼 수 없게 되었습니다. 밭일할 남자도, 집을 지킬 남자도 모
두 없는 탓에 마을 사람들은 점점 옹녀를 원망하게 되었습니
다. 그러다 보니 옹녀를 쫓아내야 한다는 목소리가 점점 커졌
죠. 황(黃)·평(平), 이 두 도가 결국 결정을 내립니다. 과부살이
낀 이 옹녀를 그대로 두면 여인국(女人國)이 될 운명밖에 남지
않았다고요. 쫓겨 나는 날, 옹녀는 떠나온 길을 돌아보며 이리
악을 씁니다.

"어허, 인심 흉악하다. 황·평 양서(兩西) 아니며는 살 데가 없겠느
냐. 삼남(三南) 좋은 더 좋다더고."

옹녀는 터벅터벅 길을 걸어 금천(金川) 떡전거리, 닭의 우
물, 청석관(靑石關)에 당도합니다. 이때 변강쇠라는 자가 옹녀
에게 말을 걸어오지요. 삼남에서 빌어먹다 양서로 가는 길이
었던 변강쇠는 삼남으로 간다는 옹녀의 대답을 듣고, 의뭉스
러운 어조로 다시 물어옵니다.

"고운 얼굴 젊은 나이인데 혼자 가기 무섭겠소."

"내 팔자 무상(無常)하여 상부하고 자식 없어, 나와 함께 갈 사람
은 그림자뿐이라오."

"어허, 불쌍하오. 당신은 과부요, 나는 홀애비니 둘이 살면 어떻
겠소."


옹녀는 변강쇠의 말에 동의합니다. 청석관을 처가로 알고
둘은 손을 맞잡지요. 바위 위로 올라가 대사(大事)를 지내는
데, 밝은 대낮에 사람이 지나다니지 않는 것이 다행이었습니다.
변강쇠가 먼저 옹녀를 업고 사랑가를 부르며 어르면, 이제 옹녀
가 변강쇠를 업고 슬금슬금 까불며 사랑가를 불렀습니다.


"사랑 사랑 사랑이여, 유왕(幽王) 나니 포사 나고, 걸(桀)이 나니 말
희(末喜) 나고, 주(紂)가 나니 달기(妲己) 나고, 오왕(吳王) 부차(夫差)
나니 월 서시 나고, 명황(明皇) 나니 귀비(貴妃) 나고, 여포(呂布) 나
니 초선(貂蟬) 나고, 호색남자(好色男子) 내가 나니 절대가인(絶對佳
人) 네가 났구나. (중략) 쪽 빨고 탁 뱉으면 껍질 꼭지 건너편 바람
벽에 축척축 부딪치는 반수시 먹으려냐. 어주축수애산춘(漁舟逐
水愛山春) 무릉도화(武陵桃花) 복숭아 주랴, 이월 중순 이 진과(眞
瓜) 외가지 당참외 먹으려냐."


"사랑 사랑 사랑이야. 태산같이 높은 사랑, 해하(海河)같이 깊은
사랑, 남창(南倉) 북창(北倉) 노적(露積)같이 다물다물 쌓인 사랑,

은하직녀(銀河織女) 직금(織錦)같이 올올이 맺힌 사랑, 모란화 송이같이 펑퍼져버린 사랑, 세곡선(稅穀船) 닷줄같이 타래타래 꼬인 사랑. 내가 만일 없었으면 풍류남자(風流男子) 우리 낭군 황 없는 봉이 되고, 임을 만일 못 봤으면 군자호구(君子好逑) 이내 신세 원 잃은 앙이로다."

서로 어찌나 재미있던지, 한두 번을 넘어 두세 번을 반복하여 그리 놀았습니다. 문득 그러다 보니 살림살이가 걱정되었지요. 둘 다 가진 것이라고는 손에 쥔 것이 전부일뿐이라 도방에서 살림을 시작하기로 합니다. 그러나 옹녀가 열심히 재주껏 돈을 모아 놓으면 변강쇠는 싸움이나 노름으로 그 돈을 모두 날려 먹기 일쑤였지요. 하루는 옹녀가 변강쇠를 불러 타이르듯 이야기했습니다.

"집의 성기(性氣) 가지고서 도방 살림 하다가는 돈을 모으기 고사(姑捨)하고 남의 손에 죽을 테니, 심산궁곡(深山窮谷) 찾아 가서 사람 하나 없는 곳에 산전(山田)이나 파서 먹고, 시초(柴草)나 베어 때면 노름도 못 할 테요, 강짜도 안 할 테니 산중으로 들어갑세."

즉 변강쇠가 돈을 날리지 못하게 산속으로 들어가 둘이서 오붓하게 살자는 제안이었습니다. 어쩐 일인지 변강쇠는 단박에 동의했고요. 둘은 어느 산에 들어가서 사는 것이 좋을지 고민하기 시작합니다. 동쪽의 금강 석산은 나무가 없어 살 수 없고, 북쪽 향산은 추운 곳이라 눈이 쌓여 살 수 없고, 서쪽의 구월은 좋다고 했지만 도적들이 이미 득시글하여 살 수 없고. 둘은 결국 남쪽으로 향하기로 하지요. 땅이 기름져서 살기 좋다나요.

옹녀와 변강쇠는 살림살이를 싸 들고 첩첩산중 깊은 곳으로 향합니다. 목적지에 다다르자 한 기와집이 떡하니 서 있는데, 임진왜란 탓에 어떤 부잣집이 피난을 가느라 그대로 두고 간 듯 보였습니다. 사람이 살지 않아 거미줄이 군데군데 쳐져 있고, 도깨비나 귀신이 들락날락할 것 같은 음산한 기운이 가득했지요. 뜰에는 삵과 여우 발자국이, 뒤로는 부엉이와 올빼미 우는소리가 들려왔습니다. 그러나 변강쇠는 이 집을 보고 단박에 기뻐하며 이렇게 말했습니다.

"순사또는 간 데마다 선화당(宣化堂)이라 하더니 내 팔자도 방사(倣似)하다. 적막한 이 산중에 나 올 줄을 뉘가 알고, 이리 좋은 기와집을 지어 놓고 기다렸노."

집 안으로 들어가 누울 자리를 쓸고 닦고, 낙엽 긁어다 불을 피워 저녁밥을 지어 먹고, 터 누르기 삼삼구(三三九)를 밤새도록 한 후 강쇠는 밤낮으로 누워 자고 게으름만 피워댔습니다. 태어나 일은 단 한 번도 해보지 않은 자의 자세였지요. 하다 못한 옹녀는 변강쇠를 다시 불러다 타이르듯 이야기합니다. 당신이 어려서 못 배운 글을 지금 공부할 수도 없고, 손재주 없으니 장인이 될 수도 없고, 밑천 한 푼 없으니 상인의 일을 할 수도 없고. 그러니 장작을 많이 패서 우리도 쓰고 장에 나가 내다 팔면 살림은 넉넉할 수 있을 것이라고요.

> "건장한 저 신세에 밤낮으로 하는 것이 잠자기와 그 노릇뿐. 굶어 죽기 고사하고 우선 얼어 죽을 테니 오늘부터 지게 지고 나무나 하여 옵소."

그리하라면 그리할 뿐이었습니다. 변강쇠는 지게를 지고 자신의 신세를 노래하며 정처 없이 걸어가고 있었습니다. 그때, 동네 아이들이 나무하러 몰려 올라옵니다. 한 명은 농부가를, 한 명은 방아타령을, 다른 한 명은 산타령을, 또 다른 한 명은 목동가를 부르며 각자 장난을 쳤더랬지요. 변강쇠는 그 아이들을 지켜보다가 다시 팰 만한 나무를 찾으러 이리저리 살피고 다닙니다. 그런데 변강쇠의 눈에는 벨 나무가 하나도 없었지요. 이유는 이러했습니다.

> "오동나무 베자 하니 순(舜)임금의 오현금(五弦琴), 살구나무 베자 하니 공부자(孔夫子)의 강단(講壇). 소나무 좋다마는 진시황(秦始皇)의 오대부(五大夫), 잣나무 좋다마는 한 고조 덮은 그늘, 어주축수애산춘(漁舟逐水愛山春) 홍도(紅桃)나무 사랑옵고, 위성조우읍경진(渭城朝雨邑輕塵) 버드나무 좋을씨고, 밤나무 신주(神主)감,

전나무 돛대 재목(材木). 가시목 단단하니 각 영문(營門) 곤장(棍杖)감. 참나무 꼿꼿하나 배 짓는 데 못감. 중나무, 오시목(烏柿木)과 산유자(山柚子). 용목(榕木), 검쟁은 목물방(木物房)에 긴(緊)한 문목(紋木)이니 화목(火木)되기 아깝도다."

어영부영, 슬금슬금, 나무를 하나하나 둘러보고 이유를 붙여 가며 베지 못하고 있자니 어느샌가 눈가가 무거워집니다. 잠깐 잠이 든 사이에 해는 금방 지고 어느새 어둑한 저녁이 찾아들었지요. 화들짝 놀라 일어난 변강쇠의 눈앞으로 별이 총총한 밤하늘이 가득할 새, 강쇠는 그제야 나무를 하지 못한 것에 대해 고민하기 시작합니다. '나무를 해 가지 않으면 아내가 잔소리를 할 텐데', 그런 생각을 하면서요. 그러는 사이 사면을 둘러보니 문득 장승 하나가 서 있는 게 아니겠어요? 변강쇠는 반가워 하며 장승 곁으로 가까이 다가갑니다. 딱 보아도 나무하기 좋아 보였지요. 그런데 장승 앞에 서는 순간, 장승의 얼굴에 갑자기 핏기가 오르더니 장승이 눈을 딱 부릅떴습니다. 하지만 변강쇠는 아랑곳하지 않고 이리 호령했지요.

"너 이놈, 누구 앞에다 색기(色氣)하여 눈망울 부릅뜨니. 삼남(三南) 설축 변강쇠를 이름도 못 들었느냐. 과거(科擧), 마전(馬廛), 파시평(波市坪)과 사당(寺黨) 노름, 씨름판에 이내 솜씨 사람 칠 제 선취(先取) 복장(腹臟) 후취(後取) 덜미, 가래딴죽, 열 두 권법(拳法), 범강(范彊), 장달(張達), 허저(許저)라도 모두 다 둑 안에 떨어지니 수

족(手足) 없는 너만 놈이 생심(生心)이나 방울쏘냐.

변강쇠는 장승을 딱 잡더니 힘을 불끈 쥐고 쑥 뽑아냅니다. 지게 위에 그것을 지고서 집으로 향했지요. 문을 열고 들어서는 순간 배에 힘을 주고 "안사람 있나, 나무해 왔네." 그리 말하자 옹녀는 한걸음에 달려 나오며 강쇠를 칭찬하고 얼렀습니다. 평생 처음 나무하러 가서 오죽 애를 썼겠으며, 이 시간까지 집에 들어오지 않은 것은 필시 고생한 탓일 거라면서요. 방안에 밥을 차린 후 옹녀는 마당으로 나무 구경을 하러 나왔습니다. 그런데 이게 뭔가요? 눈을 부릅뜬 장승이 마당에 길게 놓여 있는 게 아니겠어요. 방울눈, 주먹코, 채수염이 점잖은 장승이 말입니다. 옹녀는 깜짝 놀라 주저앉습니다.

"애겨, 이것 웬일인가. 나무하러 간다더니 장승 빼어 왔네 그려. 나무가 암만 귀하다 하되 장승 패여 땐단 말은 언문책(諺文冊) 잔주(註)에도 듣도 보도 못한 말. 만일 패여 땐다면 목신 동중(動症) 조왕(竈王) 동중, 목숨 보전 못 할 테니 어서 급히 지고 가서 선 자리에 도로 세우고 왼발 굴러 진언(眞言) 치고 다른 길로 돌아옵소."

장승을 패어 나무로 쓴다면 분명 큰일이 벌어질 테니, 어서 가서 있던 곳에 곱게 놓아두라는 말이었습니다. 그러나 변강쇠는 그 말에 동의하지 않았지요. 가사가 여자의 일이듯 바깥일은 남자의 일이라면서 참견하지 말라는 말을 남긴 채, 장 승을 뚝딱 패어다 장작불을 붙입니다. 에라 모르겠다, 더 이상 의 걱정은 접어둔 채 두 사람의 밝은 밤은 지나만 가는데, 오 직 장승만이 뜬 눈으로 밤을 새웁니다. 이대로 혼자서 원수를 갚진 못할 터이니 매우 원통해하며, 중천에 둥실 떠다니다 대 방 장승을 찾아가 문안 인사를 올리고, 이리 말하지요.

"제 계집이 깜짝 놀라 도로 갖다 세워라 하되, 이 놈이 아니 듣고 도끼로 쾅쾅 패여 제 부엌에 화장(火葬)하니, 이 놈 그저 두어서 는 삼동(三冬)에 장작감 근처의 동관(同官) 다 패 때고, 순망치한 (脣亡齒寒) 남은 화가 안 미칠 데 없을 테니 십분(十分) 통촉(洞燭) 하옵소서, 소장의 설원(雪冤)하고 후환 막게 하옵소서."

대방 장승 역시 대노하여 변강쇠에게 벌을 주기로 합니다. 조선 지방에 있는 장승 하나도 빠짐없이 모두 모여서 기약한 밤에 머리를 맞대었지요. 그중 해남 관머리 장승이 하는 말이 압권이었습니다. "쉽게 죽으면 벌이 못 될 테니, 글쎄 장승의 머릿수대로 병을 달고 가서 겹겹이 발라 주자"라는 말이었습 니다. 대방 장승은 매우 기뻐하며 "그게 좋겠다" 하며 동의했 지요. 그날 밤은 그렇게 깊어갔습니다.

한편 변강쇠는 아침에 별 무리 없이 일어납니다. 오히려 힘 이 넘쳐나는 탓에, 아내를 붙잡고 실컷 놀아댔지요. 장승을 패

왔으니 이제 한동안은 장작 걱정도 없었습니다. 그리하여 변 강쇠는 다시 누워 놀고먹는 생활을 이어하게 되고요. 그러다 문득, 일이 터졌습니다.

천만의외 온 집안이 장승이 장을 서서 몸 한 번씩 건드리고 말이 없이 나가거늘 강쇠가 깜짝 놀라 말하자니 안 나오고 눈 뜨자니 꽉 붙어서 만신(萬身)을 결박(結縛)하고 각색(各色)으로 쑤시는데, 제 소견도 살 수 없어 날이 점점 밝아 가매, 강쇠 계집 잠을 깨니 강쇠의 된 형용(形容)이 정녕한 송장인데, 신음(呻吟)하여 앓는 소 리 숨은 아니 끊겼구나.

장승들이 모두 한 가지의 병을 가져와 변강쇠에게 바르고 간 것입니다. 옹녀는 깜짝 놀라 미음을 고아 입에 흘려 넣었지 만 변강쇠는 조금도 넘기질 못했습니다. 온몸에 가득한 부스 럼이 어느새 피고름이 될 때까지요. 병 이름을 지으려면 만 가 지가 넘어갈 듯하여, 옹녀는 점쟁이에게 찾아가 길흉을 점쳐 보자 결정합니다. 하지만 점쟁이 송봉사가 와서 경을 읽어도, 명의를 불러 진맥해봐도 영 방법이 나질 않았습니다. 결국 변 강쇠는 계속 앓다 죽고 맙니다. 옹녀는 서럽게 울면서도 변강 쇠가 임종하기 전 남긴 유언을 되새기지요.

'이 몸이 죽거들랑 염습(殮襲)하기, 입관(入棺)하기 자네가 손수 하 고, 출상(出喪)할 때 상여(喪輿) 배행(陪行), 시묘(侍墓) 살아 조석 상식(上食), 삼년상을 지낸 후에 비단 수건 목을 잘라 저승으로 찾아오면 이생에서 미진(未盡) 연분 단현부속(斷絃復續) 되려니와 내가 지금 죽은 후에 사나이라 명색(名色)하고 십세전 아이라도 자네 몸에 손대거나 집 근처에 얼쩐하면 즉각 급살(急殺)할 것이니 부디부디 그리하소.'

옹녀는 혼자서 남편의 초상을 치르기는 어렵겠다고 판단합니다. 대로변에서 울고 있자면 어떤 남자라도 오지 않을까 싶어 옹녀는 그리하기로 하지요. 대로변에 털썩 주저앉아 서럽게 눈물을 흘리는데, 이것은 다만 옛 남편을 그리워하는 목소리가 아닌 새 남편을 홀리는 목소리라 쉰 곳 없이 애달프고 가엾게 느껴지기만 했습니다. 마침 한 중이 그 길을 지나는 참이었지요. 중은 옹녀의 얼굴을 보고 넋을 놓았다가 그 울음소리를 듣고는 마음이 매우 아팠지요. 중은 옹녀에게 말을 걸었지만, 옹녀는 짐짓 그를 꾸짖습니다.

"중이라 하는 것이 부처님의 제자이니 계행(戒行)이 다를 텐데 적막산중(寂寞山中) 숲속에서 전후불견(前後不見) 여인에게 체면(體貌) 없이 달려드니 버릇이 괘씸하다. 문안은 그만하고 갈 길이나 어서 가게."

"부처님의 제자기로 자비심이 많삽더니 시주(施主)님 저 청춘에 애원이 우는 소리 뼈 저려 못 갈 테니 우는 내력 아사이다."

그러자 옹녀는 슬쩍 말을 꺼냅니다. 남편 송장을 혼자 치를 수 없어 길거리 남자의 도움을 받고, 여인 홀로 살 수 없으니 도와준 자와 부부 되어 살 계획이었다고요. 중은 그 말을 듣고 바로 자신이 자원하겠다는 말을 합니다. 감투 벗어 찢고, 장삼을 벗더니 옹녀를 앞세우고 바로 쫓아갔지요.

하지만 변강쇠의 유언은 그대로 흘러갔습니다. 중이 먼저 변강쇠의 시체가 있는 방으로 들어갔는데, 감감무소식인 탓에 옹녀는 방 안을 들여다봅니다. 하지만 이게 무슨 일인지, 중도 시체가 되어 버린 게 아니겠어요? 옹녀는 다시 신세 자탄하며 울기 시작합니다. 송장만 치르면 수절하며 살 테니 다시는 강짜를 놓지 말라는 말이 언뜻 새어 나오는 듯도 했지요.

그렇게 울고 있자니 또 다른 누군가가 옹녀 곁으로 달려들어옵니다. 옹녀가 살펴보니 이 자는 초라니였습니다. 옹녀가 초라니에게 사정을 설명하자 초라니 역시도 자신이 송장을 치르겠다고 약속합니다. 방문을 활짝 열고 시체를 정리할 때, 초라니는 이리 덤벙거리고 맙니다.

"여보소 저 송장아, 이내 고사 들어 보소. 폐, 당 동 당. 오행 정기 생긴 사람 노소간에 죽어지면 혼령은 귀신되고 신체는 송장이되, 무슨 원통 속에 있어 혼령은 안 헤치고, 송장은 뻣뻣 섰노. 폐, 당 동 당. 이내 고사 들어 보면 자네 원통 다 풀리, 살았을 때 이승이요, 죽어지면 저승이라. 만사 부운(浮雲) 되었으니 처자 어찌 따라갈까. 훼파은수(毁破恩讐) 자세(仔細) 보니 옛 사람의 탄식일세. 떼, 당 동 당."

초라니는 목소리가 문득 나오질 않더니, 날쌔던 몸이 갑자기 무거워지고, 갑자기 축 처져 버립니다. 옹녀는 이제 더 이상 눈물조차 나오지 않는 상황이 되었죠. 송장이 셋이나 생겨 버린 탓입니다. 그때 풍각쟁이 한 패가 어슬렁어슬렁 들어오는데, 맨 앞에 선 가객 한 명이 또다시 제안하지요. 송장을 치워 줄 테니 자신과 둘이 살자고요. 노래하는 자와 퉁소 부는 자, 북 치는 자와 검무 추는 아이가 저마다 자신의 재주가 빼어나니 송장조차도 감동하기 쉬울 것이라 자신합니다. 그러나 일은 결국 이렇게 되었답니다.

"북치던 늙은 총각 다시 치는 소리 없고, 칼춤 추던 어린아이 오도가도 아니하고 선자리에 꽉 서 있고, 퉁소 불던 얽은 봉사 송장 낯을 못 본 고로 죽음 차례 모르고서 먼눈을 번득이며 봉장추를 한창 불 때, 무서운 기운이 왈칵 들고, 독한 내가 꽉 지르니 내미는 힘이 점점 줄어 그만 자진(自盡)하였구나."

기가 막힌 옹녀는 힘이 모두 빠져 버리고 맙니다. 옹녀는 일단 한 명씩 고이 안아 방 안으로 들여놓은 후 대로변을 쳐다보고 서 있었습니다. 그때 한 사람이 눈에 들어왔지요. 키는 장승이요, 낯은 징짝 같고, 눈은 화등잔(火燈盞)이요, 코는 메줏덩이를 떼다 붙여놓은 것처럼 보였습니다. 옹녀는 이 자와 하룻밤 말벗이라도 하기로 하지요. 옹녀는 그에게 묻습니다. 어디 사는 누구이길래 여기에 와 있느냐고요. 그는 서울 사는 재상댁 마종으로 이름은 뎁득이인데, 경상도 황산역에 좋은 말이 있다기에 그리로 가다 송장 치른 여인의 소문이 파다하여 이쪽으로 한 번 와 봤다나요. 치상하여 주는 사람은 마누라를 얻게 되는 거라는 소문이 파다하다 하면서요. 뎁득이는 처음 송장 치르기를 매우 꺼려하였으나, 옹녀의 교태와 미모에 넘어가 결국 그리하기로 합니다.

옹녀는 또한 근처 마을을 찾아가 각설이패 셋을 데려옵니다. 각설이패와 뎁득이, 이 넷은 한 명당 두 개의 시체를 공석으로 곱게 싸고, 모두 새끼줄로 단단히 엮은 다음 어깨에 메지요. 그렇게 한참을 지고 가다 잠시 앉아서 쉬고, 다시 일어나려고 할 적에 땅과 송장과 짐꾼들이 모두 하나 되어 조금도 움직일 수 없었습니다. 뒤따라오던 옹녀는 그 모습을 보고 빌기 시작하지요.

"여보소 변낭군아, 이것이 웬일인가. 험악하게 죽은 송장 방안에서 썩을 것을 이 네 사람 공덕으로 염습(殮襲) 담부(擔負) 나왔으니, 가만히 누웠으면 명당을 깊이 파고 신체를 묻을 것을, 아이 밸 때 덧궂으면 날 때도 덧궂다고, 갈수록 이 변고가. 사람 어디

살겠는가. 집에서 하던 변은 우리끼리 보았더니 이러한 대로변에 이 우세를 어찌할꼬. 날이 점점 밝아 오니 어서 급히 떨어지소. 안장(女葬)을 한 연후에 수절시묘(守節侍墓)하여 줌세."

아무리 애걸해도 이들은 여전히 꼼짝할 수 없었습니다. 뎁득이는 날이 밝자 옹녀에게 밥 동냥과 짚을 좀 얻어다 달라고 부탁하지요. 옹녀가 마을로 떠난 사이 뎁득이와 각설이패는 서로의 처지를 비관합니다. 길 가던 움생원, 사당들, 향소 옹좌수도 자리에 문득 앉았다가 몸이 그만 철썩 붙어 버리고 말지요. 사건이 일어나는 곳에는 사람들이 모여들기 마련이라, 그중 한 명은 넋두리 춤을 추어 볼 것을 제안합니다.

"어라 만수(萬壽) 저라 만수. 넋수야 넋이로다. 백양청산(白楊靑山) 넋이로다. 옛 사람 누구 누구 만고원혼(萬古寃魂) 되었는고. 공산 야월(空山夜月) 불여귀(不如歸)는 촉 망제(望帝)의 넋일런가. 무관 춘풍(武關春風) 우는 새는 초 회왕(懷王)의 넋이로다. 어라 만수. 청청향초나군색(靑靑向楚羅裙色)은 우미인의 넋일런가. 환패공귀월야혼(環珮空歸月夜魂)은 왕소군(王昭軍)의 넋이로다."

그러자 처음 붙었던 넷만 남겨 두고 나머지 사람들은 모두다 떨어질 수 있게 되었습니다. 뎁득이는 다시 송장에게 빌기 시작하지요.

"살았을 때 집이 없고 죽은 후에 자식 없어 높은 뫼 깊은 구렁 이리저리 구는 뼈를 묻어줄 이 뉘 있으며, 슬픈 바람 지는 달에 애고애고 우는 혼을 조상할 이 뉘 있으리. 생각하면 허사로다. 심사 부려 쓸 데 있나. 이 생 원통 다 버리고 지부명왕(地府明王) 찾아가서 절절이 원정하여 후생의 복을 타서, 부귀가에 다시 생겨 평생행락하게 하면 당신네 신체들은 청산에 터를 잡아 각각 후장(厚葬)한 연후에 년년기일 돌아오면 내가 봉사(奉祀)할 것이니 제발 덕분 떨어지오."

애달프게 빈 후에야 네 사람 역시도 떨어질 수 있었습니다. 네 사람은 송장을 처리합니다. 다만 뎁득이 등에 붙은 변강쇠와 초라니만큼은 여전히 철썩 붙은 채 떨어지지 않아, 뎁득이는 좋은 절벽을 찾아가 등을 갈지요. 모든 일이 끝난 후 뎁득이는 하직하며 옹녀에게 좋은 남자를 가려 만나 백년해로하라고 빌어줍니다. 모든 일은 그렇게 끝나지요.

〈변강쇠타령〉은 변강쇠와 옹녀의 이야기입니다. 청상살(靑孀煞)을 가지고 있던 옹녀는 마을에서 쫓겨나 길을 가던 중 변강쇠를 만나 결혼합니다. 변강쇠의 행패로 정착지를 찾지 못하다가 겨우 지리산에 가서 살기로 하지요. 그러나 이곳에서도 빈둥거리며 놀거리만 찾는 변강쇠에게 옹녀가 나무를 해오라고 시키고, 그 말에 변강쇠는 장승을 베어와 나무로 쓰기로 합니다. 이 때문에 변강쇠가 죽게 되는데, 장례를 치르려던 옹녀는 여러 고초를 겪습니다. 이 이야기는 전반적으로 유랑민의 애환과 슬픔이 담겨져 있습니다.

현재 전승되고 있는 〈변강쇠타령〉은 신재효본의 사설을 바탕으로 정리한 것과, 사건을 단순하게 정리한 서도창본으로 나누어집니다. 사설만 남아 있고 창을 잃은 소리이기 때문에 이 역시 새로 곡을 붙여 부른 것이지요. 성(性)과 죽음을 직접적으로 언급한 이 작품의 특성은 창이 사라진 하나의 이유로 작용했을 것입니다.

변강쇠와 옹녀의 다사다난한 유랑 생활은 그들의 비극적 삶을 잘 보여줍니다. 삶을 살아내기 위해 최선을 다하지만 다시 좌절되는 일상, 여기에 판소리의 놀이적 속성까지 더불어 갖춘 이 작품은 그저 성적 욕망을 담아낸 이야기로만 평가받을 수 없지요. 예술이 삶을 구체적으로 담아낼 때 비로소 그 작품의 의의는 빛나는 법이기 때문입니다.

변강쇠와 옹녀는 천민으로 등장하여 끝까지 궁핍한 생활을 이어가는 인물들이지만, 마냥 그들을 미워할 수는 없습니다. 그것은 그들의 절박한 삶이 작품에 드러나기 때문이고, 그럼에도 불구하고 살아가려는 노력이 극명하게 보이기 때문이고, 선명한 그들의 욕망이 아주 나쁘기만 한 것은 또 아니기 때문입니다. 고전들은 대체로 선하고 아름다운, 정형화된 인물만 그리는 듯하면서도 가끔 이렇게 틀에서 벗어난 재미있는 이야기들을 전해 주기도 하지요.

**변강쇠타령**의 대표곡을
감상해 보세요.

## 숙영의 노래:
## 운명을 거스른 사랑

**숙영낭자타령**

조선 세종대왕 때의 이야기입니다. 백상군이라는 한 선비가 경상도에 살고 있었습니다. 백상군은 부인 정씨와 이십 년 동안 아이가 없어 걱정을 한 끝에 마음을 다해 치성을 드렸는데, 그 정성이 기특하여 아들 하나를 점지 받았습니다. 아들은 자라는 동안 용모가 수려한 것은 물론이고 성품이 온화하며 글에 대한 재능이 뛰어났습니다. 부부는 아들을 금지옥엽 기르며 이름을 선군, 자를 현중이라 지었습니다.

백선군은 자라서 어느덧 혼인할 나이가 되었으나, 적합한 혼처를 찾지 못해 걱정하던 중, 어느 날 꿈을 꾸게 됩니다. 녹의홍상을 차려입은 한 고운 낭자가 나타나 자신을 모르겠느냐고 말하는 이상한 꿈을요. 낭자는 아무리 보아도 선녀라고 의심할 만큼 고운 자태였는데, 이상하게도 이 낭자는 자신과 백선군을 서로 천생연분이라고 말했습니다. 백선군은 한낱 인

간일 뿐인데도요. 하지만 낭자는 백선군을 가리키며, 원래 천
상에서 비를 내리는 직책을 맡고 있었으나 비를 잘못 내린 탓
에 잠시 귀양을 가 있는 것이라고 이야기하죠. 낭자의 목소리
가 어찌나 맑고 고왔던지, 꿈에서 깨어난 후에도 그 목소리가
선명히 남아 있었습니다.

낭자의 아리따운 모습을 잊을 수 없었던 백선군은 결국
몸이 쇠약해지고야 맙니다. 누구에게도 말할 수 없는 이유였
지요. 부모님이 걱정하며 이유를 물어도, 해결할 수 없는 일이
라 백선군은 차마 말할 수 없었습니다. 그러다 다시 꿈에 그
낭자가 나오자 백선군은 눈물이 날 만큼 기뻤지요. 낭자는 이
리 말했습니다.

> "도련님께서 저를 생각한 나머지 이처럼 병을 얻었으니 어찌 제
> 마음이 편하오리까? 제가 도련님을 위로해 드리고자 제 화상과
> 금동자 한 쌍을 가져 왔사오니, 제 화상을 도련님 침실에 두시
> 고 밤이면 안고 주무시고, 낮에는 벽에 걸어두고 도련님의 울적
> 한 마음을 달래사이다."

단순히 꿈일 뿐이었지만 그것은 백선군의 마음에 큰 위로
가 됐습니다. 하지만 이게 무슨 일인가요? 백선군이 꿈에서 깨
어 보니 화상과 금동자 한 쌍이 그대로 옆에 놓여 있었습니
다. 시간이 흐르고 어느새 백선군의 방 안에는 선녀가 가져다

준 신령한 물건이 있다는 소문이 퍼져 나갔죠. 저마다 비단을 가져다 그 앞에 두고 소원을 빌기도 하고 구경도 하게 되었는데, 그로 인해 백선군의 집안은 점점 살림살이 사정이 나아지게 되었습니다. 하지만 백선군은 여전히 고통스러웠지요. 선녀가 가져다준 물건이 있다 하더라도 선녀를 볼 수 없음에 슬퍼하는 나날들이었습니다.

보다 못한 낭자는 다시 꿈에 나와 이렇게 말합니다. 아직 만날 때가 되지는 않았으나, 그토록 괴로워하는 것을 더 두고 볼 순 없다고요. 정녕 자신을 만나고자 한다면 부디 옥연동(玉淵洞)으로 찾아오라고요. 부모는 산천 유람을 떠나겠다 말하는 아들에게 강력하게 반대 의사를 밝혔지만, 밤낮으로 졸라대는 자식을 이길 수는 없는 노릇이었습니다. 그렇게 백선군은 옥연동으로 떠나게 됩니다. 이러저러한 수난을 겪으며 옥연동에 도착했을 때 백선군은 너무 기쁘고 반가워 그 안으로 덜컥 들어서려고 하였습니다. 그때 한 낭자가 나와 백선군을 막아서지요.

"그대는 속객(俗客)으로서 어찌 감히 선경(仙境)을 범하느냐?"

"나는 산을 유람온 사람으로서 산천 경치에 취하여 돌아다니다가 길을 잃고 방황하여 여기까지 왔는 바, 이곳이 선경인 줄도 모르고 무례히 범하였사오니 용서하여 주옵소서."

선경이란 신선이 사는 곳이었지요. 하지만 낭자에게 쫓겨
나게 되자 백선군의 마음도 좋지 않았습니다. 용기를 내어 옥
연동 안으로 들어갔지만 낭자는 방에 들어가 내다보지도 않
았고요. 하는 수 없이 백선군은 당을 나와 내려갈 채비를 하
였는데, 그때 낭자가 다시 나와 얼굴에 환연한 기색을 담고 옥
같은 목소리로 백선군을 불렀습니다.

> "낭군께서는 가시지 마시고 제 말씀을 들으사이다. 낭군께서는
> 어찌 그리 눈치도 없으신가요? 우리 사이에 제아무리 하늘이 정
> 해준 연분이 있다 하더라도 처녀의 몸으로서 어찌 그리 쉽게 허
> 락할 수 있으리오? 낭군께서는 부디 섭섭한 생각 갖지 마시옵고
> 다시 올라 오소서."

둘은 당 안으로 들어가 그동안 못다 나눈 이야기를 나눕
니다. 낭자는 이렇게 이야기하죠. 우리가 앞으로 파랑새로 하
여금 맺어질 때까지는 3년이라는 세월이 남았는데, 그전에 자
신의 몸을 허락하게 된다면 천기누설한 벌로 다시는 인간 세
상에 내려올 수 없다고요. 하지만 백선군은 이대로 자신이 돌
아가게 된다면 구천을 떠도는 원혼이 될 것이라는 대답을 내
놓습니다. 하는 수 없이 낭자는 마음을 돌리게 되지요. 둘은
손을 잡고 침실로 가 그동안의 회포를 풉니다. 이후에, 낭자는
자신의 몸이 더럽혀져 더 이상 선경에 머물 수 없으니 백선군
을 따라가겠다고 하지요.

백선군은 낭자를 데리고 다시 집으로 돌아옵니다. 그의 부모님은 매우 걱정하며 떠나보냈던 아들이 건강한 모습으로 돌아온 것은 물론, 어여쁜 색시까지 얻어 왔으니 더 이상의 기쁨을 누릴 수가 없을 만큼 행복했지요. 하지만 그것도 잠시였습니다. 백선군이 숙영낭자와 함께 있느라 글공부 역시 멀리하기 시작한 것이었습니다. 부모님은 둘을 떼어 놓을까 고민하다가도 또다시 상사병이 도질까 싶어 말을 하지 못했고요. 그렇게 8년이란 시간이 흐르고, 백선군과 숙영은 두 남매의 부모가 되었습니다. 총명한 딸의 이름은 춘앵, 아들의 이름은 동춘이었습니다.

춘앵의 나이는 일곱이고 동춘은 셋이었는데, 동춘은 특히 숙영의 모습과 부친의 기풍을 쏙 빼닮았습니다. 이렇게 어여쁜 아이를 둘이나 얻은 백선군 부부는 풍류 세월만 보내고 있었고요. 부모님은 백선군이 학문에 뜻이 없어진 것을 안타깝게 여겼습니다. 그리하여 마침 과거가 시행된다는 이야기를 듣고는 백선군에게 제안하였습니다.

"나라에서 이번에 과거를 실시한다 하니 너도 꼭 응시하여라. 다행히 급제하게 된다면 조상을 빛내고 부모도 영화롭지 않겠느냐?"

"아버님, 불효불측한 자식 굽어살피소서. 과거며 공명은 모두가 한낱 속물이 탐하는 헛된 욕심이옵니다. 우리 집에는 수천 석을 헤아리는 전답이 있삽고, 비록 등이 천여 명이나 되며, 하고자 하는 일을 마음대로 할 수 있사온데 무슨 복이 또 부족하여 과거에 급제하여 벼슬아치 되기를 바라시나이까?"

하지만 결국 백선군은 아내와 헤어질 결심이 서지 않는 것이었죠. 그리하여 백선군은 동별당으로 돌아와 이러한 이야기를 늘어놓는데, 숙영은 부드러운 눈길로 백선군을 바라보며 시아버지와 마찬가지로 백선군을 타이릅니다. 대장부가 세상에 나면 입신양명하여 부모님을 영화롭게 하는 것이 자식 된 도리라면서요. 또한 이번에 과거에 급제하지 못하게 된다면 자신은 더 이상 살지 않을 것이니 잡념 일체를 금하고 시험에 대한 일념으로 상경하라는 조언을 해주지요. 아버지보다도 정신이 훨씬 더 번쩍 들게 만드는 숙영의 말에 백선군은 급제가 절실해졌습니다. 마침내 집을 떠나기로 하면서도 숙영낭자 생각에 몇 걸음 가다 뒤돌아보기를 수십 번이었죠.

결국 백선군은 함께 떠난 하인이 잠드는 밤을 기다렸다가 몰래 집으로 향합니다. 백선군은 자고 있을 아내가 있는 방 안으로 들어가고, 잠자리에 누워 있던 숙영은 깜짝 놀라 일어나지요. 하지만 이내 둘은 금침 안에서 잠시 보지 못했던 시간에 대한 회포를 풀게 됩니다. 한편 부친 백공이 아들을 떠나보내고 심사가 허전하여 밤늦게 잠들지 못하고 있는데, 며느리가 자고 있는 방에서 남녀의 정다운 말씨가 들리는 것을 보고 의심을 품습니다. 이에 숙영은 얼른 아이들을 어르는 척하는 소리를 내며 위기를 모면하죠. 그리고 다시 한번 백선군에게 강경하게 말합니다.

> "장부로서 과거길을 떠나다가 규중 처자 하나를 못 잊고 다시 돌아옴은 군자의 도리가 아니오며, 만약 시부모님께서 이 사실을 아신다면 저를 요망한 계집이라고 책망하실 터이니 날이 밝기 전에 어서 돌아가사이다."

백선군은 그 말을 옳다고 여겨 다시 왔던 길을 되돌아갑니다. 하지만 다음 날 밤, 또다시 백선군은 하인이 잠든 틈을 타서 숙영을 보러 가지요. 숙영은 그런 백선군을 나무라지만 숙영 역시 그가 그리운 것은 마찬가지였습니다. 하는 수 없이, 숙영이 밤마다 백선군을 찾아가기로 하지요. 그러고는 자신의 화상을 쥐여 주며 그리울 땐 이 그림을 보고, 혹여나 화상의 모습이 변한다면 자신의 몸이 불편한 것으로 알라는 말을 덧붙이고요. 백선군 역시 그리하기로 합니다.

하지만 문제는 다른 곳에도 있었습니다. 시아버지, 백공이 자꾸만 며느리의 처소에서 흘러나오는 남자 목소리를 듣고 의심이 커져 가고 있었던 것입니다. 백공은 숙영의 시녀 매월에게 시켜 누가 그 처소에 드나드는지 자세히 지켜보고 보고하라고 명합니다.

매월은 밤낮으로 그 명령을 지킵니다. 하지만 외간 남자는
씨도 보이지 않았습니다. 없는 도적을 잡을 수도 없는 노릇이
라, 백공의 명령은 괜한 누명을 만들어낼 기회가 되었죠. 그도
그럴 것이, 매월은 숙영을 매우 질투하고 있었기 때문입니다.
숙영과 백선군이 만나지 못할 적에 숙영은 매월로 하여금 백
선군을 만나 그의 외로움을 달래주라는 명령을 내렸었습니다.
임시 종첩의 몸으로도 매월은 백선군을 사랑하였으나, 숙영이
정식 며느리가 되자 매월은 한낱 시비가 되어버린 것이 못내
참을 수 없었던 것이었죠. 매월은 숙영의 돈을 몰래 훔쳐 내어
무뢰배 한 명을 매수합니다. 이름은 도리로, 힘이 세고 언변이
좋은 자였죠.

"내가 너에게 부탁하고자 하는 것은 다른 것이 아니라, 이 댁의
서방님께서 나를 소첩으로 삼아 예전에는 끔찍이 사랑하시더
니 숙영낭자를 본실로 맞아들인 후로는 팔 년이 넘도록 한 번도
가까이하지 않고 종년으로만 부려먹으니, 내 마음이 어찌 절통
하지 않겠느냐? 그러므로 숙영낭자를 모함하여 이 댁에서 몰
아내어 분함을 풀고자 하니, 너는 내가 하라는 대로 착오 없이
해야 한다?"

도리는 수천 냥의 돈을 준다는 매월에게 그리하겠다 다짐

하지요. 매월은 시아버지를 밖으로 데리고 나올 것이니, 그때 외간 남자인 척 숙영의 방에서 나오는 체하다 도망칠 것을 의뢰합니다. 이후 매월은 당장 시아버지에게 이리 말하지요. 숙영이 외간 남자에게 백선군이 낙방 거사가 되어 돌아올 거 같으니, 돌아오면 바로 죽여버리고 재물을 훔쳐 달아나 함께 살자고 말하는 것을 보았다고요.

백공은 바로 숙영을 잡아오라고 분부합니다. 한밤중에 잡혀간 숙영은 여러 종들에게 모욕을 당하지요. 아씨 때문에 죄 없는 우리만 경을 친다며 볼멘소리로 말하는 어투에 존경이란 단 한 줌도 없었습니다. 백공은 숙영을 잡아 묶고 머리를 풀어헤치게 한 다음, 사실을 말할 때까지 매질하라는 명령을 내립니다. 항상 단정하고 곱던 숙영낭자는 죄인으로 몰려 억울한 눈물만 뚝뚝 흘리고 있었습니다. 매질이 심해질수록 피가 배어 나왔고, 종국에는 시어머니마저 울며 이리 말했지요.

"옛말에 이르기를, 한 번 엎지른 물은 다시 그릇에 담을 수 없다 하였사오니, 영감께서 사실도 잘 모르시면서 티없이 굳은 정절을 가진 며느리를 억울하게 음행(淫行)의 죄를 씌워 다스리시니, 만약 며느리의 무죄함이 밝혀졌을 때 무슨 면목으로 현부(賢婦)를 대하려 하시나이까?"

숙영은 결국 백선군이 과거를 보러 가는 도중 두 번 자신에게 돌아온 일이 있다고 고했습니다. 하지만 백공은 매우 노하여 믿지 않았죠. 숙영은 자신의 무고함을 주장하고 억울한 마음을 표현하고자 옥비녀를 빼어 들고 높이 던진 후 땅에 엎드립니다. 숙영의 순결과 진심을 상징하는 옥비녀가 떨어지면서 섬돌에 깊이 박혔는데, 이는 하늘이 그녀의 무고함을 알리는 신호이기도 했습니다. 백공은 그제야 숙영의 무죄함을 알고 자신도 모르게 버선발로 내려가 용서를 빌었죠.

> "이 못난 늙은 것이 망령이 들어 착한 며느리를 모르고 네 절개를 의심하여 이처럼 과오를 범하였으니 내 잘못은 만 번 죽어도 싸도다. 너는 나의 잘못을 용서하고, 모든 일을 안심하도록 하라."

하지만 마음속 깊이 받은 상처는 쉬이 낫질 않는 것이라, 동별당에 부축되어 옮겨져서도 숙영은 결국 죽을 생각밖에 들지 않았습니다. 간통의 의심을 받은 몸은 더럽고 부끄러운 것이라 숙영은 백선군을 마주할 낯이 없었습니다. 오죽하면 딸 춘앵이 숙영을 위로할 정도였지요.

> "어머니, 아직은 죽지 마시고, 아버지가 돌아오시거든 억울한 사정이나 말씀드리고 죽든 살든 마음대로 하세요. 이제 만약 어머니가 세상을 떠나시면 동생 동춘이는 어떻게 하오며, 나는 누굴 믿고 살아야 하나요?"

그러나 춘앵 역시도 숙영의 마음을 돌릴 수는 없었습니다. 숙영은 춘앵에게 백학선(白鶴扇)을 유품으로 남겨 주지요. 추울 때 부치면 기운이 나고 더울 때 부치면 서늘한 바람이 불어오는 신기로운 보배였습니다. 춘앵은 그런 숙영을 붙잡고 울다 지쳐 잠들었는데, 숙영은 춘앵을 보고 안타까운 마음을 금치 못하다가 결국 비수를 들어 가슴을 힘껏 찔러 자결하고 말지요. 그 순간 하늘과 땅을 울리는 천둥소리가 들려왔습니다. 춘앵과 동춘이 어머니를 잃은 슬픈 밤이었습니다.

백공 부부는 하루빨리 숙영의 시체를 장사 지내기로 합니다. 백선군이 돌아오면 분명 모함이라고 생각하고 저도 따라 죽으려고 할 것이기 때문이었습니다. 그러나 숙영의 시체는 죽은 그 자리에서 옴짝달싹도 하지 않았습니다. 이것은 필시 하늘의 뜻이었겠지요.

한편 백선군은 아내를 보고 싶은 마음을 꾹 참고서 과거 시험에 응시하러 먼 길을 다시 떠납니다. 과거날이 되어 과거장에 입장한 후에는 현제판의 글을 보고 단숨에 글을 써 제일 먼저 제출하지요. 선군의 글은 무수한 칭찬을 받은 후 벼슬을 받을 수 있게 되었습니다. 며칠 후 그의 부모님과 춘앵, 동춘이 사는 집에는 이런 편지가 도착합니다.

"소자 하늘이 도우셔서 과거에 장원급제하고 승전원주서를 제수받아 방금 입작(入爵)하였사오니, 감축무지하옵나이다. 하향(下鄕)하여 뵈올 날짜는 이 달 보름께나 될 것이오니 그리 아시옵소서."

또한 춘앵은 백선군이 숙영에게 보낸 편지를 받게 됩니다. 춘앵은 할머니의 손을 끌고 숙영의 시체 앞으로 와 편지를 읽어 달라고 청합니다. 그 편지에는 그리운 아내를 사랑하는 마음이 절절하게 담겨 있었습니다. 다만 화상의 색이 날로 변해 가니 아내에게 무슨 변고라도 생긴 것은 아닌지 걱정하는 마음 역시 지극했죠. 백공 부부는 마음이 아팠지만, 한편으로는 돌아온 백선군이 어떤 생각을 할지 몰라 근심도 가득했습니다. 그때 백선군의 편지를 가지고 돌아온 노복은 이런 제안을 합니다.

"지난 번에 소상공(小相公)이 경성으로 가시는 길에, 풍산 땅에 이르러 보니, 온갖 꽃 만발하여 봄빛이 영롱할 제 어떤 한 미인이 백학과 더불어 춤을 추고 있었더이다. 동리 사람들에게 물어본 즉 임진사(林進士)택 규수라 하였사온데, 소상께서 그 미인을 한 번 보시고 흠모하여 잠시 떠나지 못하셨습니다."

즉, 그 규수를 찾아 백선군을 결혼시킨다면 숙영을 잊을 것이 자명하다는 이야기였지요. 백공은 그 말에 크게 기뻐하며 임진사의 집으로 찾아갑니다. 술잔을 기울이는 밤이 깊어지자 백공은 슬쩍 말을 꺼냈습니다. 집에 있던 숙영이 병으로 죽어 규수를 급하게 찾는 중이라고요. 하지만 임진사는 단박에 그 제안을 수락하지 못합니다.

"나에겐 천한 딸자식이 있으나, 영식의 짝으로서는 부족하기 이를 데 없고, 또한 지난 해 칠월 보름에 우연히 영식과 숙영낭자를 보았는데, 낭자의 모습이 마치 월궁항아처럼 아름다운 숙녀였습니다. 그러니 비록 내가 백형의 뜻을 좇아 청혼을 허락한다 하더라도 영식의 마음에 차지 않을 것이요, 그때에는 여식의 신세가 불쌍하게 될 것이니, 이 말씀은 합당하지 못한 줄로 아나이다."

숙영의 아름다운 모습에 미치지 못하는 딸이 백선군과 결혼할 경우 백선군은 딸을 홀대할 가능성이 있다고 말하는 것이었지요. 하지만 백공의 간곡한 부탁에 임진사는 마지못해 허락하고 맙니다. 둘은 그렇게 혼례 날짜까지 잡고 헤어지지요.

백선군은 마침 특별 휴가를 받아 집으로 내려옵니다. 청사관대를 입고 풍악을 울리며 오는 그는 영광에 빛나는 모습이었습니다. 그러던 중 백선군이 피로를 풀고자 주점에 잠시 머무르다 잠시 졸았는데, 꿈에 문득 숙영의 모습이 나왔습니다. 전과는 조금 다른 점이 있다면, 숙영의 모습이 온통 피투성이였다는 것이었죠. 숙영은 울며 백선군에게 고합니다. 자신은 이미 이 세상 사람이 아니라고. 시시비비를 가려 자신의 한을 풀어 주면 구천을 떠돌지 않을 수 있을 것 같다고. 꿈에서 퍼뜩 깨어난 백선군은 땀으로 잔뜩 젖어 있었습니다. 이상한 기분이 드는데, 그 연유가 무엇인지 알 수 없었죠. 백선군은 걸음을 재촉하여 집으로 향합니다.

집에 도착하기 전 한 숙소에 도착하였는데 어쩐지 이상했습니다. 부친 백공이 찾아와 어색하게 장원 급제를 축하하고, 자꾸만 급한 혼례를 치르고 가라는 말을 하는 탓이었습니다. 하지만 백선군은 꿈에 숙영이 나와 그런 말을 한 것을 기억하고 있는 터라, 더더욱 숙영의 죽음이 확실하게 여겨졌습니다. 아들의 거절을 들은 백공은 하는 수 없이 더 이상 조르지 못하고 함께 집으로 향합니다.

결국 백선군은 집으로 도착해 숙영의 죽은 모습을 보게 됩니다. 목 놓아 울지도 못하는 아들에게 그의 어머니는 이렇게 말합니다.

"짐작건대, 어떤 놈이 네가 집에 없는 줄을 알고 밤중에 침입하여 겁탈하려다가 뜻대로 되지 않자 칼로 찔러 죽이고 도망친 것이 분명한 것 같다. 그 후 염습을 하려고 해도 칼이 뽑히지 않고, 시체를 옮기려고 해도 꼼짝도 않으니 속수무책이라 지금껏 너 오기만을 기다리고 있던 참이란다. 이런 불상사를 네가 알면 병이 될까 염려하여 미리 임진사의 딸과 정혼하였던 것이니라. 네가 네 아내의 불행을 알기 전에 새 숙녀를 얻어 정을 붙이면 네 아내의 불행이 좀 위로될까 하여 그렇게 하였단다."

그제야 백선군은 울음을 터뜨리면서도 분노에 차, 집 안의 모든 노복들을 묶어 꿇어앉힙니다. 그러고는 숙영이 덮고 있는 이불을 젖혔는데 숙영의 시체는 마치 살아 있는 것처럼 살이 조금도 썩지 않고 있었죠. 진범을 찾아내 꼭 아내의 한을 풀어 주리라 다짐하며 박힌 칼을 빼내는데, 조금도 막힘이 없이 칼이 쑥 빠졌습니다. 숙영의 가슴팍에서 문득 파랑새 한 마리가 나오더니 이렇게 울며 날아가는 게 아니겠어요?

"매월이다. 매월이다. 매월이다."

다음으로, 또 다른 파랑새가 날아오더니 그 파랑새도 이렇게 울었던 것이었습니다.

"매월이다. 매월이다. 매월이다."

그제야 백선군은 매월이 질투심에 이런 소행을 벌였다는 걸 알게 되었습니다. 하지만 아무리 문초하여도 매월은 입 한 번 뻥긋하지 않았습니다. 하지만 매가 백 대에 이르자 매월이 게거품을 물었고, 결국 매월은 잘못을 빌며 모든 전말을 털어놓았습니다. 백선군은 즉시 매월과 공모한 불량배 도리 역시 잡아다 문초했습니다. 매월의 머리를 단칼에 베어 버리고, 배를 갈라 간을 꺼낸 다음 숙영의 앞에 가져갔습니다. 그러고는 울며 숙영을 위로하였지요.

> "아아, 슬프구나. 성인군자도 참수를 당하고 현부열녀도 욕을 당함은 고금에 없지 않은 불행이라고 하나 숙영낭자같이 원통 절통한 일이 세상에 또 있을까? 이것은 모두가 다 나 선군의 불찰로 말미암아 생겨난 불행이니 어느 누구를 원망하랴? 오늘 그 원구는 갚았거니와, 한 번 죽은 낭자의 자태를 어디 가서 다시 볼 것인가? 나 또한 마땅히 죽어서 낭자의 뒤를 따를 것인즉, 부모께 끼치는 불효를 부디 용서하여 주옵소서."

이후 백선군은 도리를 관가로 넘겨 머나먼 섬으로 귀양을 보냅니다. 이후 장례 절차를 서둘렀는데, 백선군은 오히려 백공 부부를 위로하였지요. 문제가 하나 있다면 여전히 숙영의 시체가 움직이지 않는다는 것이었습니다. 백선군은 모든 사람을 내보내고 방에 홀로 들어앉아 숙영을 위로하다 잠이 들었는데, 또다시 숙영이 그의 꿈에 등장하여 절을 하는 일이 있었습니다. 다행히 숙영은 고운 비단옷을 입고 있었지요. 그리고 말하기를, 이제 자신의 죄가 어느 정도 징계되었으니 자신을 불쌍히 여겨 옥황상제께서 다시 환생할 기회를 주셨다나요. 그리고 다시 태어날 시 수명은 80세로, 자연히 너희 둘 부부는 세 사람이 될 것인데, 세 사람이 한날한시에 죽을 것이라고, 아들이 세 명이 있을 것이라고 말했다고 합니다. 며칠만 더 기다려달라는 숙영의 말을 끝으로 백선군은 잠에서 깨어났지 만 여전히 영문을 알 수 없었습니다. 그렇게 시간이 흐르고, 어느 날 백선군이 밖에 나갔다 오자 시체가 옆으로 돌아누워 있었습니다. 깜짝 놀라 시체를 만져 보니 따뜻하였고, 온몸을 주무르고 인삼 즙을 입안에 흘려 넣으니 숙영이 반짝 눈을 떴 지요. 춘앵이 숙영에게 와락 달려들어 울음을 터뜨리자, 숙영 은 이리 말했습니다.

"네 아버님은 어디로 가셨느냐? 그리고 너희 남매는 그동안 잘 있었느냐?"

모두가 숙영이 다시 살아난 것을 기뻐하고 잔치를 크게 벌 였는데, 한편 임진사 집에서는 그 말을 듣고 혼례를 무르려고 하였습니다. 하지만 임낭자는 여자 된 몸으로 한 번 정혼하고 예물까지 받았는데 파혼하는 일은 부당하다고 말하지요. 나 라의 법에 부인을 둘 두지 못하도록 정했으면 모르지만 그것 이 아니니 자신은 결코 다른 집으로는 시집가지 않겠다고 말 합니다. 이 말을 들은 백공과 백선군은 미안하고 곤란한 마음 이 이를 데 없었는데, 숙영은 부드러운 미소를 지으며 백선군 을 위로하지요.

"임낭자의 정념(情念)이 그러할진대 만일 낭군께서 맞아들이지 않으산다면 한 여자의 일생을 그르치는 죄악이 되고 낭군님의 죄악은 또한 저의 허물이 될 것이오니, 모름지기 낭군께서는 제 생각하지 마시고 한 여자의 불행을 구해 주소서. 또한 옥황상제께옵서도 세 사람이 같은 날 승천한다고 하셨으니, 이것도 필시 하늘의 뜻임에 분명하옵니다."

백선군은 숙영의 말을 듣고 임금에게 이 사정을 설명합니다. 임금은 백선군의 상소문을 보고 매우 기뻐하고요.

"숙영낭자의 아름다운 관용의 덕은 만고에 드문 일이니 정렬부인(正烈夫人)의 직첩을 내릴 것이요, 임낭자의 절개 또한 기특하니 백선군과 혼인케 하고 숙렬부인(熟烈夫人) 직첩을 내릴 것이니라."

이후 혼례가 아주 일사천리로 이루어지고, 숙영과 임낭자 역시 서로를 시기 질투하는 기색 없이 떨어지기를 아쉬워했으니 집안에 온통 웃음소리가 가득했습니다. 백공 부부가 나이 80이 되어 동시에 병을 얻어 죽은 날 집안의 모든 사람들이 비통해하는 목소리가 가득하였고, 차후 정렬부인은 삼남 일녀를, 숙렬부인 역시 삼남 일녀를 낳았습니다. 자녀 모두 건강하게 성장하여 재기 넘치는 모습으로 성혼하였고, 가문의 번영이 날을 갈수록 더해갔습니다. 마침내 한 선녀가 내려와 이렇게 이야기할 때까지요.

"백선군은 듣거라. 인간의 재미도 좋으려니와 천상의 즐거움이 또한 그보다 못하지 않으리라. 그대 부부 세 사람의 승천할 기약이 바로 오늘이니 지체하지 말고 따르도록 하라."

그때 세 사람의 나이 역시 80세였습니다. 자손 일가는 매우 슬퍼하며 세 사람을 오래오래 기억하였고, 후대 사람들은 그 덕을 계속하여 칭송했답니다.

백선군과 숙영이 만나 사랑에 빠지는 〈숙영낭자전〉은 내내 달콤하기만 한 이야기가 아닙니다. 종이었던 매월의 질투로부터 비롯된 거짓말 때문에 갖은 수모를 당하게 되는 숙영의 억울함이 작품의 주를 이루죠. 이후 백선군이 돌아와 숙영의 죽음을 알고 슬퍼하다가 매월을 찾아내 그 죄를 묻는 장면과 숙영이 다시 살아나 백선군과 임낭자와 함께 죽을 때까지 행복을 누리며 사는 이야기는 〈숙영낭자전〉에서 독자들에게 가장 카타르시스를 안겨주는 장면이 아닌가 싶습니다.

〈숙영낭자전〉을 바탕으로 탄생한 판소리는 해당 흐름을 충실히 따른 것도, 그렇지 않은 것도 있습니다. 백선군이 천태산에서 약을 구해 오는 것으로 되어 있는 창본도 있으며, 그리하여 억울하게 죽은 사랑을 구하기 위하여 더욱 적극적인 모습을 보여주는 백선군의 모습이 담겨 있기도 하지요. 다만 옛 창본이 전해지고 있지 않기 때문에, 현재 전승되고 있는 〈숙영낭자타령〉의 판소리는 20세기에 다시 창작된 것으로 알려져 있습니다.

〈숙영낭자전〉은 사랑과 희생, 운명과 도덕적 갈등, 그리고 천상과 인간의 관계를 탐구하는 작품입니다. 신화적 요소와 인간의 현실적 갈등을 결합하여, 사랑의 영원성과 인간성에 대한 깊은 성찰을 제공하지요. 또한, 선녀가 인간 세상에 내려와 인간과 사랑에 빠지면서 발생하는 갈등은 신화적인 전통과 인간 세계의 현실적 고민을 동시에 풀어내고 있습니다. 선녀와 인간의 만남은 천상과 인간의 경계를 넘나드는 이야기로, 판소리 특유의 상상력과 심리적 깊이를 잘 담아내고 있습니다.

수난을 겪은 여성이 결국 그것을 극복하고 무언가를 쟁취하는 이야기는 우리 고전 이야기에 종종 등장했던 구조이기도 합니다. 대표적으로 〈바리데기〉 이야기가 그런 형상이라고 할 수 있지요. 오구대왕과 길대부인 사이에서 일곱 번째로 태어난 바리공주는 딸이라는 이유로 버림을 받습니다. 이후 세월이 흘러 병든 부모님에게 생명수를 구해와 달라는 이야기를 듣고 길을 떠나지요. 생명수를 구하고 나서 무조신이 된 바리공주의 여행 길목은 역경 그 자체였습니다.

그러나 같은 고난의 길이더라도, 〈숙영낭자전〉과 〈바리데기〉의 서사는 함의하는 바가 다릅니다. 애정소설의 형태를 주로 띠고 있는 숙영의 이야기와 다르게 바리데기는 여성의 주체성을 드러내는 서사로도 해석되고 있습니다. 수동적으로 공격을 당하기만 하는 희생자의 입장보다도, 위치를 전복해서 스스로의 고난을 극복해 나가는 사이다 서사가 인기를 끌고 있는 현상과 결부시켜 보았을 때, 〈숙영낭자전〉은 새롭게 탄생할 여지가 충분하지 않을까요?

**숙영낭자타령**의 대표곡을
감상해 보세요.

PART 3

# 삼국시대 뮤지컬

_향가

# 도솔가의 울림:
# 하늘과 땅을 잇는 선율

**도솔가**

신라 경덕왕 19년, 경자 초하루에 아주 기이한 일이 벌어졌습니다. 밤새 드리워졌던 어둠이 흩어질 시간이 되면 부지런한 사람들이 일어나 하루를 시작할 준비를 했죠. 사람들이 평소처럼 주섬주섬 옷을 챙겨 입고 밖으로 나섰는데, 어쩐 일인지 눈을 제대로 뜰 수가 없었습니다. 쏟아지는 눈부신 빛을 제대로 쳐다보지도 못하고 눈만 찌푸리고 어딘가를 가늠하고 있자 그 순간 누군가가 소리칩니다.

_____ "해가 둘이다!"

둘이 된 해는 시간이 지나도, 날이 바뀌어도 변하지 않고 그대로 있었습니다. 나라는 발칵 뒤집혔고 백성들은 불안한 기운을 안고 수런거렸습니다. 해는 원래 하나여야 하는데, 하나여야 하는 것이 둘이 되었으니 필시 이것은 이 땅에 무슨 변고가 찾아들 징조라고요. 누군가는 왕을 태양에 비유하기도 하였고, 누군가는 태양을 나라에 비유하기도 하며 걱정을 삼켰지요. 왕은 천문을 연구하는 관리인 일관(日官)을 불렀습니다. 관리는 이리 아뢰었지요.

> "인연이 닿는 스님을 청하여 산화공덕을 베풀면 제액을 막을 수 있을 것이옵니다."

산화공덕이란 부처에게 꽃을 뿌려 공덕을 기리는 것으로, 즉 살풀이 공덕을 통해 변고를 없애 보자는 것이었습니다. 하지만 인연이 닿는 스님은 어디서 찾으면 좋을까요? 왕은 조원전에 깨끗이 단을 차리라 명했습니다. 조원전은 왕이 신년하례를 받던 건물이었지요. 그러고는 청양루로 행차하여 인연이 닿는 중을 기다려 보기로 했습니다. 청양루는 경덕왕 때에 있었던 누각의 이름이었죠.

> "저기, 밭둑길에 스님이 지나갑니다."

누군가 왕에게 이리 아룁니다. 왕은 사람을 시켜 그 스님을 불러오게 하였죠. 스님의 이름은 월명사. 그에게는 이런 명령이 떨어집니다. 조원전에 차려진 단 안에서 기도문인 범패를 지어 달라고요. 그러나 월명사는 이 명령을 이행할 수 없었습니다.

"소승은 다만 화랑의 무리에 속하여 오직 향가만 알뿐 불교노래는 서투릅니다."

화랑 무리 내 승려들은 노래 가사를 짓거나, 화랑들의 의식 집행을 도와주는 존재였지요. 월명사는 화랑에서 많이 쓰이지 않는 범패에는 익숙하지 않았던 것입니다. 그러나 왕은 월명사가 인연이 닿는 스님이라 여겼습니다. 그래서 향가를 지어 불러도 된다는 허락을 내렸죠. 도솔가는 그렇게 탄생하게 되었습니다.

今日此矣散花唱良

오늘 여기에 산화 불러

巴寶白乎隐花良汝隐

뿌리온 꽃아 너는

直等隐心音矣命叱使以惡只

곧은 마음의 명을 부리옵기에

彌勒座主陪立羅良

미륵 좌주 모셔라

월명사는 정성을 다해 노래를 불렀습니다. 과연 얼마 후 두 개의 태양 중 한 개가 사라지고, 다시 태양은 온전하게 하나가 되었지요. 왕은 월명사의 정성과 능력을 가상하게 여겼습니다. 그에게 좋은 차 한 봉지와 수정으로 만든 염주 108개를 하사했지요.

하지만 그때, 그것을 받아든 이는 월명사가 아니었습니다. 몸차림이 깨끗한 동자 하나가 무릎을 꿇고 그것을 받아 가더니 전각 서쪽의 작은 문으로 나가는 게 아니겠어요? 아무도 모르는 아이였지만 누구도 그것을 제지하지 않았습니다. 월명은 그 동자를 대궐에서 심부름을 하는 아이로 여겼고, 왕은 월명사가 데려온 아이로만 생각했지요. 그러나 서로의 생각을 알게 되자 왕은 이상한 생각이 들었습니다. 사람을 시켜 뒤를 따르자, 아이의 행적은 매우 이상했습니다.

동자는 내원의 탑으로 향하더랍니다. 그러더니 그 속으로 갑자기 들어가 홀연히 사라지지 않았겠어요? 오직 왕이 하사한 차와 염주만이 남쪽 벽 보살상 앞에 살포시 놓여 있었다고 했습니다. 궁궐 사람들은 이것을 보고 월명이 부처님을 감동시켰다는 것을 알게 되었습니다. 월명의 덕은 멀리 퍼져 수도며, 지방이며 할 것 없이 구석구석 사람들의 귀에 흘러 들어갔습니다. 왕은 월명에게 자신의 더 큰 정성을 표현하고 그를 공경하고자 비단 100필을 하사하였고, 기이한 현상이 사라진 신라는 다시 원래의 상태로 돌아가 평화로운 일상이 지속되었다고 합니다.

향가는 대개 화랑과 승려로부터 탄생하였습니다. 향가 〈도솔가〉는 신라시대 4구체 향가 중 하나로, 경덕왕 때인 760년의 이야기입니다. 승려 월명사를 시켜 구원의 노래를 부르게 하니, 두 개였던 해가 다시 하나로 돌아온다는 일화가 삼국유사를 통해 환상적으로 전해집니다.

〈도솔가〉에서 월명사가 부르는 노래는 신과 인간을 잇는 다리 역할을 한다고 볼 수 있습니다. 이 구원의 노래는 인간의 고통과 해탈을 이야기하는 중요한 요소를 포함합니다. 도솔천은 신적인 존재가 사는 곳으로, 이 노래를 통해 인간은 신과 소통하려 하며, 구원의 길을 찾고 있습니다. 신라시대는 불교가 널리 퍼져 있던 시기였으며, 사람들은 인생의 고통을 극복하고자 불교적 구원을 열망했지요. 〈도솔가〉의 가사는 불교적 해탈의 길을 제시하는 것으로 볼 수 있습니다. 즉 이 노래는 인간의 고통을 해결하려는 신성한 존재의 자비와 구원을 바라는 염원을 담고 있죠. 세속적인 고통에서 벗어나 신과의 소통을 통해 구원의 가능성을 제시하는 이 노래는 당시 신라 사람들에게 종교적 소망의 길을 제시한 중요한 철학적 의미였을 것입니다.

이 작품에서는 경덕왕을 미륵불의 화신으로 설정하여, 왕권의 정당성과 더불어 평화를 바라는 마음을 담았습니다. 또한 범패가 아닌 향가로도 부처를 감동시킨 월명사를 통해, 진심을 다해 바라고 기원하는 마음이 그 무엇보다도 중요하다는 것을 보여줍니다. 평화를 향한 진실한 믿음이 담긴 신라시대의 향가를 통해, 현대를 아우르는 평화의 가치에 관해 한 번쯤 돌이켜보는 건 어떨까요.

도솔가를 감상해 보세요.

# 서동의 노래:
## 사랑과 지혜로 엮은 서사

**서동요**

善化公主主隱

선화공주님은

他 密只 嫁良 置古

남 몰래 정을 통해 두고

薯童房乙

맛둥도련님을

夜矣 卯乙 抱遣 去如

밤에 몰래 안고 간다

신라의 수도에 아이들의 노래가 가득 퍼졌던 날이 있습니다. 신기하게도 그 아이들은 모두 공통점이 있었는데, 다들 마[11]를

---

11 〈서동요〉에서 '마'는 단순한 작물이 아니라, 서동이 사람들에게 접근하고 이야기를 퍼뜨리는 중요한 매개체 역할을 한다.

손에 꼭 쥐고 있었다는 것이었죠. 수도에 가득 퍼진 그 노래는 아이들의 노랫소리를 타고, 어른들의 입소문을 타고, 결국 대궐까지 퍼지게 됩니다. 결국 며칠 뒤, 한 명의 공주가 먼 곳으로 귀양을 가는 일이 생겼습니다. 사건의 전말은 이렇습니다.

백제에 한 아이가 있었습니다. 집안이 어려워 마를 캐어 파는 일을 하고 있었기 때문에, 동네 사람들은 '마'라는 뜻을 가진 '서(薯)'를 사용하여 '마를 캐는 아이'라는 뜻의 '서동'으로 그를 불렀습니다. 또래보다 총명하고 지혜로웠던 서동은 어느 날 소문 하나를 듣게 됩니다. 신라의 현왕, 진평왕에게는 세 명의 딸이 있는데, 첫째는 덕만, 둘째는 천명, 셋째는 선화라는 이름을 가지고 있다고. 그중 셋째 선화공주는 아름답기 짝이 없어, 매일 구혼하려는 남자들이 궁궐 문밖으로 줄을 선다는 소문이었죠. 서동은 공주를 꼭 한 번 보고 싶었습니다. 그리하여 서동은 머리를 깎고 스님의 복장을 하고 신라의 서라벌로 향했습니다.

하지만 한낱 스님이 귀하신 공주님을 뵙기란 하늘의 별 따기보다 어려운 일입니다. 이에 꾀를 낸 서동은 일단 가지고 온 마를 풀어 동네 아이들에게 나누어주었습니다. 그러고는 이런 말을 전했죠.

"마를 줄 테니 이 노래를 부르고 다녀주렴."

아이들은 신이 나 마를 양손에 들고 서동을 졸졸 쫓아다니기 시작합니다. 노래는 아주 짧고 간결하여 따라 부르기에도 쉬웠습니다. 게다가 재미있기까지 했지요. 아이들의 입에 새로운 노래가 붙었을 무렵, 마도 모두 떨어졌겠지요. 아이들은 입맛을 다시며 집으로 돌아갑니다. 그리고 가족이 모두 모인 저녁에, 아이들의 부모들은 깜짝 놀라 뒤집어지고 맙니다. 나가서 놀고 온 아이들이 웬 이상한 노래를 계속해서 부르는 것이 아니겠어요?

    선화공주님은
    남 몰래 정을 통해 두고
    맛둥도련님을
    밤에 몰래 안고 간다

선화공주님이라 하면 빼어나게 아름다우신 이 나라 셋째 공주님이 아니던가요. 맛둥도련님, 즉 서동도련님은 대체 또 누구기에 선화공주님의 상대가 되는 것일까요. 어른들은 말속에 숨겨진 자극적인 의미에 수군거리기 시작합니다.

    선화공주님이 서동이란 사람을 몰래 만난다네. 밤마다 서로 즐거움을 나눈다네. 그 정이 깊어질 대로 깊어졌다네….

아이들이 노래한 것보다 훨씬 더 은밀했던 속삭임들은 어느새 궁궐의 귀에까지 들리고야 맙니다. 왕의 앞에 모인 신하들이 입을 모아 주장했죠. 셋째 공주님을 쫓아내야 한다고요. 임금의 허락도 받지 않고 외간 사내와 정을 통했다니요. 애초에 그런 노래가 서라벌에 울려 퍼지는 것 자체가 공주님의 행실이 좋지 못했다는 것을 증명해 주는 것 아니겠습니까? 진평왕은 그들의 의견에 십분 동의하여, 선화공주를 먼 곳으로 귀양 보냅니다. 왕후만이 선화공주를 몹시 걱정하여, 눈물을 흘리며 순금 한 말을 챙겨주었죠. 귀하게 키운 딸의 고생길이 눈에 선해 애써 쥐여 준 노잣돈이었습니다. 선화공주는 어머니의 걱정을 뒤로하고 궁궐의 밖으로 나옵니다.

궁궐 밖으로 나오자, 선화공주 눈에 비추는 모든 풍경이 생경했습니다. 귀양을 가야 하는 몸으로 마주하는 세상은 온통 두렵고 낯선 것들로 가득했죠. 정을 통하긴커녕 얼굴 한 번 보지 못한 남자 때문에 길을 떠나야 하는 선화공주는 아마 억울함과 슬픔 마음으로 문 앞을 잠시 서성였을 겁니다.

그때 선화공주의 앞에 한 남자가 나타납니다. 당황한 선화공주의 앞에서 남자는 공손하고 단정한 태도로 절을 한 후, 이렇게 말했습니다.

"공주님, 제가 모시고 가겠사옵니다."

선화공주는 기분이 이상했습니다. 낯선 남자의 말이 믿음 직스럽게 들리다니요. 갑작스럽게 기댈 곳 하나 없이 내던져진 처지에 순간 흔들렸던 걸까요? 그렇다기엔 그가 하는 말 하나 하나에 신뢰가 갔습니다. 그가 어디서 왔는지, 무슨 일을 하는 사람인지, 자신이 공주라는 것을 어떻게 아는지 알지도 못했지만요. 첫 만남에 마음을 열 수도 있는 것일까요? 공주는 이 낯선 남자의 이름을 알기도 전에 그를 따라가기로 결정합니다. 그 귀양길에서 공주는 남자와 몰래 정을 통하게 되고요. 뒤늦게 공주는 이 남자의 이름이 서동이라는 것을 알았는데, 그제야 그는 자신을 주인공으로 한 동요를 떠올리고 신비스러운 예언의 힘을 믿게 됩니다. 서동이 동요를 퍼뜨린 줄은 꿈에도 생각지 못하면서요.

결국 선화공주와 서동은 백제로 길을 틀어 함께 살기로 합니다. 공주는 왕후가 주었던 순금 한 말을 꺼냈죠. 그런데 서동의 표정이 심상치 않았습니다. 마치 이것이 얼마나 귀중한지 모르는 것처럼, 푸하하 하고 웃음을 터뜨리는 게 아니겠어요?

"이것이 도대체 무엇이오?"

"이것은 황금입니다. 백 년의 부를 누릴 수 있는 것이랍니다."

"내가 어릴 때부터 마를 캐던 곳에 이것이 흙만큼이나 쌓여 있소."

공주는 이 말에 매우 놀라 커다란 눈이 더 커졌습니다.

> "이것은 천하의 지극한 보물입니다. 당신이 이것 있는 곳을 아시면, 그것을 어서 가져다가 우리 부모님이 계신 궁궐로 보내는 것이 어떻습니까?"
>
> "좋소."

서동은 곧바로 예전에 마를 캐던 곳으로 갔습니다. 예전과 다른 점이 있다면 마 대신 금을 캤다는 점이지요. 황금이 언덕만큼 쌓여가자, 둘에게는 고민이 하나 생깁니다. 이렇게나 많은 금을 어떻게 이곳 백제 땅에서 신라의 궁궐까지 옮길 수 있느냐 하는 것이었지요. 서동은 용화산 사자사의 지명법사에게 가서 그 방법에 대한 지혜를 얻고자 하였습니다.

> "어찌하면 백제 땅의 산만큼 쌓인 황금 더미를 신라 궁궐로 나를 수 있을까요?"
>
> "제가 도와드리도록 하겠습니다. 하늘의 힘을 빌려 보지요."

법사는 하늘의 신비한 힘을 빌려 그 일을 해냅니다. 하룻밤 사이, 백제 땅에 쌓여 있던 황금이 모두 신라의 궁궐 안으로 옮겨지는 일은 과연 하늘이 아니었다면 해낼 수 없었을 겁니다. 진평왕은 황금과 함께 동봉된 편지를 보고 자신의 셋째 딸이 보낸 선물과 모든 사건의 전말을 알게 됩니다.

진평왕은 이 일로 지혜로운 서동에게 마음을 열었고, 왕비까지도 서동을 정식 사위로 인정하게 되지요. 서동은 재주 많은 천성 덕에 신라의 왕과 왕비뿐만 아니라 더 많은 사람의 인심을 얻을 수 있었고, 마침내 백제 임금의 자리까지 오르게 됩니다. 무왕은 제30대 백제의 왕으로 기록되어 있습니다.

무왕이 된 서동과 그의 정식 아내가 된 선화공주는 어느 날 사자사의 지명법사를 만나러 가기로 합니다. 그리하여 용화산 밑의 큰 못가를 지날 때 문득 둘은 상서로운 기운을 느낍니다. 영문을 알 수 없어 서로를 쳐다보는 두 사람의 바로 앞에, 미륵불 세 분이 돌연 나타나는 것이 아니겠습니까? 무왕과 선화공주는 깜짝 놀라 수레를 멈추고 내려왔습니다. 그러고는 못 한가운데 서 있는 그들을 향해 공손하게 절을 했죠. 절을 하는 동안 무언가를 깨달은 선화공주는 무왕을 돌아보더니 이렇게 이야기했습니다.

"이곳에 큰 절을 지어 주십시오. 그것이 제 소원입니다."

무왕은 선화공주의 소원을 들어주기로 합니다. 하지만 커다란 못을 메우는 것도 마냥 쉬운 일은 아닙니다. 무왕이 지명법사에게 그 방법을 묻자, 지명법사는 또다시 신비스러운 힘으로 단 하룻밤 사이에 산을 무너뜨려 못을 메우고 평지를 탄탄하게 만들었습니다. 이 평지 위에 절을 세우고, 무왕과 왕비가 미륵 삼회를 본 것을 떠올려 불전, 탑, 낭무를 각각 세 곳에 세웠습니다. 그때부터 그 절은 대대로 미륵사라 불렸고, 서동의 이야기와 함께 언제나 회자되곤 하였답니다.

백제 무왕이 어릴 적 지었다는 이 노래는 가장 오래된 4구체 향가인 것으로도 알려져 있습니다. 서동이 선화공주와 결혼하기 위해 소문을 퍼뜨리고자, 선화공주와 자신이 밤마다 사랑을 나눈다는 내용의 노래를 소문처럼 만든 것이죠. 《삼국유사》의 기묘한 설화 중 하나입니다.

〈서동요〉는 간절한 사랑의 감정과 사회적 신분의 장벽을 넘는 노력을 다루는 작품으로 선화공주를 향한 서동의 간절한 소망이 자연스럽게 드러납니다. 이 감정의 흐름은 향가의 전형적인 감정 고조 방식을 따르며, 간결하지만 강력한 표현으로 서동의 사랑을 강조하고 있습니다.

결국 선화공주와 서동은 결혼하게 됩니다. 누구도 생각하지 못했던 일이 〈서동요〉로부터 비롯된 것이죠. 원하는 일이 있을 때 우리는 간절하게 소원을 빕니다. 신기하게도, 예로부터 전승되어 온 서동요는 우리에게 새로운 기도의 방식으로 자리 잡은 지 오래고요. 이루어지지 않은 일을 이루어진 것처럼 말하고 다니면 정말로 그것이 실현된다는 '서동요 기법'은 우리에게도 아주 익숙한 것이 되었습니다. 어쩌면 그것은 서동요의 또 다른 변신이 아닐까요? 서동요에 담긴 마음만큼이나 우리의 마음도 간절한 것임을 다시금 깨닫습니다.

**서동요**를 감상해 보세요.

# 사랑의 꽃, 운명의 노래:
# 헌화가와 해가

**헌화가 & 해가**

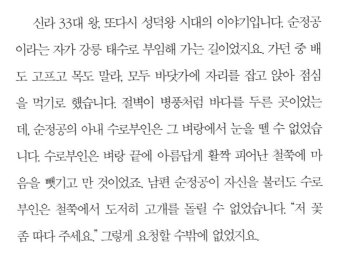

　　신라 33대 왕, 또다시 성덕왕 시대의 이야기입니다. 순정공이라는 자가 강릉 태수로 부임해 가는 길이었지요. 가던 중 배도 고프고 목도 말라, 모두 바닷가에 자리를 잡고 앉아 점심을 먹기로 했습니다. 절벽이 병풍처럼 바다를 두른 곳이었는데, 순정공의 아내 수로부인은 그 벼랑에서 눈을 뗄 수 없었습니다. 수로부인은 벼랑 끝에 아름답게 활짝 피어난 철쭉에 마음을 뺏기고 만 것이었죠. 남편 순정공이 자신을 불러도 수로부인은 철쭉에서 도저히 고개를 돌릴 수 없었습니다. "저 꽃좀 따다 주세요." 그렇게 요청할 수밖에 없었지요.

　　하지만 나서는 사람은 한 명도 없었습니다. 그야 당연한 일이었습니다. 날카로운 벼랑 끝에 매달려 연약한 철쭉꽃을 따오는 일은 누가 보아도 매우 무모하고 위험한 일이었기 때문입니다. 사람의 발자취가 이를 수 없는 곳이라는 누군가의 말소리만 들렸습니다. 수로부인의 애타는 얼굴은 점점 울상으로 바뀌어 갔습니다. 그때, 누군가의 목소리가 들렸습니다. 느릿하고 차분한 목소리였지요. "제가 따오겠습니다." 수로부인은 근처에 서 있는 일행들 중 누가 그 말을 했는지 찾아보기 위해 두리번거리며 주변을 쳐다보았습니다. 일행과 떨어진 곳에 홀로 소를 끌고 가던 한 노인이 눈에 들어오기까지는 그리 오랜 시간이 걸리지 않았습니다. 수로부인뿐만 아니라 모든 사람이 의심과 걱정을 담은 시선을 보냈습니다.

어느새 모든 사람이 벼랑 끝을 바라보고 있었습니다. 노인이 벼랑에 매달려 철쭉을 따는 그 순간까지, 그들의 눈에는 긴장이 잔뜩 서려 있었죠. 혹여라도 떨어지면 어찌하나. 사람들의 걱정이 무색하게, 노인은 무사히 꽃을 따 왔습니다. 노인은 수로부인에게 꽃을 건네며 이런 노랫말을 지어 불렀다고 합니다.

〈헌화가〉

紫布岩乎邊希

자줏빛 바위가에

執音乎手母牛放教遣

잡고 있는 암소 놓게 하시고,

吾肹不喻慚肹伊賜等

나를 아니 부끄러워하시면

花肹折叱可獻乎理音如

꽃을 꺾어 바치오리다.


아름다운 수로부인의 얼굴에 웃음이 감돌았던가요? 무엇이 어찌 되었든, 수로부인은 꽃을 받아들었을 것입니다.


사실 수로부인은 매우 빼어난 용모의 소유자였습니다. 얼마나 아름다웠던지, 자꾸만 신물에게 붙잡혀가는 일이 많았지요. 다음에 이야기하는 일 역시, 수로부인이 노옹을 만나 철쭉을 선물 받고 나서 이틀 후의 이야기입니다.


순정공과 수로부인, 그리고 그 일행들은 또다시 길을 떠난 참이었는데, 임해정이란 곳에 도착하여 점심을 먹기로 했습니다. 그런데 잔잔하던 바다에 조금씩 파문이 보이더니, 난데없이 바다의 용이 튀어나와 수로부인을 확 낚아채는 게 아니겠어요? 평화롭던 사람들 사이에서 당황스러운 비명과 안타까운 고함소리가 이리저리 오갔습니다. 순정공은 어서 빨리 수로부인을 구해야 한다고 외치면서도, 실상 어떻게 할 수 있는 일이 없어 발만 동동 구르고 있었던 때였지요. 그때, 한 늙은 노인이 나타났습니다. 늙은 노인은 순정공에게 이리 말했지요.


"옛사람의 말에 '여러 사람의 입이 쇠를 녹인다'라고 했는데, 바닷

속의 짐승 역시도 마찬가지라면 어찌 여러분의 입을 무서워하지 않을 수 있겠습니까? 이 경내의 백성들을 모아 막대기로 언덕을 치며 노래를 부르면 부인을 다시 만날 수 있겠습니다."

그리하여 사람들은 노인의 말을 따르기로 했습니다. 막대기로 언덕을 치며 노래를 지어 불렀지요. 아니나 다를까, 다시금 어디선가 바다가 들썩이는 것 같더니 용이 수로부인을 모시고 다시 나타났습니다. 수로부인이 땅에 안전히 닿는 것을 보고서야 사람들은 안심하여 기뻐했습니다. 수로부인은 남편의 걱정에 이리 답했다고 합니다.

"칠보 궁전의 음식은 달고 부드러우며 향기롭고 조촐해서, 인간의 음식과는 달랐습니다."

부인의 옷에서는 이 세상에서 맡아 보지 못했던 이상한 향내가 스며 있었습니다. 어쩌면 바닷속 용궁에서는 이런 냄새가 나는 것일까? 절세미인인 수로부인은 깊은 산이나 큰 못을 지날 때마다 자꾸만 이런 일을 겪고는 했답니다. 한편, 수로부인을 구하기 위해 불렀던 노래는 지금까지도 전해져 그 상황을 짐작할 수 있게 해줍니다.

〈해가〉

龜乎龜乎出水路

거북아 거북아 수로부인을 내놓아라

掠人婦女罪何極

남의 부인을 앗아간 죄 얼마나 클까

汝若悖逆不出獻

네 만일 거역하고 내놓지 않는다면

入網捕掠燔之喫

그물로 잡아서 구워 먹고 말리라

　　신라 제33대 성덕왕 시대에 불리기 시작한 4구체 향가입니다. 《삼국유사》에서는 순정공의 아내 수로부인이 두 작품에서 모두 등장하고 있으며, 성덕왕 시절 극심했던 가뭄과 연결지어 수로부인이 기우제, 망제와 같은 제사의 사제적 역할을 했다는 해석이 제시되기도 합니다.

　　〈헌화가〉와 〈해가〉는 신라시대의 대표적인 향가로, 그 당시 사람들이 생각했던 인간 존재에 대한 이해, 자연과의 관계, 인간 내면의 감정을 담고 있는 작품들입니다.

　　〈헌화가〉는 수로부인의 아름다움을 예찬하는 작품으로, 신라인들의 미적 감각과 아름다움에 대한 경건한 추구를 잘 보여주고 있습니다. 특히 이 작품은 노인이 위험을 감수하며 절벽의 꽃을 꺾을 만큼, 아름다운 수로부인에 대한 감동과 사랑을 표현한 것이 특징입니다. 아름다움이란 고통을 감수하더라도 다가가고 싶은 어떤 것, 때로는 손에 넣지 못하더라도 바라볼 수 있음에 감사하는 헌신의 마음을 담은 노래입니다.

〈해가〉는 사랑하는 이를 되찾고자 하는 열망과 사랑을 지키고자 하는 용기를 담은 작품입니다. 이 작품에는 시대의 남성적 기개와 함께 사랑 앞에서 인간이 얼마나 강해질 수 있는지를 보여주는 감정의 진폭이 담겨 있습니다. 바다라는 신비와 공포의 존재 앞에서도, 사랑하는 사람을 향한 부름은 결코 멈추지 않습니다.

이 두 편의 향가는, 수백 년이 흘렀음에도 여전히 우리 마음을 울립니다. 이 두 작품이 담고 있는 이야기가 단순히 옛날 이야기가 아니라, 지금 이 순간 우리가 겪고 있는 감정의 모양을 담고 있기 때문은 아닐까요.

**헌화가**를 감상해 보세요.

3·4

# 처용의 미소:
# 고통을 넘은 용서의 춤

## 처용가

수도에서 국경에 이르기까지 집과 담장이 이어져 있던 평
화로운 시절을 알고 계시나요? 길거리의 사람들은 모두 여유
로운 발걸음을 지녔던 때가 있었습니다. 네 것과 내 것을 인
색하게 따지지 않았고, 나의 풍요를 남에게도 기꺼이 나누고
자 하는 사람들이 가득했지요. 초가집이 없었고, 풍악에 맞추
어 흥얼거리는 노랫소리가 바람을 타고 흘렀습니다. 해마다 풍
년이 들어 굶는 자가 없었다던 그때는 바로 신라의 제49대 대
왕, 헌강왕이 통치하던 시절이었습니다. 나라가 평화로우니 헌
강왕 역시도 평화로운 시간을 즐길 수 있었습니다.

그러던 어느 날, 대왕이 개운포에 나가 놀던 때의 일입니
다. 햇살이 따스하게 내리쬐던 물가에 갑자기 구름과 안개가
자욱하게 끼는 게 아니겠어요? 시선이 살짝 흔들린 대왕은 곧
이어 그 뿌연 안갯속에 갇히고 맙니다. 다행히 그의 옆에는 대

PART 3 삼국시대의 뮤지컬_향가 | 197

왕을 보좌하는 신하들이 있었죠. 하늘을 보는 일을 가진 사람, 즉 일관에게 왕은 물었습니다. 아무리 생각해도 백주 대낮에 강가에 이렇게 흐린 구름이 찾아들 일이 없는데 무슨 일이냐고요. 아무래도 불길한 조짐 같지 않냐고요. 일관은 헌강왕에게 이리 아뢰었습니다.

> "이것은 동해 용의 조화이오니 마땅히 좋은 일을 행하시어 풀어야 될 것입니다."

동해의 용이 심술이라도 난 것인지, 심심해 장난을 친 것인지, 미물인 인간으로서는 정확히 알 수가 없었습니다. 헌강왕은 동해의 용을 위해 개운포 근처에 절을 세우라 명령하였죠. 불교의 시대, 헌강왕은 용 역시도 부처님의 공덕에 마음을 풀 것이라 예상한 것이었습니다.

아니나 다를까 구름이 모두 개고 안개가 흩어져 말끔한 모습이 드러납니다. 동해의 용은 또한 매우 기뻐하며 그의 아들들을 거느리고 행차하기에 이릅니다. 헌강왕의 지혜로움을 칭찬하며 풍악을 울렸습니다. 그러고는 그의 일곱 아들 중 한 명이 헌강왕의 수레를 따라 수도로 들어갔습니다. 그는 헌강왕을 도와 정치를 보았습니다. 처용의 이야기는 이렇게 시작됩니다.

왕은 처용을 매우 신뢰하기 시작합니다. 처용이 떠나진 않을까 걱정하다 헌강왕은 여러 가지 생각을 해냅니다. 아름다운 여인을 배필로 짝지어 주고 벼슬도 준 것이었죠. 헌강왕이 선물한 명예와 사랑이 처용의 마음에 들었을까요? 과연 처용은 아름다운 여인과 결혼하고 벼슬자리에 올라 헌강왕을 도우는 일에 더욱더 힘을 쓰게 됩니다. 그의 아내는 정말 아름다웠습니다. 심지어, 역신조차도 반할 정도였으니까요.

　어느 날 처용이 집에 늦게 돌아온 날이 있었습니다. 나랏일이 늦게 끝난 날이면 대개 피로하고 지치기 마련입니다. 그러나 집 문을 열고 들어선 순간, 처용은 그런 마음이 싹 사라질 정도로 놀라운 광경을 마주했습니다. 이불 속 아내의 발 두 개와 그 옆에 모르는 사람의 발 두 개가 삐죽이 나와 있는 광경을 말입니다. 하지만 처용은 화를 내기는커녕 노래를 부르고 춤을 춥니다. 그의 천성이 관용적이었는지, 체념을 가득 담고 있었는지, 그 노랫말은 이러했습니다.

東京明期月良

동경 밝은 달에

夜入伊遊行如可

밤 새도록 노닐다가

入良沙寢矣見昆

들어와 잠자리 보니

脚烏伊四是良羅

다리가 넷이구나

二兮隱吾下於叱古

둘은 내 것인데

二兮隱誰支下焉古

둘은 누구 것인가?

本矣吾下是如馬於隱

본래 내것이건만

奪叱良乙何如爲理古

빼앗기니 어찌하리오


처용의 아내 옆자리에 누워 있던 것의 정체는 바로 역신이 었습니다. 아내의 아름다운 미모에 반해 처용 몰래 집에 숨어 들어와 함께 누워 있던 것이었죠. 하지만 역신은 화를 내지 않는 처용을 보고 당황합니다. 그리고 그의 관용에 탄복한 역신은 스스로 잘못을 뉘우치게 되지요.

"제가 공의 아내를 탐내어 지금 그녀를 범했습니다. 공이 이를 보고도 노여움을 나타내지 않으니 감동하여 아름답게 여기는 바입니다."

어찌 자신의 불손한 행태를 목도하고도 이렇게 관대한 태도를 보일 수 있는 사람이 있다니요? 순식간에 역신은 부끄러움을 느꼈습니다. 자신을 온전히 받아준 사람에게 본인의 잘 못을 빌고 싶었던 역신은 덧붙여 이렇게 이야기합니다.

"맹세코 지금 이후로는 공의 모습을 그린 그림만 보아도 그 문에 들어가지 않겠습니다."

낮말은 새가 듣고 밤말은 쥐가 듣는다 하였던가요. 어느새 이 말은 널리 퍼집니다. 옆 마을에 천연두가 돌 때, 자식이 큰 일을 앞두고 있을 때, 갓난아이가 태어났을 때, 사람들은 처용 의 형상을 문에 척 붙여 놓았지요. 이 마을 저 마을을 기웃거 리는 역신은 처용만은 똑똑히 기억하고 있어, 그의 얼굴이 붙 은 문 안으로는 절대 들어가지 않았습니다. 나라 사람들은 그 렇게 태평성대를 이어갈 수 있게 되었다고 합니다.

처용은 아내의 부정을 발견하고도 분노하거나 복수하지 않고, 노래를 통해 자신의 감정을 표현합니다. 이는 인간관계 에서의 관용과 용서의 중요성을 강조하며, 갈등 상황에서 감 정의 절제와 평화를 추구하는 태도를 보여줍니다. 〈처용가〉는 이후 역신(疫神)을 물리치는 주술적 노래로 사용되었습니다. 이는 노래와 춤이 악귀를 쫓고 복을 불러온다는 전통적인 신 앙과 연결되며, 음악과 예술이 지닌 치유와 보호의 기능을 상 징합니다.

신라 헌강왕을 배경으로 전해지는 8구체 향가, 〈처용가〉에는 여러 가지 해석이 분분합니다. 처용이 어디로부터 왔는지, 처용이 왕에게 임명받았던 임무는 무엇인지, 후에 만난 역신은 대체 누구인지 등등에 대해서요. 특히 역신에 관해서는 병든 도시의 한량이라거나 패륜아, 타락한 화랑의 후예 등 그럴듯하게 실존했을 것 같은 인물들이 제시되기도 하지요.

아내를 범한 역신과 그것을 보게 된 처용. 어쩌면 역신은 그 시대에 가장 두렵게 여겨지거나 문제시되었던 무언가일지도 모릅니다. 그렇다면 우리 시대의 역신은 무엇일까요? 현대로 오면서 두려움의 범주가 더욱 넓어졌기 때문에 사람들마다 각기 다른 역신을 가지고 있을 수도 있지요. 그러니 문득 두려운 마음이 든다면 문밖에 처용의 그림을 붙여보는 것은 어떨까요? 역신이 전승되어 온 것처럼 처용 역시 그러하기 때문입니다.

**처용가**를 감상해 보세요.

# 이별의 선율:
## 잊지 못할 사랑의 노래

### 원가

    신라의 제33대 성덕왕에게는 아들 넷과 딸 하나가 있었습니다. 그중 셋째 아들인 김승경은 훗날 신라의 제34대 효성왕이 되지요. 효성왕이 왕위에 오르기 전, 이런 일이 있었답니다.

    즉위 전의 효성왕은 어느 볕 좋은 날, 어진 신하 신충과 함께 바둑을 두었습니다. 궁궐의 잣나무 아래에 앉아 있으니 그늘도 적당하여 두 사람 모두 산뜻한 기분을 느끼고 있었죠. 효성왕은 문득 앞에 앉아 있는 신충의 충의에 보답하고 싶다는 생각이 들었습니다. 바둑을 한 수 두며, 그는 이리 말했지요.

> "후일 내가 그대를 결코 잊지 않을 것을 이 잣나무를 두고 맹세하리라. 훗날 내가 만일 그대를 잊는다면, 잣나무가 증인이 될 것이다."

잣나무는 표정도 없이 우뚝 서 있었습니다. 왕의 굳센 약조는 잣나무만큼이나 단단하고 굳세 보였지요. 신충 역시 그 말을 고이 기억하였고, 그날의 바둑은 잊히지 않을 순간의 것으로 남았습니다.

두어 달 후 성덕왕이 서거하였습니다. 그로 인해 효성왕은 왕이 되어 공로가 있는 사람들에게 차례로 벼슬을 주기 시작했지요. 그런데 어쩐 일인지, 자신이 등용하리라 굳게 약속하였던 신충은 안중에도 없어 보이는 것이 아니겠습니까? 신충은 여전히 바둑을 두던 그날의 굳은 믿음을 간직하고 있었는데요. 왕은 그만 신충을 깜빡 잊어버리고 차례에 넣지 못한 것입니다.

신충은 원망스러운 마음이 들었습니다. 잣나무는 여전히 푸르고 굳건한데 그날의 약조는 바람에 날린 듯 사라져 버렸다니요. 그리하여 신충은 이런 노래를 지어 불렀습니다.

物叱乎支栢史
뜰에 잣이

秋察尸不冬爾屋支墮米
가을에 시들지 않으니

汝於多支行齊教因隱
너를 어찌 잊어 하신

仰頓隱面矢改衣賜乎隱冬矢也

우러르던 낯이 변하신 겨울이여

月羅理影支古理因潤之叱

달 그림자 내린 옛 못의

行尸浪 阿叱沙矢以支如支

지나가는 물결의 모래와 같이

貌史沙叱望阿乃

모습을 바라보나

世理都 之叱逸烏隱第也

누리도 싫은지고

잣나무는 변함이 없는데 그러한 나무에 약조한 것은 어찌 이리도 쉽게 바뀔 수 있을까요? 연못에 물결이 잔잔하게 일면 사라지는 달그림자가 그것을 원망하듯이, 신충 역시도 변해버린 왕을 보며 똑같은 마음을 느끼고 있었죠. 남겨진 것들이 모두 그러하듯이, 신충은 모든 것이 싫게만 느껴집니다. 신충은 이 노래를 종이에 적어 잣나무에 붙였습니다. 지나가는 물결에 휩쓸리는 모래처럼 소리도 없이 그 자리를 떠났지요.

그로부터 며칠 후, 궁궐의 사람들은 잣나무에 나타난 괴이한 일을 두고 수군거렸습니다. 글쎄, 잣나무가 노랗게 바짝 말라 버리지 않았겠어요? 사시사철 푸르른 잣나무여야 할 텐데 말입니다. 왕은 깜짝 놀라는 한편, 신하들을 시켜 잣나무를 조사하게 했지요. 그리고 왕은 얼마 지나지 않아 신충의 글씨가 적힌 종이를 찾아내게 됩니다. 왕은 큰 실수를 했다 여겼지요.

"정무가 너무 복잡하고 바빠 충신을 잊을 뻔했구나!"

효성왕은 그 즉시 잊고 있었던 충신 신충을 불렀습니다. 신충에게 벼슬을 주자, 노랗게 말라붙었던 잣나무 역시도 그 초록의 생기를 되찾았다고 합니다. 훗날 벼슬을 받은 신충은 효성왕과 경덕왕, 이 두 왕조에 걸쳐 총애를 받으며 그 충의를 다했다고 전해집니다.

신라 효성왕 때 신충이 지었다는 10구체 향가, 〈원가〉입니다. 왕이 약속을 이행하지 않아 원망스러운 마음이 그대로 전해지는 듯합니다. 앞의 4구에서는 왕이 약속을 이행하지 않았음을 토로하고, 뒤의 4구에서는 자신의 마음이 얼마나 허탈한지 생생히 전하고 있으니까요. 10구체 향가임에도 불구하고 8구만 남아있는 까닭은 전승 과정에 2구가 소실되었기 때문입니다.

〈원가〉에서 잣나무는 중요한 상징적 의미를 가집니다. 잣나무는 변하지 않는, 견고한 존재로 나타나며, 왕과 신하 간의 굳은 약속을 상징합니다. 그러나 효성왕이 신충을 잊고 뜻하지 않게 배신한 것을, 잣나무가 말라죽어간다는 상징적 이미

지를 통해 약속의 무효화와 신하의 원망을 표현한 것입니다. 잣나무가 변치 않은 푸르름을 유지하는 것처럼, 왕도 신하와의 약속을 지키고 신뢰를 이어가야 한다는 교훈을 자연 속에서 찾을 수 있습니다.

또한 〈원가〉는 주술에 바탕을 둔 서정을 훌륭히 구현해 낸 작품으로 평가받고 있습니다. 작품 전반으로 쓸쓸한 마음을 달그림자나 연못을 통해 아름답게 그려냈고, 더 나아가 잣나무를 시들게 만든 원망의 마음을 생생하게 담아냈다는 것이 그 이유입니다. 사라진 2구에는 어떤 마음이 담겨 있었을까요? 체념하거나 이해하거나, 혹은 더욱 매섭게 화내거나 저주하는 말이 담겨 있었을 수도 있겠습니다. 상상력을 발휘해 잃어버린 역사의 빈칸을 한번 채워보세요.

**원가**를 감상해 보세요.

PART 4

# 고전의 발라드

_고전시가

# 두 개의 마음:
# 하여와 단심의 선율

**하여가 & 단심가**

　　고려 말, 새로운 지배 계층으로 신진사대부가 등장합니다. 공민왕을 도와 개혁을 추진하였던 이들이었죠. 개혁을 통해 고려를 새롭게 바꾸겠다는 의지를 가진 신진사대부들은 결연한 각오로 가득 차 있었습니다. 하지만 개혁 정치를 이어가면 이어갈수록 생각이 다른 사람들이 나오기 시작했지요. 결국 신진사대부는 두 분파, 즉 온건사대부와 급진사대부로 나누어지게 됩니다. 여기서 급진파를 대표하는 자가 정도전, 온건파를 대표하는 자가 바로 정몽주입니다.

　　그중 급진파에서는 이성계가 새로운 나라 조선을 세우려는 마음을 먹게 됩니다. 하지만 온건파의 대표 정몽주를 마냥 무시하고 일을 추진할 수도 없는 노릇이었지요. 이성계의 아들 이방원 역시도 정몽주를 마냥 배척할 수 없어 골머리를 앓고 있었습니다. 할 수 있다면 정몽주를 자신의 편으로 영입하고 싶다고 생각했죠.

어느 날 이성계는 말을 타다 그만 말에서 떨어지고 맙니다. 그리하여 정몽주가 이성계의 병문안을 온 일이 있었는데, 그때 이방원은 정몽주에게 〈하여가〉를 읊으며 그의 심중을 알아보고자 합니다.

〈하여가〉

此亦何如

이런들 어떠하며

彼亦何如

저런들 어떠하리

城隍堂後垣

성황당의 뒷담이

頹落亦何如

무너진들 또 어떠하리

我輩若此爲

우리도 이같이 하여

不死亦何如

죽지 않은들 또 어떠하리

정몽주는 이방원의 시조에 화답하기 위해 자신 역시 시조를 하나 지어 읊습니다. 그의 흔들림 없는 절개를 나타내는 이 시조는 고려에 대한 충성심을 고스란히 담고 있지요.

〈단심가〉

此身死了死了

이 몸이 죽고 죽어

一百番更死了

일백 번 고쳐 죽어

白骨爲塵土

백골이 진토되어

魂魄有也無

넋이라도 있고 없고

向主一片丹心

님 향한 일편단심이야

寧有改理也歟

가실 줄이 있으랴

이방원은 정몽주의 시조 속에서 굳건한 의지와 흔들리지 않는 충성심을 보고 맙니다. 아무리 회유하고 설득해도 그는 절대로 넘어오지 않을 것을 깨달은 순간이었지요. 결국 급진 파는 정몽주를 영입하는 일을 포기합니다. 1392년 조선 건국 직전에, 정몽주는 이방원이 보낸 사람에 의해 집으로 돌아가는 길에 살해당합니다. 정몽주가 살해된 장소는 선죽교 위였습니다.

〈하여가〉는 이방원의 의도가 담긴 시조로, '이런들 어떠하며, 저런들 어떠하리'와 같은 상대적 가치 판단을 통해, 왕조의 변화를 상징합니다. '성황당의 뒷담이 무너진들 또 어떠하리'라는 표현은 기존 질서와 구체적인 사회적 상징이 흔들리는 상황을 묘사하며, 왕조 교체에 대한 의지를 표현합니다. 이 시에서 '우리도 이같이 하여 죽지 않은들 또 어떠하리'는 이방원의 입장을 정몽주에게 제시하는 말로, 정몽주가 변화에 대한 저항을 내비쳤을 때 이방원은 새로운 왕조를 건설하려는 자신의 의도를 암시합니다. 이 시조에서는 변화와 혁신의 필요성이 강조되며, 신진사대부의 급진적 개혁 의지를 엿볼 수 있습니다.

〈단심가〉의 첫 구절 '이 몸이 죽고 죽어'는 정몽주의 충성이 생명과도 같은 것임을 고백하는 정신적 결단을 나타냅니다. 자기희생과 충성이 정몽주에게는 존재의 이유이고, 자기 자신을 넘어서 국가와 왕에 대한 헌신이 그에게 무엇보다 중요한 가치임을 시적으로 표현하고 있죠. '백골이 진토되어 넋이라도 있고 없고'라는 구절은 사람의 죽음과 영혼의 존재를 초월한 충성심의 영원함을 강조합니다. 정몽주는 자기 신념과 왕에 대한 충성을 어떤 상황에서도 변하지 않는 가치로 확고히 나타낸 것이죠. 이 시조는 불사의 충성을 다짐하는 정몽주의 결단을 나타냅니다.

고려의 충신 정몽주가 죽은 후 조선은 무사히 건국됩니다. 새로운 나라를 세운 이방원이 승자이고, 스러져[12] 간 충신 정몽주가 패자라고 단순히 생각할 수 없는 역사입니다. 흔들리지 않는 마음을 보여준 정몽주는 칭송받아야 마땅할 고려의 충직한 신하였기 때문입니다. 자신이 지향하는 가치에 따라 달라지는 일이기에 우리는 누가 옳고 그른지를 판단할 수 없지요.

12  스러지다는 형체나 현상 따위가 차차 희미해지면서 없어지다는 뜻을 담고 있다.

단심가와 하여가를
감상해 보세요.

## 그리움의 선율:
## 떠난 이를 향한 마음의 노래

**임제의 한우가 & 한우의 화답시**

　　조선 중기, 풍류를 사랑하는 백호 임제는 관서도사에 제수되어 있었습니다. 시인이기도 하면서 사랑을 사랑하기도 하는 그는, 한편으로는 강직한 성격으로 규칙에는 얽매이지 않았죠. 기생이 많기로 소문난 평양은 그런 임제에게 딱 맞는 곳이었습니다. 그중에서도 한우라는 기생이 아름다운 자태로 이름나 있었는데, 뭇 남성들의 마음을 홀딱 뺏어가기로 소문난 탓에 임제 역시 궁금증이 들었습니다. 하지만 단 한 가지 걸리는 점이 있다면 한우는 다가오는 남성들을 쌀쌀맞게 대하며 아무나하고 정을 나누지 않는다는 것이었습니다. 차가운 비라는 뜻의 '한우'라는 이름은 그러한 연유로 붙여진 이름이었죠. 그리하여 임제는 한 가지 좋은 생각을 떠올립니다. 자신은 다른 남자들과 다르다는 것을 보여 주기 위한 것이었지요.

　　여러 번 연회에서 한우의 미색을 확인한 임제는 오늘 밤

열리는 연회에서 기필코 한우와 이야기를 나누어야겠다고 다짐합니다. 연회에 참석한 사람들의 담소가 오갔습니다. 시를 논하고 세상살이에 대해 이야기했지요. 그 속에서 평양에서 제일가는 한우의 멋진 거문고 연주가 어우러지자, 분위기는 한층 깊어지는 듯했습니다. 한우의 연주는 매우 훌륭했으나, 그 연주를 칭찬하는 남자들의 속내가 아주 시커멓다는 것을 모르는 자들은 없었습니다. 그리하여 임제는 칭찬의 말 한마디를 덧붙이는 대신 옥퉁소를 불어 거문고 연주에 화답했지요. 임제의 옥퉁소 연주가 끝나자, 다시 한우가 거문고를 연주했습니다. 거문고 연주가 끝나면 다시 옥퉁소 연주가 이어졌고요. 둘은 그렇게 음악으로 대화하기 시작합니다.

한층 취기가 오르고 서로의 마음속으로 조금씩 호감이 깃들 때쯤에 임제는 시조를 읊습니다.

〈한우가〉

북창(北窓)이 묽다거늘 우장(雨裝) 업씨 길을 난이

(북쪽 하늘 맑다기에 우장 없이 길을 나니)

산(山)에는 누닝 오고 들에는 츤비로다

(산에는 눈이 오고 들에는 찬비로다)

오늘은 츤비 맛잣시니 얼어 잘가 ᄒᆞ노라.

(오늘은 찬비 맞았으니 얼어 잘까 하노라.)

찬비는 바로 한우를 뜻하는 것으로, 한우의 마음을 그대로 떠보는 것이었습니다. 한우와 함께 따뜻하게 자고 싶다는 마음을 우회적으로 표현한 내용이었습니다. 한우는 잠자코 듣더니 곧바로 거문고를 탑니다. 이어지는 노래는 그곳에 있던 사람들을 술렁이게 만들기에 충분했지요.

〈화답시〉

어이 얼어 자리 무슨 일로 얼어 자리

원앙침(鴛鴦枕) 비취금(翡翠衾)을 어디 두고 얼어 자리

오늘은 찬비 맞았으니 녹아 잘까 하노라

한우는 임제의 우회적인 질문에 적극적으로 대답한 것입니다. 이는 차가운 비에 맞아 얼어버린 몸을 녹인다는 뜻으로도 해석할 수 있지만, 뜨거운 사랑을 나타내는 문장으로도 해석할 수 있기 때문입니다. 또한, '원앙침 비취금'을 언급하면서 아름다움과 고귀함을 강조하며, 자신이 정서적, 심리적 상태에 있을 때에도 임제와의 교감을 깊이 추구하고 있음을 드러냅니다. 이렇게 완곡하게 표현한 성적인 표현은 예술적인 답가가 되었습니다. 그날 밤 임제는 어느 남성들보다도 따뜻한 밤을 보냈을 것입니다.

조선 선조 때 한우와 임제가 주고받았다고 알려진 이 시조는 《해동가요》와 《청구영언》에 실려 있다고 알려져 있습니

다. 한우를 '찬비'로 바꾸어 표현하거나 함께 동침하자는 말을 녹아 잔다는 말로 바꾸어 말하는 두 사람의 뛰어난 글짓기 실력이 돋보이는 이 작품들은 서로에게 관심을 표하는 언어를 예술적으로 던지고 있지요.

　《해동가요》에는 임제에 관한 이러한 기록이 있다고 합니다. "선조 때 과거에 급제, 벼슬은 예조정랑에 이르렀다. 시문에 능하고 거문고를 잘 타며, 노래를 잘 부르는 호방한 선비였다. 이름난 기생 한우를 보고 〈한우가〉를 불렀다. 그날 밤 한우와 동침하였다." 높은 벼슬을 지냈던 임제뿐만 아니라 그에 밀리지 않는 답가를 노래한 한우 역시도 수준 높은 예술인이었다는 것을 알 수 있답니다. 사랑하는 사람에게 오늘, 마음을 예술적으로 표현해 보는 것은 어떨까요?

**임제**와 **한우**의
사랑 이야기를 감상해 보세요.

## 소판서의 마지막 인사:
## 이별과 희망의 선율

**황진이와 소세양 이야기 –
〈소세양 판서를 보내며〉, 〈소슬한 달밤이면 무슨 생각 하시나요〉**

　　황진이는 조선시대에서 가장 유명한 기생이라고 해도 과언
이 아닙니다. 미색은 말할 필요도 없고, 시를 짓고 노래하고 악
기를 연주하는 모든 재능이 뛰어나 뭇 남성들의 마음을 흔들
어 놓고는 했지요. 현대에 와서까지 그의 이름을 알고 있다는
사람이 많다는 것은 황진이가 얼마나 대단했는지를 보여주는
듯합니다. 그런 황진이가 진심으로 사랑했던 남자가 있다고 한
다면, 믿을 수 있으신가요? 그 남자의 이름은 소세양이었습니
다. 젊었던 소세양의 말버릇이 하나 있다면 그건 바로 "여색에
미혹되는 자는 남자가 아니다"였지요. 그런 소세양이 황진이
가 있는 송도로 내려가게 됩니다. 오로지 자신의 친우들과 약
속한 바가 있었기 때문입니다.

　　소세양의 말버릇을 아주 잘 알고 있던 그의 친구들은 소
세양과 한 가지 내기를 합니다. 황진이와 딱 30일만 지낸 후

헤어지되, 그 뒤에는 털끝만큼도 마음을 두지 않고 돌아서야 한다는 내용이었지요. 소세양은 매우 자신만만해했습니다. 자신이 혹여라도 미련을 가진다면 자신은 사람이 아니라는 말까지 나왔을 정도였습니다.

소세양은 송도에 도착하여 황진이에게 석류나무 류(榴) 한 글자만을 적어 보냅니다. 황진이는 이를 보고 자신 역시 단 한 글자만을 적어 웃음과 함께 편지를 보내지요. 소세양은 답신으로 고기잡을 어(漁) 한 글자만을 받게 됩니다. 남들이 보았을 때는 영문 모를 이 편지가, 둘 사이에는 미묘한 기류를 가져다주었죠. 석류나무 류는 '석유나무유(碩儒那無遊)', 즉 높은 선비가 여기 왔는데 어찌 와서 놀지 않느냐는 물음이었습니다. 황진이 역시 '고기자불어(高妓自不語)', 즉 이름 높은 기생은 스스로 말하지 않는 법이라며 자신을 만나려면 직접 행차하라는 말을 한 것이었지요.

마침내 날을 정해 만난 두 사람, 황진이의 아름다운 자태에 소세양은 그대로 사랑에 빠져 버리고 맙니다. 하지만 황진이 역시도 소세양의 풍모에 반해 버리고 말지요. 그들은 서로, 첫눈에 사랑하게 된 겁니다. 뜻이 맞는 남녀의 30일간의 동거는 어려운 일도 아니었습니다. 다만 슬픈 것이라면, 만남 뒤에는 헤어짐이 필연적으로 따라붙는다는 것이었지요. 30일은 눈 깜짝할 새에 지나갑니다. 소세양은 마음이 찢어지는 듯했지만, 친우들과의 약속을 기억하고 있었습니다. 서로 애달픈 마음을 어쩌지 못해 슬퍼하는 마음만 지극할 때, 황진이는 시 하나를 읊습니다.

奉別蘇判書世讓(봉별소판서세양) − 소세양 판서를 보내며

月下梧桐盡

달빛 아래 오동잎 모두 지고

霜中野菊黃

서리 맞은 들국화는 노랗게 피었구나.

樓高天一尺

누각은 높아 하늘에 닿고

人醉酒千觴

오가는 술잔은 취하여도 끝이 없네.

流水和琴冷

흐르는 물은 거문고와 같이 차고

梅花入笛香

매화는 피리에 서려 향기로워라

明朝相別後

내일 아침 님 보내고 나면

情與碧波長

사무치는 정 물결처럼 끝이 없으리.

황진이의 진심을 보여주는 아름답고 슬픈 시였습니다. 사랑하는 여인의 진심을 알고 어찌 매정하게 길을 떠날 수 있을까요? 소세양은 결국 자신은 사람이 아니라며 한탄합니다. 그리고 황진이의 곁에 며칠 더 머물기로 합니다.

하지만 결국 이별은 다가옵니다. 서로 사랑해 마지않는 남녀가 헤어질 때, 그들의 슬픔은 이루 말할 수 없이 깊습니다. 황진이는 하루하루 소세양을 생각하는 마음이 더 깊어져, 결국 소세양을 보내지 말았어야 한다는 마음을 담아 시 하나를 더 짓게 됩니다.

蕭寥月夜思何事(소요월야사하사) – 소슬한 달밤이면 무슨 생각하시나요

蕭寥月夜思何事(소요월야사하사)

소슬한 달밤이면 무슨 생각 하시나요.

寢宵轉輾夢似樣(침소전전몽사양)

뒤척이는 잠자리엔 꿈인 듯 생시인 듯

問君有時錄忘言(문군유시녹망언)

묻노니 그대여 때로는 제 말씀도 적어보나요.

此世緣分果信良(차세연분과신량)

이승에서 맺은 인연 믿어도 좋을까요.

悠悠憶君疑未盡(유유억군의미진)

아득히 그대 생각하다보면 궁금한 게 끝이 없어요.

日日念我幾許量(일일염아기허량)

날마다 제 생각 얼마만큼 하시나요.

忙中要顧煩或喜(망중요고번혹희)

바쁠 때 만나자면 싫어할까 기뻐할까.

喧喧如雀情如常(훤훤여작정여상)

참새처럼 조잘대도 여전히 정겨울까요.

　　판서 소세양과 제일가는 기생 황진이 사이에서 오갔던 이
시에는 애달픈 마음이 그대로 담겨 있습니다. '석류나무 류
(榴)', '고기잡을 어(漁)' 하나만으로도 서로의 마음을 간파한
후 사랑을 하다 약조한 시일까지 넘겨 버렸다는 두 사람의 사
랑 이야기는 현재까지도 널리 알려진 유명한 이야기입니다.

　　황진이는 자연을 통해 자신의 감정을 묘사합니다. '달빛
아래 오동잎 모두 지고'라는 구절은 시간의 흐름과 무상함을
의미하며, 자연의 변화로 사람의 내면적 감정을 비추는 상징
적 기법입니다. '서리 맞은 들국화는 노랗게 피었구나'라는 구
절은 시련과 고통 속에서도 살아 있는 생명을 표현하며, '흐르
는 물은 거문고와 같이 차고'라는 구절은 슬픔과 냉정한 현실
을 상징합니다. 황진이는 이 구절을 통해 사랑의 아픔과 시간
의 흐름 속에서 겪는 정서적 갈등을 부각시키지요.

'소슬한 달밤이면 무슨 생각 하시나요'라는 구절에서는 황진이의 그리움이 절실히 드러납니다. 달밤은 고독과 사색의 상징이며, 황진이는 이 고요한 밤을 통해 소세양에 대한 그리움과 불안함을 표현하고 있습니다. '뒤척이는 잠자리엔 꿈인 듯 생시인 듯'이라는 구절은 불확실한 감정과 사랑의 혼란스러움을 나타내며, 정확하게 사랑의 본질을 알 수 없음을 고백하는 형태랍니다.

단어 하나로 서로의 속뜻을 간파한 두 사람은 그야말로 천생연분이라고 할 수 있을 것 같습니다. 몇백 년이 지난 후, 〈소요월야사하사〉는 가수 이선희의 〈알고 싶어요〉라는 노래 가사의 모티브가 됩니다. 이렇게 사랑하는 마음은 죽지 않고 돌아와 또 다른 누군가의 고백이나 진심이 되기도 합니다. 이선희의 노래 〈알고 싶어요〉를 들으며 황진이의 마음을 다시 되새겨봅니다. 혹시나, 나도 모르게 숨겨져 있었던 진심이 드러날 수도 있으니까요.

**알고 싶어요/소요월야사하사**의
곡을 감상해 보세요.

**봉별소판서세양**의
곡을 감상해 보세요.

# 버들가지 아래 맹세:
## 사랑의 약속

**홍랑과 최경창 이야기 – 〈묏버들 가려꺾어〉, 〈송별〉**

　　홍랑이라는 이름을 들어본 적 있으신가요? 조선 팔도에 널리 유명세가 퍼졌던 기생은 황진이만이 아니었지요. 아름다운 외모에 빠져버렸던 남자들은 곧이어 그들의 뛰어난 재주, 시를 짓는 능력, 노래하는 솜씨, 연주하는 모습에서 헤어 나올 수 없게 되었죠. 하지만 홍랑은 그중에서도 다른 기생과는 조금 다른 면이 있었답니다. 고죽 최경창에게만 마음을 열던 여인이었으니까요.

　　고죽 최경창은 삼당시인으로 불리던 세 사람 중 한 명이었습니다. 그들의 시는 흥취와 여운을 중시하는 낭만적인 분위기를 한껏 품고 있었지요. 홍랑은 그런 최경창이 함경북도 경성 지방의 북도평사로 부임해 왔을 때부터 사랑을 키워 왔습니다. 조선 선조 시절인 1573년의 이야기였지요. 최경창은 자신을 열렬히 사랑하는 홍랑에게 눈길이 가지 않을 수 없었습니다. 서로의 마음을 확인한 둘은 마치 100년 동안 헤어져 있던 님을 만나듯 떨어질 줄 모르고 불타는 사랑을 하였습니다. 홍랑은 최경창의 군 막중에서 살게 되었고, 두 사람의 관계는 더욱 깊어만 갔습니다.

하지만 두 사람에게도 이별의 순간은 찾아오게 됩니다. 더욱 안타까운 점이 있다면, 두 사람 모두 바라지 않는 헤어짐이었다는 것입니다. 최경창은 임기가 끝나 한양으로 올라가야 하는데, 홍랑은 기생의 신분으로 함부로 그를 따라가 살겠다고 다짐할 수 없었습니다. 홍랑은 관아에 속해 있었기 때문입니다. 하지만 홀로 길을 떠날 사랑이 걱정되었고, 도저히 헤어질 엄두가 나지 않았던 홍랑은 이별의 순간을 조금만 늦추기로 합니다. 한양으로 떠나는 최경창을 배웅해 주기로 한 것입니다.

며칠 동안 길을 가는 내내 홍랑은 옆에 있는 최경창에 대한 마음이 점점 커지는 한편, 앞으로 다가올 미래에 쉬이 서글퍼져 눈물을 훔칩니다. 결국 함관령 고개에 이르자 홍랑은 더이상 그를 쫓아갈 수 없다고 판단합니다. 하염없이 옥구슬 같은 눈물을 떨구던 홍랑은 산버들 하나를 꺾고 최경창에게 시조 한 수를 읊어줍니다.

〈묏버들 갈해 것거〉

묏버들 갈히 것거 보내노라 님의손디

묏버들 가려 꺾어 보내노라 임에게.

자시는창 밧긔 심거 두고 보쇼셔

주무시는 창 밖에 심어두고 보소서.

밤비예 새 닙곳 나거든 날인가도 너기쇼셔

밤비에 새 잎이 나거든 나인가도 여기소서.


　　최경창은 홍랑의 시를 받고 한문으로 번역합니다. 이 시는
〈번방곡〉이라는 이름으로 전해집니다.


折楊柳寄千里人

버드나무 꺾어 천리의 사람에게 부치노니

爲我試向庭前種

나를 위해 시험 삼아 뜰 앞에 심어두고 보세요

須知一夜新生葉

마땅히 하룻밤새 새로운 잎 나온 것을 아신다면

憔悴愁眉是妾身

초췌하니 시름겨운 눈썹은 바로 첩의 몸이랍니다[13]


　　홍랑은 최경창을 얼마나 사랑했을까요? 기생의 몸으로 한

13 번역 출처: https://jukgeun.tistory.com/14577580

사람에게 이토록 지고지순해질 수 있었던 홍랑은 정말로 진실한 사랑을 했던 모양입니다. 훗날 최경창이 아파 몸져누워 있을 때가 있었는데, 그 소식을 들은 홍랑은 바로 한양으로 올라와 그를 간호하지요. 하지만 홍랑이 기생의 몸으로 지역을 이탈하였다는 것이 문제가 되어 최경창이 파직되자 둘은 또다시 헤어질 수밖에 없었습니다. 헤어지는 날, 이번에는 최경창이 홍랑에게 자신의 마음을 담은 글을 선물합니다. 이 시는 그의 일부입니다.

〈송별〉

玉頰雙啼出鳳城

고운 두 뺨에 눈물지으며 봉성을 나서네

曉鶯千囀爲離情

새벽 꾀꼬리도 이별이 서러워 그리 우는가

羅衫寶馬河關外

비단옷에 말 타고 강 건너 떠나갈 제

草色迢迢送獨行

풀빛만 아득히 외로운 나그네 전송하리

이후 두 사람은 살아 있는 동안 다시 만날 수 없었습니다. 홍랑은 최경창이 죽고 나서야 그를 찾아갈 수 있었지요. 길을 떠났다 한양으로 돌아오던 최경창이 객사했다는 말을 들은 홍랑은 그의 묘소를 찾아가 삼년상을 지냅니다. 홍랑은 그를 어찌나 사랑했던지 삼년상을 지내는 동안 아무에게도 방해받고 싶지 않아, 얼굴을 긁어 상처를 내는 등의 방식으로 용모를 망가뜨렸다고 합니다.

시간이 흘러 임진왜란이 터졌을 때 많은 사람이 자신의 몸만 챙기기에 급급했는데, 홍랑은 옛사랑의 소중한 물건에 생각이 미치고 말았죠. 홍랑은 최경창이라는 사람을 사랑했던 만큼 그의 글도 깊이 아끼고 있었기 때문입니다. 그렇게 홍랑은 임진왜란 중에도 그의 시고를 들고 피난을 떠나게 됩니다. 전쟁이 끝나자 간직하고 있었던 유품을 그의 가족에게 전달해 주었는데, 최경창의 가문은 그의 사랑에 감복하여 홍랑을 가족으로 받아들였다고 합니다. 이후 홍랑이 죽자, 홍랑은 최경창 부부의 무덤 아래에 묻히게 되지요.

홍랑과 최경창의 이야기는 사랑의 아름다움과 그리움, 그리고 인연의 깊이를 보여 주는 이야기입니다. 〈묏버들 갈해 것거〉에서 '묏버들(산버들)'은 이별과 그리움을 상징하지요. 산버들은 강가에서 흔들리며 흐르는 물과 함께 성장하는 나무로, 이는 사랑이 흔들려도 흐르는 시간과 함께 사랑이 끊임없이 이어진다는 것을 암시합니다. '밤비'와 '새 잎'은 새로운 시작과 새로운 사랑을 기다리는 모습을 암시하고 있습니다.

〈송별〉은 이별 후에 느끼는 깊은 슬픔과 고통을 매우 정교하게 묘사하고 있습니다. 눈물은 애통함과 사랑에 대한 그리움을 나타내며, 사랑하는 이와의 이별이 얼마나 아픈 일인지를 강조하고 있습니다. '새벽 꾀꼬리도 이별이 서러워 그리 우는가'에서 꾀꼬리의 울음소리는 이별의 아픔을 자연의 소리와 결합하여 강조합니다. 사랑하는 이를 보내는 마음을 자연에 빗대어 표현하며 시적 감수성을 가득 담은 작품입니다.

　기생 홍랑과 조선의 이름난 문장가 고죽 최경창 사이에서 오갔던 시 속에서, 우리는 좋아하지만 헤어져야 하는 아픈 사랑을 직관할 수 있습니다. 북도평사로 온 최경창에게 빠져버린 홍랑은 임기가 끝난 후 한양으로 다시 가야 하는 최경창을 놓을 수도 잡을 수도 없었지요. 그것은 최경창 역시도 마찬가지였습니다.

　이후 홍랑이 몸 바쳐 지켜냈던 최경창의 글들은 《고죽집(孤竹集)》이라는 이름을 가지고 우리에게까지 전해지고 있습니다. 신분의 차이로 꺾이지 않는 홍랑의 간절한 사랑을 지켜보고 있으면, 언제까지고 그 마음이 이어지길 우리들은 바라게 됩니다. 홍랑의 묘는 경기도 파주군 교하면 다율리에 위치한 선산에 아직까지도 보존되어 있다고 합니다. 간절한 마음으로부터 비롯된 많은 행동들은 계속해서 유의미한 결과를 남기곤 합니다. 그렇기 때문에 현대에 살고 있는 우리 역시도 간절한 마음으로 모든 일에 임하는 태도를 가져야 할 것입니다. 현

대의 우리들은 홍랑을 돌아보며 그런 마음을 되새길 수 있을
것입니다.

**뒷버들 가려꺾어**의
곡을 감상해 보세요.

**송별**의
곡을 감상해 보세요.

PART 5

# 달빛 아래 붉은 실

## _고전소설

# 영혼의 교차로:
# 죽음을 넘어선 사랑의 선율

## 이생규장전

    개성의 낙타교 근처에 나이 18세의 이생이라는 자가 살고 있었습니다. 어렸을 때부터 얼마나 영민했는지, 일찍부터 학문을 배우기 시작했는데 길을 가면서도 시를 읽을 정도였지요. 책을 끼고 다닐 때면 항상 최씨네 집 북쪽 밖 담을 지나가곤 하였는데, 수양버들이 한들거리며 기분 좋은 바람을 만끽하곤 하였습니다. 최씨네는 선죽리 귀족집으로 나이 열여섯 즈음 되는 소녀가 살고 있었습니다. 단정하고 단아한 기색은 물론이고, 손재주가 좋았으며 문장을 짓는 솜씨 역시 남달랐지요.

    어느 날 이생은 바로 그 담 아래 앉아 잠시 쉬고 있었습니다. 수양버들이 너무 한가로워 그 역시 권태를 누리고 싶었는지, 아니면 그날따라 너무 햇빛이 강했는지는 모를 일입니다. 그러다 이생은 담 안을 살짝 엿보다가 작은 누각에 누군가가 앉아 있는 모습을 언뜻 보게 된 것이었죠. 구슬발과 비단 휘장이 처져 있어 얼굴은 자세히 보이지 않았지만 향기로운 꽃들과 나비와 벌이 어우러져 노니는 모습은 궁금증을 자아내기에 충분했습니다. 그 아가씨는 누각에 앉아 수를 놓다가 지쳤는지 잠시 쉬던 참이었죠. 문득, 아가씨는 고개를 들고 시한 수를 읊었습니다.

사창(紗窓)에 홀로 기대앉아 수놓기도 귀찮구나.
온갖 꽃떨기 속에 꾀꼬리 소리 다정도 해라.
마음속으로 부질없이 봄바람을 원망하며
말없이 바늘 멈추고는 생각에 잠겼어라.

저기 가는 저 총각은 어느 집 도련님일까.
푸른 옷깃 넓은 띠가 늘어진 버들 사이로 비쳐 오네.
이 몸이 죽어 가서 대청 위의 제비 되면
주렴 위를 가볍게 스쳐 담장 위를 날아 넘으리.

이생은 그 시를 듣고 가만히 있을 수가 없었습니다. '푸른 옷깃, 넓은 띠의 총각은 나를 말하는 것일까?' 꼭 이름 모를 사랑 고백을 들은 기분이었지요. 하지만 담이 너무 높고 튼튼한 탓에 이생은 어찌할 도리가 없었습니다. 하는 수 없이 학교에 가는 수밖에 없었지요. 대신 이생은 아쉬운 마음을 달랠 한 가지 방법을 생각해 냈습니다. 학교에서 돌아오는 길에 시세 수를 적어서 기와 쪽에 매달은 다음, 담 안으로 던져 넣은 것이었습니다. 최랑은 몸종 향아(香兒)를 시켜 그 쪽지를 주워 오라고 한 뒤 쪽지를 읽어 보았죠. 아무리 읽어도 질리지 않는 시는 한껏 피어난 꽃보다도 달콤한 것 같았습니다.

무산 열두 봉우리 첩첩이 쌓인 안개 속에
반쯤 드러난 봉우리가 붉고도 푸르구나.
양왕의 외로운 꿈을 수고롭게 하지 마오.
구름 되고 비가 되어 양대에서 만나 보세.

사마상여(司馬相如)가 되어 탁문군(卓文君)을 꾀어내려니
마음속에 품었던 생각은 이미 다 이루어졌네.
붉은 담머리의 복사꽃과 오얏꽃은
바람에 날려서 어디로 떨어지나.

좋은 인연되려는지 나쁜 인연 되려는지
부질없는 이 내 시름 하루가 일 년 같아라.
스물여덟 자로 황혼의 기약을 맺었으니
남교에서 어느 날 신선을 만나려나.

최랑은 즉시 쪽지를 써서 담 밖으로 던졌습니다. 황혼에 만나기로 하자는 약속의 문구였습니다. 이생은 최랑이 써 준 말대로, 황혼이 되자 다시 그 담을 찾아갑니다. 약속한 아가씨가 어디 있는지 두리번거리던 이생은 곧이어 복사꽃 한 가지

가 꿈처럼 담을 넘어오는 순간을 목격하게 됩니다. 그 그넷줄에는 바구니가 달려 있었는데, 이생이 뜻을 눈치 채고 그 줄을 잡고 담을 넘어갔지요.

달이 동산에 떠오르고 밤의 기운을 머금은 꽃들이 만개하는 시간이었습니다. 이생은 아름다운 이 순간에 황홀한 감각을 느끼다가도, 다른 한편으로는 누군가에게 들킬세라 싶어 정신을 놓을 수 없었습니다. 이생은 그 순간 최랑을 발견합니다. 최랑은 가득 피어난 꽃 사이에서 머리에 꽃 하나를 꽂은 채로 방긋 웃고 있었지요. 이생을 발견한 순간, 최랑의 얼굴에는 더욱 환한 웃음이 피어났습니다. 그 순간 최랑의 입에서 먼저 시 두 구절이 흘러나왔습니다.

> 복사와 오얏 가지 속에 꽃송이 탐스럽고
> 원앙새 베개 위엔 달빛도 고와라.

그러자 이생은 이런 답가를 읊었습니다.

> 다음날 어쩌다가 봄소식이 새나간다면
> 무정한 비바람에 더욱 가련해지리라.

그러자 최랑의 얼굴색이 변합니다. 이생의 마음은 둘이서 함께하는 이 밤이 아니라 서로가 없을 미래에 가 있는 것 같았기 때문이었죠. 비밀은 영원히 비밀로 남겨두어야 한다고 말하는 이생의 말에 최랑이 상처받은 것은 당연한 일이었습니다. 하지만 최랑은 장부의 의기를 가지고서도 두려움을 떨치지 못하는 이생을 가볍게 탓하고 넘어갑니다. 그리고 대담하고 용감하게, 혹여나 이 일이 누설되어 문제가 되더라도 자신이 혼자 책임을 지고 넘어가겠다는 약속을 하지요. 곧이어 최랑은 몸종을 시켜 술안주를 가져오게 합니다. 둘이 앉아 있는 곳은 연못가에 있는 누각으로, 외동딸을 매우 사랑했던 최랑의 부모님이 최랑을 위해 따로 지어둔 곳이었습니다. 다시 말해 이곳에서 이생과 최랑, 단둘만의 시간을 보낼 수 있다는 뜻이었지요.

두 사람은 그 아름다운 꽃밭의 누각에서 시를 짓고, 답가를 하며 즐거운 시간을 보냅니다. 술자리가 저물어갈 무렵에 최랑은 이생에게 잠자리를 함께 하자고 제안합니다. 이는 분명 단순한 인연이 아니라는 이유에서였습니다. 누각에 달린 사다리를 타고 올라가자 작은 다락방이 나왔는데, 그곳에는 문방구와 책상이 말끔하게 정리되어 있었습니다. 벽에는 이름난 그림들이 걸려 있었고 그 그림들의 위에는 시까지 적혀 있었지요. 모두 최랑의 단정한 태를 담고 있는 물건들이었습니다. 한쪽에는 작은 방이 하나 딸려 있었는데, 이부자리는 모두 깨끗하게 정돈되어 있었고, 촛불과 향이 이리저리 느리게 타오르며 분위기를 더해주었습니다. 그곳에서 이생은 여러 날 머무르며 최랑과 꿈같은 시간을 보냈습니다.

그러기를 사흘째 되는 날, 이생은 집에 가야겠다는 말을 꺼냅니다. 부모님께 언질도 드리지 않고 나온 것이 퍽 걱정되어, 자신을 하염없이 기다릴 부모님께 죄송스럽다는 이유에서였죠. 이생은 그렇게 집에 돌아간 뒤에도 저녁마다 밥 먹듯이 최랑을 찾아갔습니다. 그러던 어느 날 저녁, 그런 이생의 행태를 못마땅하게 여기던 이생의 아버지는 그를 불러 놓고 훈계를 합니다. 이생이 아침에 나갔다가 저녁에 돌아오는 것은 옛 성인의 가르침을 배우기 위해서인데, 요새는 저녁에 나갔다가 새벽에 돌아오니 남의 집 담이나 넘고 이름 모를 아가씨나 엿보고 다닐 것이라는 이유였지요. 그리하여 이생은 아버지의 명령에 따라 영남으로 내려가게 됩니다. 종을 데리고 농사나 감독하라며 바삐 떠민 탓에 이생은 최랑에게 작별 인사조차 할 시간이 없었습니다.

그런 연유를 모르는 최랑은 계속해서 이생을 기다렸습니다. 며칠이 몇 주가 되고, 몇 주가 몇 달이 될 때까지의 긴 시간이었습니다. 그러다 이생이 아버지께 죄를 지어 영남에 내려가게 되었다는 사실을 안 후, 최랑은 시름시름 앓더니 그만 병상에 누워 버리고 말았지요. 일어나지도 못하고, 음식을 먹지도 못하고, 횡설수설하기까지 했습니다. 최랑의 부모는 매우 애타하며 딸에게 무슨 근심거리가 있느냐 물었지만 돌아오는 대답은 없었죠. 부모는 상자에서 이생과 주고받은 딸의 편지를 보고 나서야 약간의 정황만 이해할 수 있었습니다. 부모님이 이생이 누구냐고 묻고 나서야 최랑은 겨우 입을 열 수 있었습니다.

> "아름다운 도련님과 한 번 정을 통한 뒤부터는 도련님께 대한 원망이 천만 번 생기게 되었습니다. 연약한 몸으로 괴로움을 참으며 홀로 살아가려니, 그리운 정은 나날이 깊어 가고 아픈 상처를 나날이 더해 가서 죽을 지경에 이르렀습니다. 이제는 원한 맺힌 귀신으로 화(化)해 버릴 것 같습니다."

최랑의 부모는 그들의 외동딸은 매우 사랑했습니다. 그리하여 딸의 마음을 잘 헤아려 다독여 주었지요. 그러고는 예를 갖추고, 중매쟁이를 이생의 집에 보냈습니다. 하지만 이생의 아버지는 이 혼인을 탐탁지 않게 여겼지요. 최씨 집안이 얼마나 큰지 물어본 후, 이렇게 답하며 중매쟁이를 돌려보냈습니다.

> "우리 집 아이가 비록 어린 나이에 바람이 났지만, 학문에 정통하고 사람답게 생겼소. 앞으로 장원급제할 것이며 훗날 이름을 세상에 떨칠 것이니, 서둘러 혼처를 정하고 싶지 않소."

최씨 집안은 이씨 집안보다 매우 크고 부유했으며, 이씨 집안은 이생의 학문에 기대 있는 상태였습니다. 최씨 집안이 혼례 절차에 필요한 모든 절차와 옷차림은 자신들이 담당하겠으니 이생과 혼인만 하게 해 달라는 간곡한 부탁을 하고 나서야, 이씨는 마음을 겨우 돌렸지요.

영남에 있던 이생은 며칠 후 이 말을 전해 들었습니다. 그는 너무 기뻐 시 한 수를 지어 그 마음을 표현했지요. 최랑 역시 같은 마음이었습니다.

(이생)

깨어진 거울이 다시 둥글게 되니

만남도 때가 있어

은하의 까마귀와 까치들이

아름다움 기약을 도와주었네.

이제야 월하노인(月下老人)이

붉은 실을 잡아맸으니

봄바람이 건듯 불더라도

소쩍새를 원망 마소.

(최랑)

나쁜 인연이 바로

좋은 인연이던가?

그 옛날 맹세가

마침내 이루어졌네.

어느 때나 님과 함께

작은 수레를 끌고 갈까?

아이야, 나를 일으켜 다오

꽃비녀를 손질하련다.


최랑과 이생이 좋은 날을 맞추어 혼례를 올리는 날은 하늘까지도 완벽했습니다. 최랑과 이생은 부부가 되고 나서도 서로를 손님처럼 공손하게 대했지요. 이듬해 이생은 문과에 급제하여 조정의 높은 자리에 올라 두 사람 사이엔 더 이상의 시련은 없는 듯 보였습니다.

그러나 신축년(1361), 홍건적이 수도인 개경을 점거하고 임금은 복주(福州)로 피난을 가는 일이 생겼습니다. 친척들은 물론이고 가족과 부부도 서로를 챙기지 못하고 제 목숨 부지하기에 바쁜 나날이었습니다. 집이 불타고 가축들은 잡아먹히고, 사방에서 비명과 울음소리가 쉬지 않고 들려오는 나날들이었습니다.

이생은 가족들을 데리고 외진 산속으로 숨었습니다. 한 도적이 뒤를 쫓는 것도 모르는 채로요. 이생은 겨우 달아나 목숨을 건졌지만 안타깝게도 최랑은 도적의 손아귀에서 벗어날 수 없었습니다. 도적은 최랑의 정조를 빼앗으려고 하였는데,

최랑은 도적을 창귀 같은 놈이라 욕하며 차라리 목숨을 빼앗으라 크게 꾸짖습니다. 이에 분노한 도적은 최랑을 죽이고 살을 도려냅니다.

겨우 목숨을 보전한 이생은 들판에 숨어 지냅니다. 그러다 도적이 다 없어졌다는 말을 듣고 부모님이 사시던 집으로 찾아가 보는데, 그 집은 이미 모두 불타 흔적도 없이 사라져 있었습니다. 이생은 그다음으로 최랑의 집으로 찾아갑니다. 하지만 최랑의 집 역시 사람이 사는 흔적이라곤 찾아볼 수 없었죠. 이생은 텅 빈 쓸쓸한 누각에서 날이 저물도록 앉아 있을 수밖에 없었습니다. 눈물은 하염없이 흘러내렸고, 울음을 삼켜 보았자 바뀌는 것은 없었습니다.

언제까지고 그렇게 앉아 있을 수만은 없는 노릇이었는데, 시간은 쉬지 않고 흘러 어느새 달이 하늘에 올라 천지를 희미하게 비추고 있었던 때였습니다. 어디선가 발자국 소리가 들려 돌아보니, 그토록 애달프게 그리던 최랑이 서 있었습니다. 이생은 이미 최랑이 죽은 것을 어림짐작하여 알고 있었지만 받아들일 수가 없었지요. 어디로 피난 가서 목숨을 보전하였느냐고 묻자, 최랑은 울며 이리 말했습니다.

"장차 백 년을 함께 하자고 하였는데, 뜻밖에 횡액을 만나 구렁에 넘어질 줄이야 어찌 알았겠어요? 늑대 같은 놈들에게 끝까지 정조를 잃지 않았지만, 제 몸은 진흙탕에서 짓겨졌답니다. 천성이 저절로 그렇게 된 것이지, 인정으로야 어찌 그럴 수 있었겠어요?"

봄바람이 깊은 골짜기에 불어오자 이승으로 돌아왔다는 최랑은 여전히 슬퍼 보였습니다. 그러나 무언가를 다짐한 듯도 보였지요. 오랫동안 보지 못했던 정을 되살려 옛날의 맹세를 저버리지 않겠다는 최랑은, 이생만 허락한다면 이생을 끝까지 모시고 싶다고 말했습니다. 이생은 이 말을 듣고 너무나 기뻐 최랑을 향한 환한 웃음을 숨길 수가 없었습니다. 이야기는 흘러, 가지고 있던 재산을 도적들에게 얼마나 뺏겼느냐는 질문에까지 이르렀습니다. 이에 최랑은 조금도 잃지 않고 어느 산골짜기에 잘 묻어 두었다고 대답하지요. 이생이 또다시 두 집 부모님의 유해는 어디에 모셨느냐 묻자, 이번에는 잘 모시지 못하고 아무 곳에나 그냥 버려둔 채라고 대답합니다. 둘은 숨겨둔 재산을 찾고, 부모님의 유골을 수습합니다.

이생은 이후 벼슬에 대한 마음을 버리고 최랑과 같이 살기로 합니다. 목숨을 보전하려고 떠났던 종들 역시 모두 다시 돌아왔지요. 아무리 손님이나 친척의 길흉사가 있어도 외부와의 소통을 단절한 채, 이생은 최랑과 함께하는 삶에만 집중했습니다. 최랑과 함께라면 그 어떤 일도 슬프거나 외롭지 않았습니다. 그러던 어느 날 저녁, 최랑은 이제 자신이 떠날 때가 되었다는 말을 하며 슬피 울기 시작합니다. 이생과의 연분이 끊어지지 않았고, 전생에 지은 죄가 없어 잠시나마 환생을 할 수 있었지만 더 이상 오래 머물 수는 없다고 말했지요. 죽은 사람이 산 사람을 미혹하는 일은 세상 이치에 어긋나기 때문이었습니다. 최랑은 〈옥루춘곡(玉樓春曲)〉에 맞춰 노래를 지어 불렀고, 몸종을 시켜 이생에게 술을 올렸습니다.

칼과 창이 어우러져 싸움이 가득한 판에
옥 부서지고 꽃 떨어지니 원앙도 짝을 잃었네.
흩어진 해골을 그 누가 묻어 주랴,
피에 젖어 떠도는 혼이 하소연할 곳도 없었네.
무산의 선녀가 고당에 한 번 내려온 뒤에
깨어진 종(鐘)이 거듭 갈라지니 마음 더욱 쓰라려라.
이제 한 번 작별하면 둘이 서로 아득해질 테니
하늘과 인간 세상 사이에 소식마저 막히리라.

이생은 차라리 죽어 육신을 버리고 최랑과 함께 저승길에 오르고 싶은 마음뿐이었습니다. 그게 아니라면 최랑이 인간 세상에 더 머물다 가길 원했죠. 하지만 최랑은 슬피 울면서도 이생을 말렸습니다. 이생의 목숨은 남아 있으나 자신은 이미 저승의 명부에 실려 있고, 명부의 법도를 어기면 자신뿐만 아니라 이생에게도 누를 끼치게 된다는 이유였지요. 최랑은 다만 수습하지 못한 자신의 유골을 모아 비바람이나 맞지 않게 해 달라는 바람을 전합니다. 이생은 하는 수 없이 최랑의 바람을 들어주기로 합니다. 수습한 부모님의 무덤 옆에 최랑의 무덤을 만들어 준 것이었지요. 그러나 장사를 지낸 후 이생 역시도 몸이 급격하게 나빠져 몇 달 만에 세상을 떠나고 맙니다. 그들의 이야기는 이렇게 끝났지만, 그 아름다운 절개에 감탄하지 않는 자가 없어 후대까지도 전해 내려오니 그 사랑은 끝나지 않았다고 할 수 있겠지요.

15세기에 김시습이 쓴, 우리나라 최초의 고전소설이라고도 알려져 있는 〈이생규장전〉은 《금오신화》에 담겨 전해집니다. 고려 공민왕 시기에 살던 이생이 최랑과 사랑에 빠지며 전개되는 이야기는 뜻밖에도, 완전한 해피엔딩으로 끝나지 않습니다. 귀신 최랑과 이생은 서로 저승과 이승을 넘나들며 사랑했지만, 결국 연이 모두 다하며 둘의 만남은 또다시 어그러지고 말죠.

〈이생규장전〉은 산 사람과 죽은 사람의 사랑을 다루는 명혼 소설에 속합니다. 귀신의 이야기를 다룬다는 점에서 기이한 이야기가 전해진다는 뜻의 전기소설로 불리기도 하지요. 그렇기 때문에 죽음을 초월한 이생과 최랑의 사랑은 어디에도 구속되지 않고 자유로운 삶을 추구하는 이야기라고 해석되기도 합니다. 작가 김시습의 일생과 매우 밀접하게 관련되었다고 알려지기도 했지요.

〈이생규장전〉에서 이생과 최랑은 서로에게 깊이 빠지지만, 죽음이라는 필연적인 경계는 그들의 사랑을 끝내 멀어지게 만듭니다. 죽음에 대한 불가피성, 영원한 사랑에 대한 갈망, 그리고 이승과 저승을 넘나드는 그들의 애틋한 관계는 이 소설이 중심적으로 다루는 테마입니다. 이 소설의 핵심 메시지는 죽음과 사랑의 불가분성을 성찰하며, 영원한 사랑의 허구성을 암시하기도 합니다. 인간 존재는 사랑을 통해 영원함을 추구하지만, 결국 죽음과 생이라는 경계를 넘지 못하는 현실에 직면하게 되기 때문이죠.

이생과 최랑의 사랑은 처음부터 고난에 부딪힙니다. 부모의 반대를 겪었던 두 사람은 이후 홍건적이라는 더 큰 차원의 장애물을 만나 난항을 겪습니다. 그럼에도 불구하고 이생과 최랑이 보여준 사랑의 의지는 두 사람의 열망을 보여주지요. 공고했던 전통 이념 중 하나인 '효'를 따르지 않는 주인공은 고전소설 중에서도 흔하지 않습니다. 사랑에 대한 절개 역시도 칭찬해 마지않을 이념 중 하나이지만 말입니다.

이 작품이 시사하는 바는 사랑이 효를 실천하는 것보다 중요하다는 뜻은 아닐 것입니다. 다만 자신이 추구하는 두 가지의 가치가 서로 충돌할 때, 둘 중 무엇을 따를지 고민하는 일에 대해 이야기하는 것이겠지요. 경중을 따질 수 없는 가치이더라도 우리는 살면서 꼭 하나를 선택해야 하는 일이 생깁니다. 그때 우리는 이생과 최랑을 되돌아보며 도움을 받을 수 있을 것입니다. 〈이생규장전〉 속 서로의 열망에 충실했던 그들을 되새기면서요.

# 사랑을 품은 이름:
# 옥단춘의 전설

## 옥단춘전

　　숙종대왕이 즉위한 후 십 년 동안 나라는 태평성대하고 평화로웠습니다. 배곯는 이 없이 모두가 마음이 넉넉했으며, 논밭 일을 하다가도 입에서 절로 나오는 격양가(激壤歌)[14]는 멀리에서도 들을 수 있었습니다. 이러한 태평성대 시대에 유명한 두 재상이 있었는데, 바로 이 정승과 김 정승이었습니다. 두 사람 모두 아들이 없어 매우 걱정하면서도, 우정이 깊어 서로를 위로하였지요. 그러던 어느 날, 이 정승은 꿈을 하나 꾸게 됩니다. 청룡이 오색구름을 타고 날아가며 여의주를 가지고 놀고 있었는데, 난데없이 백호가 달려오는 것이었습니다. 그러자 청룡은 한강으로 백호를 쫓아버리고 하늘로 올라가 버렸지요. 그것이 태몽이었는지, 이 정승의 부인에게 태기가 보이더니 열 달 만에 아들 하나를 낳았습니다. 태몽을 따라 아들의 이름

---

14　풍년이 들어 농부가 태평한 세월을 즐기는 노래

은 혈룡이라고 지었습니다. 이상한 점은 김 정승 역시 비슷한 꿈을 꾸었다는 것이었습니다. 김 정승의 꿈속에서는 백호가 산을 넘어 강을 건너려다가 청룡을 만나 빠져버렸다는, 조금 다른 꿈이었는데, 이 꿈도 태몽이었을까요? 김 정승의 부인 역시 열 달 만에 아들을 낳았고, 진희라는 이름을 붙여 주었습니다.

혈룡과 진희는 모두 건강하고 늠름하게 잘 자랐습니다. 둘은 같은 글방에서 수학하게 되었는데, 워낙 글재주가 뛰어나 모두의 귀감이 되었죠. 두 집이 대대로 사귀어 오는 사이였기 때문에 두 사람 역시 친형제처럼 허물없이 우애가 깊었고, 둘은 서로 장래까지 약속하게 됩니다.

"우리 두 사람의 정리(情理)를 생각하면 살아 있는 동안은 물론이요 우리 후세의 자손들까지 우리 조상이 하신 듯이 세의를 이어서 저버리지 말자. 세상의 복록(福祿)이란 변화무쌍해서 어찌 될지 모르니, 네가 먼저 귀하게 되면 나를 도와주고, 내가 먼저 귀하게 되면 너를 도와주기로 약속하자."

서로 밀고 끌어주며 이 한 세상을 살아 나가자는 우애 깊은 약속이었지요. 그러던 어느 날 공교롭게도 두 사람의 아버지, 김 정승과 이 정승이 같은 병으로 몸져눕게 됩니다. 임금의 명령으로 어의가 가서 진찰해 보아도 도저히 손을 쓸 수 없는 병이었지요. 결국 두 사람은 한날한시에 같이 이 세상을 뜨고야 맙니다. 임금은 두 집안에 금은 삼백 냥을 각각 부의로 내려주고, 두 집안은 삼년상을 극진히 치르죠.

이때, 김 정승의 집안은 여전히 부유했습니다. 하지만 이 정승의 집안은 어쩐 이유에선지 가세가 기울어 버렸지요. 가세는 계속해서 기울어 하루 살아내기에도 벅찬 지경이 되고야 말았습니다. 게다가 김 정승의 아들 김진희는 운이 좋게도 젊은 나이에 급제하여 평안감사가 되어 도임 후 각 읍 수령들의 취임 인사를 받습니다. 삼 일 후 육방 점고까지 마치고 나서야 기생 점고가 시작되었는데, 기생들은 한껏 꾸민 얼굴과 옷 모양, 사뿐거리는 걸음걸이로 감사의 눈에 들기 위해 한껏 노력하는 상황이 이어졌습니다. 그러나 그중 옥단춘이라는 기생은 사뭇 달랐습니다. 기생이긴 하나, 다른 곳에 눈을 두지 않고 오직 글공부에만 힘쓰는 탓에 도임하는 수령들이 수청을 들라 명령하여도 모두 거절하는 인물이었죠. 그 때문에 기생의 몸으로 점고는 받으나, 마음만은 글에 가 있었습니다.

김진희는 옥단춘을 마음에 들어 했습니다. 그리하여 옥단춘을 불러올 것을 명했죠. 호장은 옥단춘의 집으로 달려가 사또께서 마음에 들어 하시니 함께 사또께 가자고 말합니다. 옥단춘은 생각지도 못했던 일이라, 깜짝 놀라 이렇게 말합니다.

"여보 호장, 들어 보소. 내가 비록 기생이나 공부하는 처녀인데 수청이란 웬 말이오."

그러나 호장의 난처한 입장도 생각을 못하는 바는 아니었습니다. 옥단춘은 하는 수 없이 호장을 따라가기로 하지요. 그러나 옥단춘은 다시는 자신을 부를 마음이 들지 않도록 수를 쓰기로 합니다. 미친 여자처럼 들어가기로 한 것이었죠. 하지만 김진희는 옥단춘에게 홀딱 빠져 수작을 서슴지 않습니다. 옥단춘은 건성으로만 답하지만, 김진희는 점점 옥단춘에게 빠져 정사에는 관심을 두지 않기 시작합니다.

그때, 혈룡은 여전히 처지가 어려운 상황이었습니다. 머리카락을 잘라 팔고 끼니를 때우려 해도 한때뿐, 늙은 모친과 연약한 처자를 어떻게 먹여살릴지도 갑갑한 일이었죠. 그때 김진희가 평안감사가 되었다는 소식을 듣고 옛 약속을 떠올립니다. 서로가 어려울 때 끌어주고 밀어주자는 그 약속을 말이지요. 평양까지 가기만 한다면 김진희가 돈을 쥐여 주고 자신을 끌어줄 것이라 믿고 평양까지 가기로 결심합니다. 혈룡의 아내는 혼례 때 입었던 옷을 팔아 약간의 노잣돈을 마련했습니다. 혈룡은 아내가 챙겨준 노잣돈을 아껴 쓰면서 걸음을 재촉하여 겨우 평양에 도달하지요.

하지만 문제가 있었습니다. 혈룡의 남루한 차림을 본 문지기가 감사께 들여보내 줄 수 없다고 문을 굳게 막아선 것이었지요.

> "나는 사또와 죽마고우(竹馬故友)로서 형제같이 지낸 사람이라. 네가 통기만 하면 사또가 반가워할 것이니 염려 말고 곧 통기(通奇)하라."

혈룡은 이렇게 문지기에게 사정하였으나 문지기는 요지부동이었습니다. 이대로 돌아갈 수도 없었던 혈룡은 입고 있던 옷을 하나씩 팔아 가면서 배고픔과 목마름을 면하고, 때마다 계속해서 문지기에게 사정했지요. 문지기는 시간이 지나자 미친 사람이라 취급하고 대답도 하지 않게 되었습니다. 혈룡은 속옷만 입은 채로 정말로 미친 사람의 꼴이 되었습니다. 그러던 어느 날 김 감사, 즉 김진희가 각 읍 수령을 불러 큰 잔치를 한다는 소식이 들려왔습니다. 대동강변 연광정에서 풍악 소리가 울리고 팔십 명의 기생들이 춤을 추었지요. 김 감사는 기분 좋게 취해 시조 가락을 부르기도 했습니다.

> "백구야 펄펄 날지 마라, 너 잡을 내 아니다. 어허하 수령들 내 말을 들어 보라, 삼사월 호시절에, 온갖 잡화(雜花) 다 피었는데, 세류청천 저 버들과 좌우편의 저 두견아, 슬피 우는 네 소리 들어 보니, 철석간장(鐵石肝腸) 안 녹으랴."

혈룡은 거지꼴로 김 감사 앞에 나설 결심을 합니다. 꼬르륵 소리가 나는 주린 배에 힘을 잔뜩 주고 크게 소리를 질렀지요.

"평안감사 김진희야, 너는 여기 와 있는 이혈룡을 몰라보느냐!"

김 감사는 호장에게 저 자를 데려오라 이릅니다. 김진희 앞에 꿇어앉은 혈룡은 울며 옛날의 기약을 다시금 상기시켜 주지요. 하지만 김 감사는 끝까지 이혈룡을 모르는 척합니다. 당장 이 자를 강 한복판에 던져 물고기 밥을 만들라고 호통을 칠뿐이었습니다. 사공들은 이혈룡을 묶어서 배에 실으려고 할 때, 옥단춘이 문득 김 감사에게 거짓 엄살을 부립니다. 갑자기 몸이 아파 견딜 수가 없다고요. 김 감사는 옥단춘을 물러가게 하지요.

옥단춘은 그 길로 얼른 사공들에게 갑니다. 그리고 이혈룡의 몸값을 후하게 줄 테니 모래에 죽은 듯이 덮어두고 오라는 부탁을 합니다.

"아침 절개로 유명한 옥단춘 기생 아가씨의 부탁인 데다가 활인적덕(活人積德)하고, 큰돈까지 생기는데 죽일 거야 있겠나?"

사공들은 이렇게 수군거리며 옥단춘의 말대로 하기로 합

니다. 하지만 혈룡은 이 사실을 모르고 그저 죽는 줄로만 알고 있었죠. 둥실둥실 떠가는 배 위에서 그는 이렇게 통곡했습니다.

"내 한 몸 죽기는 싫지 않으나, 북당(北堂)의 팔십 모친이 나를 보내시고 주야장천 바라다가 이런 줄 모르시고, 자식 낳아 쓸데없다 하실 것이요, 가련한 나의 처자는 늙은 모친 모시고자 오늘 올까 내일 올까 밤낮으로 문밖에서 나와서 기다릴제 소식이 묘연하여 나 죽은 줄 모르고서 모친 처가 잊었는가 야속한 우리 낭군 왜 그리 무정한고 눈물로 보낼지니, 애고 답답한 이 신세야, 어찌하면 모친 처자 만나 볼까? 아아, 나 죽은 혼백이라도 천리 고향 어찌 갈까?"

신세 한탄하며 우는 이혈룡의 말을 듣던 사공들은 그를 위로합니다.

"여보, 그만 진정하고 안심하소. 사또님 영이 비록 엄격하나, 우리인들 어찌 무죄(無罪)한 인생을 죽이겠소. 당신은 백사장에 누어 몸 위에 모래를 살짝 덮고 숨어 있다가 해가 지고 어둡거든 멀리멀리 도망하시오. 만일 사또가 당신 살린 비밀을 알면 우리가 잡혀 죽을 테니 조심하여 도망하시오."

혈룡은 감사 인사를 한 후 모래를 덮고 죽은 듯이 누워 있었습니다. 사공들이 돌아가고 해가 진 후 밤이 찾아오자 혈룡은 더 이상 가만히 누워 있을 수만은 없었지요. 배가 고파서 금방이라도 정신을 잃을 것 같았습니다. 그때 누군가가 혈룡을 찾아와 그를 일으켜 세웁니다. 옥단춘이 미음을 가지고 그를 찾아온 것이었죠. 옥단춘은 혈룡의 무고함을 알아보고 그를 불쌍히 여겨 도와주기로 했다는 마음을 밝힙니다. 이어 마다하는 혈룡을 이끌어 자신의 집으로 가자고 권하고, 혈룡은 어쩔 수 없이 은인을 따라가기로 합니다. 옥단춘의 집은 매우 정갈했으며 아름다웠습니다. 그렇게 혈룡은 옥단춘의 집에서 신세를 지게 되지요.

세월이 흘러 왕실에서 세자가 태어날 시기가 다가오자, 이를 축하하기 위한 태평과(太平科)의 과거 시험이 실시된다는 말이 돌았습니다. 옥단춘은 이에 기뻐하며 혈룡에게 과거 시험을 볼 것을 제안합니다. 하지만 혈룡은 차마 과거시험을 보러 갈 마음이 들지 않았습니다.

"그대 말이 당연하나 늙으신 모친이 내가 오늘 올까 내일 올까 하고 기다리시면서, 초조하게 간장을 녹이고 계신 것을 생각하면, 오늘까지 이렇게 편히 지낸 일이 불효임을 어찌 모르리오. 그러나 이 꼴로 가서 무슨 면목으로 노모와 처자를 대하리오."

그렇게 말하는 혈룡의 눈에는 어느새 눈물이 맺혀 있었습니다. 옥단춘은 그런 혈룡을 위로하며 입신양명하여 찾아가는 일이 좋을 것이라고 말합니다. 혈룡에게 행장을 수습하여 주는 옥단춘은 이리 말합니다.

"이 길로 상경하시되, 새문밖 경기 감영 앞의 이섬부 댁을 찾아가십시오. 그 댁에 제가 부탁할 말씀도 있고, 제 하인도 그 댁에 있으니, 그 하인을 데리시고 과장(科場)에 나아가십시오. 이제 이별하오나, 후일 다시 만날 것이니, 조금도 섭섭히 생각하지 마시고 잘 가셔서 장원급제로 입신양명하신 후에 북당(北堂) 기후(氣候) 안녕하거든 다시 돌아와 주십시오."

혈룡은 그렇게 옥단춘과의 아쉬운 헤어짐을 뒤로하고 경기 감영 앞의 이섬부 집을 찾아갑니다. 옥단춘의 편지를 전하자 하인들이 모두 굽실거리며 혈룡을 성심껏 모셨지요. 이런 환대에 혈룡은 이 집이 누구 집이냐 물었는데, 놀랍게도 하인 한 명은 이 집이 혈룡의 집이라 대답합니다. 깜짝 놀란 그는 집 안으로 들어갔는데 그곳에는 혈룡의 어머니가 앉아 있었습니다. 어머니는 네가 떠난 후, 네 친구 평안감사가 보내준 재물로 이렇게 집을 꾸밀 수 있었다고 대답하지요. 혈룡은 그것을 듣고 옥단춘을 떠올립니다. 혈룡이 모든 사실을 밝히자, 혈룡의 어머니와 아내는 옥단춘에게 갚지 못할 정도로 깊은 은혜에 감사하게 되었습니다. 혈룡은 좋은 집에서 푹 쉰 뒤, 과거 날이 되어 궁궐에 당도합니다.

궁궐 안에는 팔도에서 글로 이름깨나 날렸던 선비들이 즐비하게 늘어서 있었습니다. 모두가 입신양명을 누리려 몰려든 것이었지요. 글제는 '천하태평춘(天下泰平春)'이었습니다. 혈룡은 남다른 필체로 단숨에 글을 쓴 다음 제일 먼저 제출하지요. 후에 임금은 혈룡의 것을 보고 범상치 않은 자의 것이라고 짐작합니다. 혈룡은 한림학사에 제수됩니다. 그는 매우 기뻐하지만, 한편으로는 그런 생각도 들었습니다.

'평안감사 김진희의 불의 무도한 소행을 나만 당하였으랴. 무죄한 백성들을 무슨 죄목에 걸어서는 행악(行惡)을 하고 수탈에 여념이 없을 것이라. 그 한 명의 흉측한 어복(魚腹)에 평안일도(平安一道)가 희생되는 것을 알면서 어찌 모른 척할 수 있으랴. 나라와 백성을 위하여 마땅히 성상께 여쭙지 않을 수 없다.'

자신에게 무정하게 굴었던 김진희, 그의 성정을 보아하니 한두 번 해 온 자태가 아니지 않겠습니까. 그 순간에도 혈룡은 고통받고 있을 백성들을 생각한 것입니다. 전후 사정을 일일이 적어 임금께 전해 바치자, 임금은 혈룡에게 세 가지 봉서[15]를 내립니다.

---

15 임금이 종친이나 근신에게 사적으로 내리던 서신

> "첫 봉서는 새문밖에 가서 떼어 보고, 둘째 봉서는 평양에 가서 떼어 보고, 셋째 봉서는 그 후에 떼어 보라. 그리고 도중에 조심하여 다녀오라."

혈룡은 새문 밖에서 첫 번째 봉서를 떼어 봅니다. '평안도 암행어사 이혈룡'이라는 글자가 나타나는 순간이었지요. 혈룡은 마패를 챙겨 수의를 입은 채로 평안도로 출동합니다. 그리고 두 번째 봉서를 떼어 보자, 평양 감영에 출두하여 봉고파직하라는 명령이 적혀 있었지요. 즉, 부정을 저지른 관리를 파면한 후 관가의 창고를 잠그라는 명령이었습니다. 혈룡은 우선 역졸들에게 민정을 살핀 후 부정한 사실을 적발하여 오라는 명령을 내립니다. 그 후 옥단춘의 집에 살짝 찾아가 보았지요. 떠난 낭군이 그리워 밤마다 거문고를 뜯으며 슬픈 노래를 지어 부르는 옥단춘은 혈룡이 찾아온 사실을 꿈에도 몰랐지만 말입니다. 마당 한구석에 가만히 앉아 있는 혈룡에게 겁을 먹었던 옥단춘은 그 사람이 꿈에 그리던 낭군이라는 사실을 알고서야 방으로 끌고 들어옵니다.

> "이생원님, 이것이 웬일이오? 과거는 못 할망정 모양조차 왜 이꼴이 되었소? 내 집이 누구 집이라고 그렇게 속이고 놀라게 해요. 나는 서방님 가신 후로 일각이 여삼추(如三秋)로 독수공방에 제발 물어 던진 듯이 홀로 앉아 수심으로 세월을 보내면서, 오늘 오실까 내일 오실까 주야장천 바랐는데, 한번 가신 후로 소식

이 돈절하였으니 어찌 그리 무심하오이까?"

옥단춘은 거지꼴을 한 혈룡을 목욕시킨 다음, 머리를 빗기고 새 옷을 입히는 등 정성을 다해 단장해 줍니다. 혈룡은 옥단춘에게 볼 낯이 없다는 듯 거짓말을 하기 시작합니다. 마련해 준 집은 매우 고마우나, 이미 있던 빚을 갚느라 남아버린 재물이 없으며 그 때문에 과거를 보지 못했고 오는 길에 도적에게 노잣돈까지 모두 뺏겨 버렸다고요. 하지만 옥단춘은 전혀 괘념치 않으며 오히려 혈룡을 위로합니다. 혈룡은 옥단춘의 따뜻한 위로에 속으로 매우 감동하지요.

다음 날 옥단춘은 다시 평안감사 김진희의 명령으로 불려나가게 됩니다. 김진희가 다시 연광정에서 잔치를 연 것이었습니다. 혈룡 역시 그 자태를 보려고 몰래 미행하였는데, 매우 아름다운 풍경 속에서 수십 명의 기생들이 가무를 선보이고 있었지요. 찢어진 갓에 해진 옷을 입은 혈룡은 역졸들과 약속한 시간을 기다릴 수밖에 없었습니다.

마침내 그 시간이 되자 혈룡은 연광정의 대상으로 올라갑니다. 하지만 그 남루한 행색에 나졸들은 그를 잡아 무릎을 꿇리지요. 김진희는 죽지도 않고 또 왔느냐며 호통을 칩니다. 그리고 처음 혈룡을 끌고 갔던 사공들을 잡아 문초하였는데, 결국 사공들은 그 고통을 견디지 못하고 사실 혈룡을 죽이지 않았다며 실토해 버립니다. 분노한 김진희는 전부터 자신의 수청을 거절한 옥단춘까지 끌어내어 혈룡과 함께 죽이라고 명령하지요. 목숨만을 건질 수 있게 된 사공들은 얼른 이 두 사람을 묶어 배에 오르게 합니다. 북소리가 울리고, 옥단춘은 아무리 해도 살아날 계책이 보이지 않아 몸이 절로 떨리기 시작했지요. 더 이상 지체할 수만은 없는 시간이 되자 옥단춘은 물속으로 몸을 힘껏 던집니다.

"에구머니 나 죽는다!"

그 순간 이혈룡은 옥단춘의 손목을 잡아챕니다.

"춘아 춘아, 죽어도 같이 죽고 살아도 같이 살자."

그러고는 옥단춘을 옆에 앉힌 채로 연광정을 쳐다보며 역졸들을 큰 소리로 불렀지요. 역졸들은 그제야 몰려들며 이렇게 외쳤습니다.

"암행어사 출도하옵시오!"

혈룡은 수령들을 모두 재판하고 나서야 김진희를 앞으로 끌어냅니다. 김진희를 파면시켰지만 혈룡의 마음은 편치만은 않았는데, 그것은 아직 그의 마음속에 옛정이 남아 있었기 때문이었지요. 그의 호통에는 원망과 슬픔, 분노와 애달픔이 뒤섞여 있었습니다.

"네가 그때 남아서 버리는 음식 조금만 주었으면 너도 생색나고 나도 좋을 것을, 너는 나를 미친놈이라고 사지를 묶어 배에 실어다가 대동강 물속에 넣어 죽이려 한 것은 무슨 까닭이냐? 이 악독한 김진희 놈아, 바른대로 아뢰어라!"

"애고애고, 어사또님 제발 살려 주십시오. 제가 죽을죄를 진 것은 저도 모를 귀신이 시켜서 그랬사오니, 죽고 사는 것은 어사또 처분이오니, 죽을죄 지은 놈이 무슨 말씀하오리까. 처분만 바라오며 잔명을 비옵니다."

곤장을 때린 후, 혈룡은 사공들에게 김진희를 물속에 한참 넣었다가 거의 죽을 때쯤 다시 꺼내 오라는 명령을 내립니다. 옛정을 생각하여 차마 죽일 수는 없었기 때문이었습니다. 하지만 사공들이 김진희를 끌고 갈 적에, 갑작스럽게 뇌성벽력이 일어나더니 김진희 위로 벼락이 내리는 게 아니겠어요? 김진희는 시체도 찾아볼 수 없을 정도로 가루가 되고 말았습니다. 혈룡은 김진희가 죽었다는 소식을 듣고는 울적한 마음이 들었지요. 그래서 김진희의 처자와 노비 등 그와 관련된 사람을 불러 모아 이렇게 말합니다.

"나는 진희를 참아 죽이지는 못하고 정배(定配)하려 하였으나 하늘이 괘씸히 여기시고 천벌을 내렸으니, 내 원망은 하지 말라. 나도 실은 옛정을 생각하고 속으로 많이 울었는데, 기왕 죽은 사람은 할 수 없으니 남은 가족들은 마음을 진정하고 집으로 돌아가서 잘들 살아라."

유가족에게 노자를 후하게 챙겨준 혈룡의 어진 마음을 칭송하지 않는 이가 없었습니다. 이혈룡은 임금께 보고를 올리고서야 셋째 봉서를 뜯어보았는데, 그곳에는 '암행어사 겸 평안감사 이혈룡'이라는 글씨가 적혀 있었습니다. 이혈룡은 이후 평안감사 일까지 맡아 하게 되었는데, 얼마나 어진 관리였던지 거리마다 송덕비가 들어섰다고 합니다. 이후 임금은 혈룡의 어머니를 대부인으로, 부인 김씨를 정렬부인으로, 옥단춘을 정덕부인으로 봉합니다. 우의정이 된 혈룡의 치정 덕분에 백성은 평안했고 나라는 태평했습니다. 그 높은 명성은 지금까지도 이야기로 전해지곤 한답니다.

〈옥단춘전〉은 선한 자가 보상을, 악한 자가 벌을 받는다는 옛 선조들의 이념을 잘 보여주는 고전소설입니다. 이혈룡과 김진희의 가문 대대로 내려오던 우정의 파탄으로 조선시대의 독자들은 손에 땀을 쥐게 되지만, 기생 신분이었음에도 옥단춘이 그 절개와 지조를 지킴으로써 훗날 신분 상승을 이루게 되는 서사는 그들에게 카타르시스를 전해주기도 하지요.

〈옥단춘전〉의 이야기에서 핵심적인 갈등은 이혈룡과 김진희의 가문 대대로 이어져 오던 우정이 배신으로 깨지는 순간에 집중됩니다. 이혈룡과 김진희는 한때 긴밀한 관계였지만, 결국 서로에 대한 신뢰를 잃고 배신을 하게 되죠. 이 갈등은 인간관계의 복잡성과 도덕적 대립을 잘 보여줍니다. 우정과 배신은 사람들이 도덕적 기준에 따라 어떻게 행동하는지를 보여주는 중요한 요소로 작용하며, 신뢰와 배신은 사회적 관계에서의 중요한 요소입니다. 이 소설은 배신의 대가로 악한 자에게는 벌이 떨어지며, 정직과 도덕성을 지킨 자에게는 결국 보상이 주어진다는 메시지를 담고 있습니다.

〈옥단춘전〉은 그 유사성 때문에 〈춘향전〉의 아류작으로 읽히기도 하지만, 〈춘향전〉에서는 볼 수 없는 새로운 이야기를 담고 있기도 합니다. 자신을 배신한 김진희에 대해, 여전히 안타까움과 슬픔을 느끼는 혈룡의 마음 같은 것은 춘향과 이몽룡의 사랑 이야기 속에서는 찾아볼 수 없는 이야기이지요. 양반층임에도 불구하고 신의를 저버리는 김진희와 하층민임에도 불구하고 신의를 지키는 옥단춘의 모습은 그동안 단순히 계급과 신의를 연결 지어 생각했던 우리의 고정관념을 깨주는데 아주 중요한 역할을 합니다.

옥단춘이 보여주는 신의는 〈옥단춘전〉을 관통하는 하나의 뚜렷한 메시지입니다. 김진희에게 총애를 받아도, 그를 따르지 않아 죽을 위기에 처해도, 자신이 옳다 생각하는 방향으로 굳건하게 밀고 나가는 모습은 개인주의 정신이 강해진 현대에서는 잘 찾아볼 수 없습니다. 옳은 것보다 이익이 되는 것을 선택하고, 그 가운데서 다른 선택을 한 이들을 끊임없이 재단하는 현대의 저울 앞에 누가 가장 떳떳하다 말할 수 있을까요?

다른 사람이 손가락질해도 괜찮습니다. 다만 나의 마음에 한 점 부끄러움이 없다면 말입니다. 세상은 언제나 옳지만은 않은 방향으로 나아가고, 모든 일들은 그것이 망가지는 방향으로 나아가는 것이 우주의 섭리입니다. 그러나 신의만 있다면, 우리가 지키려는 굳은 믿음만 있다면, 그 거센 폭풍 속에서도 쓰러지지 않고 살아갈 수 있습니다. 죽을 위기 앞에서도 자신의 선택을 굽히지 않은 옥단춘처럼 말입니다.

# 울려라, 금방울:
## 희생과 승리의 서사시

**금방울전**

　〈금방울전〉은 태안주의 이릉산에 살던 장원이라는 자가 꾼 꿈으로부터 시작되는 이야기입니다. 대원(大元) 지정말(至正末)에, 원나라가 망하고 명나라가 흥하고 있던 때였지요. 남전산의 신령이 장원의 꿈에 나와 마침 이런 이야기를 하더랍니다. 조만간 큰 화가 있을 것이니 몸을 피하라고요. 장원은 꿈에서 깨자마자 단박에 위기감을 느꼈습니다. 그 즉시 아내를 깨워 길을 떠나기로 했지요.

　급히 길을 가고 있었는데, 문득 비바람이 불더니 붉은 옷을 입은 한 아이가 부부의 앞을 가로막고 목숨이 위험하니 제발 구해 달라 말하며 빌기 시작하는 게 아니겠어요? 장원의 부인은 깜짝 놀라 그 연유를 물었습니다. 자신을 동해 용왕의 셋째 아들이라 소개하며 아이는 이렇게 말했습니다.

"소자는 동해 용왕의 셋째 아들이러니 남해왕이 되어 부부(夫婦)가 친영(親迎)하여 오다가 동해 호상(湖上)에서 남섬진주 요괴(妖怪)를 만나 용녀(龍女)를 앗아가려 함에 둘이 합력(合力)하여 싸우다가 용녀는 힘이 진(盡)하여 죽고 소자 또한 어린 연고(緣故)로 신통(神通)을 부리지 못하여 달아날새, 미처 수부(水府)로 들지 못하고 인세(人世)에 멀리 나오매 기력이 진하여 다시 달아날 곳이 없는지라. 바라건대 부인은 잠깐 입을 벌리시면 몸을 피하고 후세에 은혜를 갚으리이다."

들으면서도 도저히 믿기지 않는 이야기였습니다. 부인이 입을 딱 벌리자 문득 아이는 몸을 흔들었습니다. 눈 깜짝할 사이에 아이는 사라지고 그 자리에 붉은 기운만 남더니, 어느 순간 부인의 벌린 입속으로 그 기운이 빨려 들어가 버렸지요. 그 순간 광풍이 일어나고 이상한 소리가 사방을 뒤흔들 정도로 크게 울렸습니다. 그러다 모든 것이 한순간에 멈추었지요. 둘은 어느새 태안 땅 고당주 접경(接境)에 다다른 것이었습니다. 산지였으나 그곳에는 많은 사람들이 살고 있었고, 사람들의 얼굴에는 평화로운 미소가 깃들어 있었습니다. 부부는 그곳에서 살기로 했지요.

그리고 장원은 또다시 꿈 하나를 꾸게 됩니다. 천지가 온통 어두워지더니 구름 속에서 청룡 하나가 내려와 한 선비로 변하는 꿈이었지요. 그 선비는 장원의 앞에 섰습니다. 자식을 구해준 은혜를 어찌 갚아야 할지 모르겠다는 말을 이어 꺼냈지요. 남해 용왕 필녀(畢女)는 자신의 며느리인데 신혼 중 요괴에게 죽고 말았고, 이를 불쌍히 여긴 옥제께서는 며느리와 아들을 인간 세계로 보내 인연을 다하게 하겠다는 약속을 해 주셨다고도 했습니다.

장원이 퍼뜩 눈을 뜨자 그것은 꿈이었는데, 기묘하게도 아내도 똑같이 잠에서 깨어 눈을 뜨고 있었던 것이었죠. 두 사람 모두 똑같은 꿈을 꾼 것을 이상하게 여기다가, 그 달이 지나자 장원의 아내는 태기를 느꼈습니다. 훗날 부부는 아이를 낳고 나서 남전산에서 만났던 붉은 옷의 어린아이와 똑같이 생겼다는 생각을 얼핏 했을지도 모르겠습니다. 갓난아이임에도 불구하고 그 기가 일반 사람을 훨씬 뛰어넘는 것이라, 이름을 해룡이라 하였고 자는 응천이라 하였습니다.

하지만 이게 무슨 일인지 해룡을 낳았을 때는 나라 전체가 진동할 정도로 노략질이 심해져 피난을 떠나는 백성들로 들끓기 시작했습니다. 부부 역시 해룡을 들쳐 업고 피난길에 오르지요. 하지만 시간이 지날수록 아무리 생각해도 해룡을 데리고서는 둘 다 온전치 못할 것이 뻔해 보였습니다. 아내는 장원에게 해룡과 자신을 버리고 갈 것을 애걸하며 통곡하지만, 차마 아내를 버릴 수 없었던 장원은 발걸음이 떨어지지 않았습니다. 그리하여 해룡을 버리기로 결정한 부부는 길가에 그를 앉히고 달랬습니다. 잠깐 다녀올 곳이 있으니 실과를 먹고 있으라는 말을 덧붙이면서요. 그렇게 부모는 떠나고, 해룡은 홀로 앉아 부모를 기다리며 울고 있었습니다. 도적 무리가 해룡에게 가까이 다가오고 그중 한 사람이 해룡을 죽이려 하던 그때, 장삼이란 도적이 동료를 말려 해룡을 구했지요. 불쌍한 아이는 죄가 없지 않느냐고 하면서요. 장삼은 해룡을 업고 달래다 문득 그런 생각을 합니다. 나라가 이리 되어 어쩔 수 없이 했던 도적질이었지만 본심이 아니었으니 해룡을 구해서 데리고 달아나겠다고요. 그리고 장삼은 해룡을 데리고 강남고군으로 도망을 갑니다.

장원 부부는 도망치다 문득 아이의 울음소리가 들리지 않는다는 것을 깨닫게 됩니다. 그리하여 높은 산에 올라 해룡을 버리고 온 곳을 보았는데, 해룡이 그새 사라지고 없던 것이었죠. 장원의 아내는 대성통곡을 하며 이렇게 쉽게 잃어버릴 줄 알았으면 훗날 만날 일을 기약하여 무슨 표시라도 해 두었어야 했다며 후회했지만, 장원은 그런 아내를 위로합니다. 아닌 게 아니라 해룡의 등에는 붉은 사마귀가 칠성의 자리로 나 있었기 때문이었지요. 부부는 슬픔에 잠겼습니다. 하지만 오래 지나지 않아, 조나라 장수 위세기에게 잡혀 그의 막사로 끌려가게 되지요. 하지만 위세기는 장원의 기세와 말솜씨를 보고 묶었던 결박을 풀어 줍니다. 장원은 위세기의 참모가 되지요.

참모가 된 장원은 이러저러한 계책을 내놓고 위세기는 큰 이득을 얻게 됩니다. 그에 따라 장원은 남서에 있는 작은 성, 그곳의 영지를 받게 되지요. 장원 부부는 그곳으로 가게 되었는데 이곳은 마침 산지가 험준한 지형이었습니다. 그리하여 백성들은 무기 같은 것들의 쓸모를 모르는 상태였지요. 장원은 업무에만 집중하여 모든 일을 공평하게 처리하기 시작하였는데, 장원이 관리가 되자 그곳의 백성은 새로 온 관리를 목소리 높여 칭찬했습니다.

한편 성남 조계촌에 김삼랑이라는 자가 있었는데, 매우 방탕한 생활을 즐겨 아내 막씨와의 사이가 원만하지 못했습니다. 김삼랑은 후에 조가의 여자와 결혼하여 아예 돌아오지 않았는데, 막씨는 오히려 조금도 서운해하지 않고 늙은 어머니를 봉양했지요. 그러나 집안이 가난하여 어쩔 수 없이 남의 집 품팔이를 하며 입에 겨울 풀칠을 하며 생활했습니다. 어머니가 돌아가시자 막씨는 밤낮으로 슬퍼하고 장사를 지냈으며, 안장한 선산에 초막을 지어 십여 년을 계속해서 어머니의 무덤을 지켰습니다. 둘도 없을 효부라고 칭할 만했지요.

그런 막씨 역시 어느 날 어떤 꿈을 하나 꾸었습니다. 몸이 공중에 둥실 뜨더니 문득 아름다운 세계로 들어가 버린 꿈이었지요. 한 아이가 막씨 앞에 서더니, 이렇게 말했지요. 우리 사부께서 옥제의 명을 받아 그대에게 전할 것이 있다고요. 옥제의 명이라 함은 또 무엇인가 보니, 막씨의 효심이 지극한 이유로 표창하라 명령하여 자식을 점지하고자 하였다나요. 남해 용녀와 동해 용자 중, 거처가 정해지지 않은 남해 용녀가 막씨에게 갈 것이라고 하였습니다. 그리고 막씨에게 차례로 하나씩 주어지는 선물이 있었지요. 홍의 선관은 오색 명주를 주며 16년 후 쓸 일이 있을 것이라고 하였습니다. 청의 선관은 부채를 주며 천 리라도 하루에 능히 갈 수 있는 물건이라 하였지요. 백의 선관은 붉은 부채를 주며 바람과 안개를 부릴 수 있는 물건이라 하였고요. 흑의 선관은 그에게 줄 물건이 없다며, 대신 힘을 주겠다고 말하고선 검은 기를 주었습니다.

그때 황의 선관이 내려와 일의 진행을 물었습니다. 다른 선관들이 대답하자 황의 선관은 미간을 찌푸렸습니다. 막씨가 잉태할 아이는 이름 없는 자식이 될 것이라는 이유였지요. 모두 그에 동의하며 흩어지고, 막씨는 놀라 사방을 둘러보았습니다. 이들의 자취는 어느새 구름 속으로 사라진 채 온통 폭포 흐르는 소리밖에 남지 않았다나요. 그제야 막씨는 이것이 꿈인 줄 알았답니다. 막씨는 이어 삼랑이 죽은 줄로 알고 슬퍼합니다. 그러던 어느 날, 막씨가 슬픔에 잠겨 초막에 앉아 있을 때 홀연히 사람 한 명이 그곳에 서 있게 되지요. 막씨는 아무리 봐도 그가 삼랑인 탓에 놀라 나자빠질 뻔하였습니다.

_____ "장부 나를 버리고 간 지가 거의 수십 년이라. 간 곳을 몰라 이러

하였더니 신령이 이르기를 난중에 죽었다 하매 몽사를 얻을 것이 아니로되 내 역력히 들은 고로 이에 영연(靈筵)을 배설하였더니 알지 못할게라. 살아서 오시는가. 어찌 이 깊은 밤에 거취가 분명하지 못함은 어쩐 일인고?"

삼랑은 목이 메어 이리 대답합니다. 자신은 막씨를 박대한 죄를 받았고, 후세에 가서도 죄인일 수밖에 없다고. 그러나 막씨는 오히려 자신을 위해주는 마음이라 부끄럽다고. 그래서 비록 죽은 몸이나, 막씨에게 사례를 하고 싶다고요. 그러고는 살아생전 그랬던 것처럼 하룻밤을 보냅니다. 그 후로도 삼랑은 막씨를 자주 찾아와서 친밀하게 지냈는데, 한편 막씨는 배가 점점 불러오는 탓에 걱정이 이만저만이 아니었습니다. 그리하여 딱 열 달이 되었을 때 아이를 낳았는데, 이게 웬걸, 아이가 사람이 아니고 꼭 금방울처럼 생긴 것을 낳고 말았던 것입니다. 그 아이는 금색 빛이 찬란하였는데 손으로 눌러도 돌로 깨려고 해 보아도 흠집 하나 나지 않았죠. 막씨가 이를 이상하게 여겨서 멀리 내다 버리고 왔는데, 뒤를 돌아보니 금색 방울이 졸졸 따라오는 게 아니겠어요? 깊은 물에 던져도, 어디에 갖다 두어도 마찬가지였죠.

"내 팔자가 기구하여 이 같은 괴물을 만나 후일에 반드시 큰일이 나리로다."

막씨는 금색 방울을 아궁이에 넣고 불을 때기로 합니다. 과연 불을 때자 그 어떤 기색도 없어서 막씨는 내심 안심할 수 있었죠. 그리고 닷새 후에 아궁이를 헤쳐 봅니다. 하지만 아궁이 속에서 방울이 단 하나의 흠집도 나지 않은 채 오히려 광채가 나는 게 아니겠어요? 하는 수 없이 방에 두자, 밤이 되면 품속으로 굴러오더니 낮이 되면 굴러다니며 내려앉은 새를 잡기도 하였습니다. 방울 안에는 단단한 실이 가득 들어 있었는데, 그 때문인지 아주 추울 때 방울을 안고 있으면 따뜻하기도 했지요.

그러던 어느 날 막씨가 다른 집에서 방아질을 해 주고 돌아오는 길이었습니다. 집에 들어서지도 않은 막씨에게 방울이 굴러오더니 덥석 안기는 모양새를 하였지요. 막씨가 너무 추워 집 안으로 들어가자 방울이 빛을 내기 시작하였는데, 막씨는 누가 이 기이한 일을 알기라도 할까 걱정하기 바빴습니다. 방울은 점점 자라 산도 오르고 땅도 굴러다녔지만, 흙 한 번 묻지 않았고요. 자연스레 많은 사람들이 알게 되어 여러 사람들이 금방울을 보기를 청했지만, 이상하게도 남자가 방울을 만지려고 하면 땅에 딱 달라붙은 채로 전혀 움직이지를 않았습니다.

동리에 사는 무손이라는 자는 부유하지만 매우 욕심 많은 것이 꼭 놀보를 닮은 심보였는데, 막씨가 자는 틈을 타 방울을 몰래 훔치는 일이 일어났습니다. 그날 밤 무손의 집안은 갑자기 불에 타버렸고 바람까지도 불을 도와주는 형세라 속수무책으로 모든 재산이 재로 변해버렸습니다. 무손의 처는 그 와중에도 방울을 잊지 못해서 치마에 싸서 챙겼는데, 그로부터 또 이상한 일이 일어났지요. 방울을 들고 있는 처는 매우 춥다고 하는데, 무손이 방울을 만져 보면 너무 뜨거워서 델 것 같은 느낌을 받았던 것입니다. 한참 동안 싸우던 둘은 그제야 깨닫게 되지요.

> "우리 무상하여 하늘이 내신 보물을 모르고 도적하여 왔더니 도리어 이 지경을 당하니 누구를 원망하고 누구를 탓하리오."

그러고는 방울을 잃고 울고 있는 막씨를 찾아가 용서를 빌었습니다. 다행히 막씨는 방울을 되찾았지만, 막씨와 방울의 시련은 그것으로 끝이 난 게 아니었습니다. 진심으로 용서를 빌었던 무손의 처와 달리 무손은 원심을 품고 요기로운 물건이 있다고 관아에 고발하였는데, 관아에서조차도 이 방울을 어떻게 처리할지 몰라 쩔쩔매게 된 것이었습니다. 칼로 내리치면 방울은 그 수를 늘려 매우 많아졌다가, 기름에 끓여 내면 매우 작아졌다가, 자꾸만 굴러가서 잠자리를 매우 뜨겁게 하는 식으로 굴었던 것이었죠. 하는 수 없이 잡아들였던 막씨를 풀어주는 것은 물론, 후에 막씨의 효행을 전해 들은 장관은 초막을 헐고 크게 집을 지어 막씨를 편하게 해주었다고 합니다.

막씨가 이런 일들을 겪고 있을 무렵, 장원 역시도 생각이 많았습니다. 몸이 매우 편하나 마음은 어찌 편할 수 있었을까요? 자나 깨나 두고 온 자식, 해룡 생각만 하던 장원과 장원 부인이었습니다. 장원 부인은 너무 근심이 깊은 나머지 병석에 누워 듣는 약도 없이 계속해서 시름시름 앓아가고 있었지요. 하루는 장원의 손을 꼭 잡은 채 이리 말했습니다.

"내 팔자가 기박하여 한낱 자식을 두었다가 난리 속에서 잃고 지금까지 명을 보존함을 요행으로 생전에 만나 볼까 하였더니, 십여 년이 지나도록 사생(死生)과 존망(存亡)을 알지 못하고 병이 몸속에 들어 명이 오늘에 달려 있소이다. 구천(九泉)에 돌아가도 눈을 감지 못하겠사옵니다. 바라건대 상공은 길이 보중(保重)하옵시고 혹시 해룡을 상봉하여 영광을 보옵소서."

그것이 장원 부인의 마지막 말이었습니다. 마지막 숨이 멈춘 후, 장원은 매우 커다란 슬픔을 못 이기고 혼절합니다. 그때 홀연히 바깥에서 금광을 내뿜는 방울 하나가 굴러 들어와 부인의 시체 앞에 앉는 게 아니겠어요? 곧이어 방울은 다시 떠나고 사라졌는데, 방울이 있던 자리에는 보은초라고 적힌 풀잎들이 놓여 있었습니다. 장원이 그 풀잎을 부인의 입에 넣자 놀랍게도 부인은 긴 꿈을 꾸고 일어난 사람처럼 눈을 반짝 떴고, 점점 병이 낫게 된 부인은 어느새 쾌차하게 됩니다.

부부는 그 일을 계기로 막씨와 알고 지내는 사이가 되지요. 장원의 아내는 막씨와 의자매를 맺으며 서로를 살뜰히 챙기기 시작합니다. 부부는 막씨가 낳은 금방울도 애지중지 아껴 기르었지요. 품에 안고 있는 기색을 아는 듯 금방울 역시도 부부의 품에 이리 안기고 저리 안기고 하여, 부부가 더욱 귀여워했습니다. 부부는 이 금방울을 금령이라 부르기로 합니다.

어느 날은 금령이 무언가를 가져다 놓았습니다. 부부가 자세히 보니, 이는 한 아이가 길거리에 주저앉아 우는 그림이 그려진 족자였지요. 아이의 부모로 보이는 사람은 도망치고 있는데 그 뒤로 도적이 쫓아오고, 결국엔 한 도적이 아이를 업고 촌가로 사라지는 장면을 묘사하고 있었습니다. 부부는 이것이 자신들의 이야기임을 알고 매우 슬퍼합니다. 부부는 그 족자를 침상에 걸어두고 매일 슬퍼하였지요. 그러던 와중에 금령 역시 간 곳 없이 사라지게 되고 막씨와 부부는 더욱 슬퍼하는 나날들을 보내게 됩니다.

그 당시, 태조 고황제가 즉위하여 나라의 안위를 보살피고 있었는데, 도적들로 어지러워진 나라 안을 진정시키는 데 성공적인 역할을 했습니다. 세금을 감해 주는 등의 여러 가지 정책으로 나라를 안정시키자 백성들이 성군을 드높이는 노랫소리가 나라 가득 울렸습니다. 그 황제는 늦어서야 딸 하나를 얻었는데, 이 금선공주는 자라면서 점점 아리따워지고 어여뻐진 것은 물론 효행도 남달리 뛰어나고 재주도 가득하여 황제 부부의 사랑을 잔뜩 받았습니다.

그러던 어느 날 황후는 공주와 함께 달이 뜬 밤에 후원 산책에 나섰는데, 갑자기 모두를 정신 못 차리게 만들 만큼의 크고 강한 바람이 몰아쳤습니다. 겨우 눈을 뜨고 보니 공주와 그의 시녀들이 모두 없어지고 말았지요. 황제와 황후는 샅샅이 궁궐 안을 뒤졌지만, 공주는 보이지 않았습니다. 그날 이후로 나라에는 방이 하나 붙었다고 합니다.

공주를 찾아 바치는 자 있으면 천하를 반분(半分)하고 부귀영화를 함께 하리라.

한편, 도적 장삼은 버려져 있던 해룡을 업고 고향으로 돌아옵니다. 아내 변씨는 오랜만에 돌아온 남편을 매우 반겼습니다. 더불어 이 아이는 누구인지 물었는데, 장삼은 그간의 사정을 설명하며 해룡을 소개했습니다. 변씨는 기꺼워하는 체했지만 사실 마음 깊은 곳에서는 탐탁지 않은 기색이 있었지요. 그러던 중 변씨에게 태기가 깃들게 되었고, 열 달이 지나자 남자아이를 하나 낳게 됩니다. 장삼이 매우 기뻐하며 소룡이라고 이름 지은 이 아이는 크기는 하였으나, 해룡만큼 남다른 기색을 갖추지는 못했지요. 학업을 비롯한 모든 곳에서 앞서 나가는 해룡을 친자식처럼 아끼는 장삼이, 변씨는 매우 못마땅했습니다. 하지만 해룡은 장삼의 사랑 속에서 안온한 나날을 보냈습니다.

그러던 중 해룡을 아끼던 장삼이 병을 얻어 죽게 됩니다. 장삼은 입을 겨우 뗄 수 있을 정도의 기력만 남았을 때 해룡의 손을 꼭 잡고 이리 말했습니다.

"내 너를 난중(亂中)에 얻음에 가골이 비상하거늘 업고 도망하여 문호를 빛낼까 하였더니 불행히 죽게 되니 어찌 눈을 감으며 너를 잊으리오. 변씨는 어질지 못함에 나 죽은 후에 반드시 너를 해코자 하리니, 보신지책(保身之策)은 네게 있나니 삼가 조심하라. 또한 대장부가 사소한 혐의(嫌疑)를 두지 아니하나니 소룡이 비록 불초(不肖)하나 나의 기출(己出)이니 바라건댄 거두어 주면 내 지하에 돌아갈지라도 여한이 없으리라."

그러고는 변씨와 소룡을 불러 앉히고, 해룡을 잘 챙겨 줄 것을 당부합니다. 이후 장삼이 숨을 거두자 해룡이 애통해하는 모습이 꼭 친자식과 같아, 이웃들은 모두 그의 덕을 칭송하였지요. 하지만 장삼이 죽자 변씨는 그 본색을 드러냅니다. 해룡에게 온갖 궂은일을 시키고 추운 방에서 자게 하는 등 악행을 일삼았지요. 하루는 해룡이 일을 다 끝마치지 못한 채 추운 방에서 오들오들 떨며 잠에 들었는데, 깜빡 졸았다 눈을 떠 보니 온 방이 후끈후끈한 것은 물론이었고 낮처럼 밝아져 있는 게 아니겠어요. 방앗간에 가 보니 못다 찧은 곡식도 모두 찧어져 있었고, 침상에는 못 보던 방울이 놓여 있었지요. 방울을 만지려고 하니 방울이 자꾸만 도망쳤는데 그 틈에서는 향기가 솔솔 새어 나왔습니다. 한편 변씨 모자는 더운 방에서 자고 있었는데, 갑작스럽게 추워 몸이 벌벌 떨리고 잠을 잘 수가 없었습니다. 이렇게 이 정도 추위라면 해룡이 얼어 죽었겠거니 하고 그의 방으로 향합니다.

세상이 온통 흰 눈으로 가득 쌓였는데, 해룡의 방에만 아무런 변화가 없었고 다만 검은 연기가 뿜어져 나오고 있었죠. 해룡은 변씨에게 아침 인사를 올린 후 눈을 쓸려고 하였는데, 갑작스럽게 엄청난 바람이 불더니 단번에 눈이 모두 쓸려 나갑니다. 변씨는 해룡이 이상한 요술을 부린다고 의심하여 내버려두면 훗날 큰 화를 입을 것이라 여깁니다. 그리하여 변씨는 한 가지 계책을 꾸며 해룡에게 이렇게 이르죠.

> "집안 어른이 돌아가시매, 가산이 점점 탕진하여 형편이 없음을 너도 보아 아는 바라, 우리 집의 전장이 구호동에 있더니 요즘에는 호환(虎患)이 자주 있어 사람을 상하기로, 폐농(廢農)된 지가 아마 수십 년이 된지라, 이제 그 땅을 다 일구면 너를 장가도 들이고 우리도 또한 네 덕에 좋이 잘 살면 어찌 아니 기쁘리오마는 너를 위지(危地)에 보내면 행여 후회 있을까 저어하노라."

해룡은 그렇게 구호동으로 향했는데, 그곳은 험준한 지역이었습니다. 사람의 흔적이 아예 없었지만 해룡은 겁도 먹지 않고 밭을 갈 준비를 하지요. 밭을 갈고 있을 때 호랑이 두 마리가 해룡에게 달려들자, 해룡의 뒤에 있던 금방울이 범 두 마리를 받아버립니다. 금방울의 도움을 받은 해룡은 호랑이를 죽이고 밭을 모두 가는 데 성공합니다. 변씨는 살아 돌아온 해룡이 마냥 기껍지만은 않았으나 호랑이 두 마리를 보고 칭찬하는 체합니다. 변씨는 호랑이 덫을 놓아 이들을 잡아온 체하고 관가에서 상금을 받지만, 돌아오는 길에 강도를 만나고 말지요. 강도는 변씨 모자를 잡아다 발가벗기고 나무 끝에다 높이 매달아둔 채 돈만 가지고 도망쳤는데, 이후 해룡이 이를 알고서는 이들을 구해내어 업고 돌아옵니다.

하지만 변씨 모자는 이 일을 고마워하며 은혜를 갚기는커녕 뻔뻔하게 죄를 뒤집어씌우기까지 합니다. 소룡이 사람을 살인하고 돌아오자 변씨는 소룡을 감추고서는 도리어 해룡에게 그 누명을 뒤집어씌운 것이죠. 해룡은 장삼의 은혜를 갚고자 하여 순순히 끌려가는데, 관아의 관리들은 곧 이상한 점을 발견하게 됩니다. 칼을 쓴 해룡의 몸에서 자꾸만 금빛이 흘러나오고, 밤이면 자꾸만 비단 이불을 덮고 자는 모습을 보았다는 사람들이 나온 것이었죠.

한편 이 고을의 장관에게는 아이 하나가 있었습니다. 해룡이 매를 맞을 때 옆에서 아이가 노는 일이 있었는데, 다른 죄인의 앞에서는 그러지 않던 아이가 자꾸만 울며 기절을 하는 일이 생겼죠. 장관, 즉 지현은 이를 괴이하게 여기면서도 일단 해룡을 때리던 매를 그치라 명령합니다. 또 하루는 장관이 아이를 누이고 재우고 있었는데, 문득 보니 아이가 간데없이 사라지는 일이 생깁니다. 사방으로 찾아도 보이지 않던 아이가 해룡의 옥 안에서 울고 있던 것을 본 지현은 그 즉시 해룡을 엄벌에 처할 것을 명령합니다. 하지만 이번에도 아이는 자지러지듯 울고 기절하다가, 해룡에게 가해지는 처벌이 멈출 때만 방긋거리며 웃었지요. 아이가 자꾸만 해룡이 있는 옥중으로 가자고 조르는 탓에 지현은 아이의 말을 들어 줄 수밖에 없었습니다. 그날부터 해룡은 지현 부부의 아이를 보는 일을 하게 되었지요.

이 말을 들은 변씨는 또다시 곤경에 빠진 듯한 기분을 느낍니다. 누명을 쓰게 된 해룡이 모든 사실을 말하는 순간, 자신과 소룡은 큰 벌을 받을 일이 자명했으니까요. 그리하여 이번에야말로 해룡을 처리해야겠다고 생각하여, 해룡이 혼자 집에서 자는 날 불을 냅니다. 해룡은 하늘을 향해 원망의 말을 한 번 중얼거린 후, 장삼의 묘에 가서 통곡하여 힘든 마음을 표현하지요. 그 후 아예 마을을 떠나고 맙니다.

훗날 변씨는 해룡이 죽었나 싶어 집에 와 보았는데, 해룡의 시체는 없고 오직 해룡의 방만이 불에 타지 않은 채로 멀쩡히 남아 있는 것을 보고 괴이하게 여깁니다. 더불어 해룡의 방 벽면에 그의 생애를 적은 글씨가 남아 있었는데, 혹여라도 남이 볼까 두려워 변씨는 그 방마저 불살라버립니다. 그러고는 행랑살이하듯, 아들 소룡과 함께 외헌에서 살게 됩니다.

해룡이 길을 가다 문득 길을 잃게 되었을 때 어디선가 금령이 나타나 그를 인도해 주었습니다. 그러나 마주친 머리 아홉 개 달린 괴물에게 금령이 잡아먹히고, 해룡은 굉장히 낙심하며 슬퍼합니다. 그때 하늘에서 어서 빨리 금령을 구하라는 호통이 들려오죠. 해룡은 호통을 듣고 마음을 단단히 먹고 괴물이 사라진 폭포 속으로 따라 들어갑니다. 짐작도 되지 않을 정도로 시간이 흘렀을 때, 그제야 하늘이 밝아지더니 주위를 알아볼 수 있을 정도가 되었습니다. '남천산 봉래동'이라는 글자가 새겨진 이곳은 요괴에게 잡혀간 여자들이 있는 곳이었지요. 그들은 이렇게 슬퍼하고 있었습니다.

> "우리도 언제나 이곳을 벗어나 고국에 돌아가 부모님을 만나 뵈옵고, 우리도 팔자가 기박하여 이처럼 공주 낭랑과 같이 하니 이도 또한 팔자에 매인 천수(天數)인가."

해룡은 자신이 그 악귀를 물리치러 왔다고 알립니다. 이 여자들은 바로 금선공주와 그 시녀들이었지요. 해룡은 공주가 건네준 보검으로 요괴의 가슴을 찔러 죽이고, 성공적으로 금령을 구출해 냅니다. 그러고는 금선공주를 찾았다며 황제와 황후에게 고합니다. 공주가 궁으로 돌아가는 날 온 백성의 환호성이 거리를 울렸고 모두가 진심으로 기뻐하였다고 합니다. 해룡은 부마가 되고, 그렇게 행복하고 평화로운 나날들이 계속해서 이어지는 듯했습니다.

북방의 흉노 천달이 쳐들어오기 전까지는 그러했지요. 해룡은 황제가 말렸음에도 불구하고 앞으로 나서 이렇게 말했습니다.

> "신이 나이 어리고 재주 없으나 원컨대 군사를 주시면 북노를 쓸어 버리고 성은의 만분지 일이라도 갚고자 하옵니다."

해룡은 그렇게 전쟁터에 나가 원수와 맞붙게 됩니다. 몇 합이 지나도록 결판이 나지 않자, 적장 호각은 계교를 써서 해룡을 잡기로 결심하지요. 해룡은 그 간계에 빠져, 허수아비 가득히 둘러싸인 곳에서 불에 타 죽을 위기를 맞게 됩니다. 하지만 그때 금령이 또다시 해룡을 구해내지요. 금령이 뜨거운 불길을 무릅쓰고 해룡 앞으로 굴러와 찬바람을 일으킨 것입니다. 불길은 해룡에게 미치지 않은 채 다른 곳으로 향하기 시작했고, 해룡은 다시 한번 금령 덕분에 목숨을 구할 수 있었습니다. 살아남은 해룡은 더욱 의지로 불타기 시작했고, 그런 해룡이 떠올린 간계로 적군을 물리칩니다. 황제는 해룡을 매우 기특하게 여기고 그의 공을 치하했지요.

> "짐이 경을 전장에 보내고 주야로 침식이 불안하더니 이제 경이 승전하고 개가를 불러 돌아와 짐의 근심을 없게 하니 옛날의 장량(張良)과 공명(公明)인들 이에서 더할 바리오. 경의 공을 무엇으로 다 갚으리오."

해룡이 그렇게 승승장구하며 공을 세우고 있을 무렵, 황후는 기이한 족자 하나를 금령에게서 받게 됩니다. 아이 하나가 부모를 잃은 채 산속에서 울고 있는 그런 족자였지요. 이것은 장원 부부가 받은 것과 매우 흡사하였는데, 해룡은 이 족자를 보고서는 그저 눈물만 흘릴 뿐이었습니다. 자신의 어린 시절이 생각나 또다시 슬픈 마음을 금치 못하였기 때문이었습니다. 혹여나 싶어 이 족자를 그저 잘 보관해둘 뿐이었지요. 한편, 그렇게 슬픈 눈물을 흘리는 것은 해룡뿐만이 아니었습니다.

막씨와 장원 부부 역시 그러했습니다. 막씨는 금방울을 잃어버린 슬픔으로, 장원 부부는 금방울이 두고 간 족자를 보며 잃어버린 아들을 떠올리는 고통으로 울며 지내는 나날이었습니다. 서로의 아픔을 밤새도록 나누며 얘기하던 어느 날, 문득 문이 열리더니 금령이 굴러 들어올 때까지만 해도 말입니다. 막씨는 기뻐하며 금령을 품에 안고 반기다 잠이 들었는데 또 꿈을 하나 꾸게 됩니다. 그것은 장원 부인 역시 마찬가지였지요.

> "그대들의 액운(厄運)이 다하였으니 오래지 아니하여 아들이 이 길로 갈 것이니 때를 잃지 말라."

장원 부인에게는 이렇게 말하고, 막씨에게는 여자아이의 얼굴을 보면 자연히 알 것이라는 뜻 모를 말을 합니다. 선관은 그리 말하고 금령을 만졌는데, 금방울이 터지더니 선녀 하나가 나와 선관들이 주었던 다섯 가지 보배를 모두 다시 돌려주었죠. 꿈은 그렇게 끝나고 막씨는 깜짝 놀라 일어나 앉았는데, 곁에는 금령 대신 꿈속 선녀가 잠들어 있었습니다. 막씨는 이아이를 금령으로 여기고, 이름을 금령이라 그대로 짓되 자를 선애라고 하였습니다.

한편 마을에는 다시 흉흉한 기색이 감돌아 도적을 만날까 두려워하는 사람들이 늘었는데 주현은 이를 제어하지 못해 근심 걱정을 하고 있던 차였습니다. 황제가 이를 듣고 고민하자 마침 해룡은 자신이 이를 처리해 보겠다고 나서지요. 해룡은 길을 가는 내내 백성들의 환영을 받게 됩니다. 그리하여 계속하여 발걸음을 재촉하였는데, 장삼의 묘지를 지날 일이 생기게 되어 그 앞에서 잠시 발걸음을 멈추었습니다. 해룡은 이후 변씨 모자를 다시 불렀는데, 걸인이 된 변씨 모자를 보고 안타까움을 금치 못했지요. 그들에게 돈 만 관과 비단 백 필을 주며 이것으로 은혜를 갚으려 하였는데, 변씨 모자는 그제야 자신들의 잘못을 진심으로 뉘우칩니다. 훗날 그들은 그 땅에서 유명한 부자가 되었고, 해룡의 은덕을 영영토록 잊지 않았다고 합니다.

해룡은 또다시 길을 떠나 뇌양 고을을 지나게 됩니다. 그는 객사에서 묵게 되었는데, 기이한 꿈을 꾸고 일어나 본관에 들어갔는데 그곳에 자신의 족자와 똑같은 것이 벽에 걸려 있던 것이었죠. 해룡이 그림에 얽힌 사연을 묻자 본관은 슬픈 듯이 말을 꺼냈습니다.

> "뒤늦게야 한 자식을 낳았더니 난중에 잃은 지 십팔 년이라 사생존망(死生存亡)을 알지 못하여 주야(晝夜)로 각골(刻骨)하더니 마침 이인(異人)을 만나 그림을 그려 주기로 걸어 두고 보고 있소이다."

해룡은 자꾸만 캐묻습니다. 해룡에게 똑같은 족자가 있다는 것, 모두 다 금방울이 물어다 주었다는 것을 알게 된 두 사람은 가슴이 쿵 내려앉는 듯했지요. 본관은 겨우 입을 열어 떨리는 목소리로 말합니다. 자신의 아이에게는 등에 사마귀가 칠성 모양으로 나 있다고 말입니다. 해룡은 그제야 그 아이가 자신을 말하는 것임을 깨닫고 대성통곡하기 시작합니다. 헤어졌던 부모와 자식이 다시 만나는 기쁨을 어찌 측량할 수 있을까요? 헤아릴 수 없는 반가움을 나누고 나자 해룡은 금령을 다시 만나고자 하였습니다. 해룡은 황제에게 금방울과의 사연과, 금방울이 금령이라는 사람으로 환생했다는 것을 알리죠.

양가 부모님과 황제의 커다란 축하 아래 해룡과 금령은 드디어 성대한 결혼식을 올리게 됩니다. 금선공주와 금령은 해룡과 끊을 수 없는 금슬을 자랑하면서도 서로의 우애를 깊이 다집니다. 금선공주와는 일남 일녀를, 금령과는 일남 이녀를 두었는데 모두가 훌륭한 장군과 숙녀의 기색을 갖추어 더 바랄 것이 없었지요. 이들은 나중에 장성하여 모두 높은 관직을 얻고 명문가의 자손과 혼인하여 대대손손 번성하였는데, 훗날 사람들의 칭송이 자자했다고 합니다.

작자도 창작된 연도도 알 수 없는 〈금방울전〉은 설화적 성격이 짙은 작품입니다. 또한 〈금방울전〉은 많은 독자들의 사랑을 받은 작품 중 하나로 알려져 있습니다. 신혼에 금령은 죽임을 당했고, 해룡은 죽음을 피하려 인간으로 환생하게 되면서 그들의 이야기는 시작됩니다. 동해용왕의 아들과 남해용왕의 딸이라는 특별한 신분에도 불구하고 둘은 계속해서 힘든 산을 넘지요. 하지만 해룡이 고난을 이겨내는 데 금령이 적극적으로 도움을 주고, 해룡이 금령과 마침내 결혼하게 되는 이야기는 독자 누구라도 응원하지 않을 수 없겠습니다.

〈금방울전〉에서 금령과 해룡은 끊임없이 고난을 겪으며 성숙한 자아를 이루어 갑니다. 이 소설은 고난과 역경을 통한 성장이라는 주제를 다루고 있으며, 두 인물은 사랑을 통해 자신의 한계를 극복해 나갑니다. 해룡은 인간으로 환생하면서 자신의 신분과 운명을 극복하려고 하며, 금령은 사랑을 지키기 위해 자기 자신을 희생하는 과정을 겪지요.

　이들은 고난 속에서 시련을 이겨내고 결국 사랑과 정의를 실현하는데, 이는 불완전한 인간이 불완전한 세상에서 어떻게 자기 자신을 변화시키는지를 보여줍니다. 또한 이 과정은 인간 존재의 의미를 되새기게 하며, 극복과 성장을 통해 인간이 지향하는 바를 명확하게 제시하고 있지요.

　〈금방울전〉의 주인공과 〈김원전〉의 큰아들의 이름이 같으며, 〈용퇴치자〉에서 나온 머리 아홉 개 달린 요괴가 등장한다는 점, 그리고 〈박씨전〉처럼 금방울이 변신한다는 점을 미루어 볼 때 이 작품은 많은 소설의 영향을 받은 것 같습니다. 여주인공의 적극적인 행동은 여성 독자의 의식을 반영한 것으로 보이고, 특권 획득을 통해 신분 상승을 이루는 부분은 피지배계층 독자들의 의식을 반영한 것이라는 해석도 있지요.

　특권을 가지고 태어났지만 그 특권을 온전히 누리지 못하는 주인공들의 모습은 아이러니하게도 특권을 가지지 못한 사

람들을 대변하여 위로를 건넵니다. 그들의 힘겨운 삶이 피지
배계층의 독자들과 유사하기 때문이고, 그럼에도 불구하고 앞
으로 나아가는 모습이 독자들을 일으켜 세우기 때문일 것입
니다. 고난을 이겨내고 오래오래 행복하게 살았다는 작품이
오랫동안 사랑받는 이유는 바로 여기서부터 기인하지요.

이 작품은 특히나 금령의 활약이 두드러집니다. 단순한 조
력자나 애정의 대상이 아니라 주인공과 거의 대등한 영웅의
위치로 올라간 금령의 모습은 많은 여성 독자들에게 카타르
시스를 안겨줍니다. 적극성을 갖추고 능동적으로 길들을 개척
해 가는 금령의 모습은 현재의 독자들에게도 많은 시사점을
주지요. 모든 게 막막할 때면 〈금방울전〉을 펼쳐보세요. 인물
들이 헤쳐 나가는 수많은 시련들과 함께하며 더욱 단단해져
있을 것입니다.

## 운명을 바꾼 사랑:
## 정수정의 전설

**정수정전**

송나라 태종황제 시절에 병부상서와 표기장군을 지내던 정국공이라는 재상이 있었습니다. 문식과 무략을 모두 갖추어, 조정에서든 민가의 거리에서든 모든 사람들이 그를 우러러 보았지요. 그러나 그에게는 아무도 해결해 주지 못하는 한 가지 고민이 있었습니다. 그게 무엇인가 하니, 슬하에 자식 하나 없었다는 것이었지요. 어느 날 정국공은 그의 부인 양씨를 불러 이렇게 말했습니다.

> "우리 부귀(富貴) 일세(一世)에 으뜸이로되, 조전향화(祖前香火)를 어찌 하리오. 내 벼슬이 공후(公侯)에 거(居)함에 족히 두 부인을 둠직 한지라, 행여 생자(生子)하면 후사(後事)를 이을 것이니, 부인 소견(所見)이 어떠하뇨?"

두 번째 부인을 맞아들여 후사를 잇자는 이야기인데, 양씨는 이에 동의합니다. 아이가 없는 것을 자신의 탓으로 돌리며 어찌 두 번째 부인을 거부할 수 있겠냐고 말하면서요. 하지만 아내 역시 심란한 마음을 금치 않을 수 없었습니다. 그리하여 남편의 위로에도 끊임없이 눈물이 나는 것 역시 어쩔 수 없는 일이었지요. 그날 밤까지도 양씨는 매우 심란했습니다. 양씨는 시녀 한 명을 데리고 추양각에 올라 달을 바라보았습니다. 무정한 달은 어찌 저렇게 밝게 빛나나 하고요. 양씨는 그런 생각을 하다 꾸벅꾸벅 졸았는데, 그런 양씨에게 동쪽에서부터 오색구름이 일어나 몰려왔습니다. 이건 꿈일까, 생시일까?

"부인이 우리를 아시나이까? 상제(上帝)께옵서 우리를 보내어 부인에 차물(此物)을 드리라 하시기로, 이 벽련화를 부인께 드리나이다."

오색구름에서 나타난 자들은 다름 아닌 하늘의 선녀들이었습니다. 나풀나풀 날개옷을 입은 채로 곱게 웃는 자태는 마치 천상의 것이 아니라고 감히 생각할 수 없었죠. 선녀들은 옥황상제의 명이라며 벽련화를 양씨에게 건넵니다. 그 순간 양씨는 화들짝 놀라 잠에서 깨지요. 모두 꿈이었던 것입니다. 이건 필시 어떠한 계시라고 생각한 양씨는 남쪽 하늘을 향해 계속해서 감사 인사를 합니다. 그러고는 돌아서다 무언가를 발견하고 소스라치게 놀라지요. 바로 꿈에서 보았던 벽련화가 양씨의 앞에 그대로 놓여 있는 것이었습니다. 꿈에서 보았던

꽃이 그대로 나타나다니! 매우 신기하게 여긴 양씨가 꽃을 집어 자세히 보려고 하던 순간, 세차고 사나운 바람이 몰아닥쳐 꽃잎이 모두 흩날리고 맙니다. 양씨는 한밤의 아주 신비로운 꿈을 경험한 것 같은 기분이 되어 돌아왔지요. 그러고는 즉시 남편에게 이 이야기를 전합니다.

정국공은 필시 이 꿈이 태몽일 것이라 여깁니다. 아이가 없던 차에 이게 웬 길몽인지, 둘은 몹시 기뻐하며 하루하루 손꼽아 아기를 기다립니다. 과연 그달에 바로 아기가 생기더니 열 달이 지나자 양씨는 곧이어 순산하는 날만 남겨 두고 있었습니다. 그러던 어느 날, 양씨에게 또다시 신비한 일이 벌어집니다. 침실에 누워 있는데 선녀들이 내려오더니 이리 말하지 않겠어요?

"월궁항아(月宮姮娥)의 명으로 해복(解腹)하심을 기다리나이다."

또다시 오색구름이 집을 부드럽게 에워쌌습니다. 양씨는 아픈 줄도 모르고 아이를 낳아 품에 안고 있었지요. 한 쌍의 선녀들은 그 아이를 받더니 향기로운 물로 조심스럽게 씻겼습니다. 선녀들은 아이를 다시 양씨의 옆에 누이고는 이렇게 말했습니다.

"이 아이 이름은 수정이오니, 차아(此兒) 배필(配匹)은 황성(皇城)에 있으니, 때를 잃지 마옵소서."

한 쌍의 선녀가 홀연히 사라지고 나서, 조금 후 정국공이 들어옵니다. 하지만 양씨는 이 이상하고 아름다운 일을 인간의 말로 설명해 낼 재간이 없었지요. 다만 정국공은 잠들어 있는 아이를 보자, 아주 빼어나고 아름다워 달에 사는 선녀가 환생한 것 같다고 생각했습니다.

세월이 느린 듯 빠른 듯 흐르더니 어느덧 5년이 지났습니다. 5살의 수정은 날이 갈수록 빼어난 자태를 뽐내, 꽃도 시기 질투를 할 정도였지요. 부부는 수정을 애지중지 길렀습니다.

그러던 어느 날, 정국공은 장운이라는 자와 담소를 나누었지요. 장운에게는 아들이 하나 있었는데 정국공은 그 아들을 보고 싶다고 청합니다. 장운은 바로 그 명을 받들어 아들을 불러내죠. 장운의 아들은 한눈에 보아도 과연 풍채가 대단하고 재주와 지혜가 넘쳐 보였습니다. 정국공은 그를 놓치고 싶지 않다 생각하여, 즐거운 마음에 이리 말을 꺼냅니다.

"내 일찍 한 여식(女息)을 두었으니, 나이 십 세라. 짐짓 차인(此人)에 배우(配偶)로다. 우리 양인(兩人)이 이렇듯 심밀(甚密)한 가운데, 가히 슬하(膝下)에 재미를 봄직 한지라, 가히 배우(配偶)를 정함이 어떠하뇨?"

정국공은 그의 아들이 수정의 배필로 딱이라고 여긴 것이었죠. 장운 역시도 그것이 좋다 여겼는지 귀한 백옥홀을 내어다가 정국공에게 건넵니다.

"차물(此物)이 비록 대단치 않으나 선조(先祖)부터 결혼시(結婚時)에 신물(信物)을 삼았사오니, 이로써 정약(定約)하나이다."

백옥홀을 줌으로써 이 약조를 굳건히 하자고 말하는 장운의 말에 정국공은 푸른빛의 부채를 건네죠. 정국공은 훌륭한 사위를 얻게 되어 매우 기분이 좋았습니다. 집에 돌아오자마자 아내 양씨에게 수정의 배필을 구해 왔다며 신이 나서 말합니다.

한편, 예부상서 진량이라는 자가 있었습니다. 진량은 매우 간악하고 교만했지만 황제의 총애를 받는 자였는데, 정국공은 매번 황제에게 충언을 올려 그를 멀리하라 아뢰었죠. 진량 역시 그러한 사실을 알게 된 후로 정국공을 해칠 기회만을 엿보고 있었습니다. 마침 태종의 탄신일 날, 모든 신하가 조회에 참석했을 때 오직 정국공만이 병에 걸려 미처 참석하지 못하였죠. 황제가 정국공의 병에 대해 궁금해할 때 진량은 얼른 나서며 이렇게 말했습니다.

"정국공은 간악(姦惡)한 사람이라 그 병세(病勢)를 신이 자세히 아나이다. 정국공이 요사이 탑전(榻前)에 조회하는 것이 다르옵고, 신이 정국공의 집에 가오니, 정국공의 말이 수상하옵더니, 오늘 조회에 불참하오니 반드시 사고(私考)가 있는 줄 아나이다."

진량은 이렇듯 거짓으로 황제에게 고합니다. 아끼던 신하가 그런 말을 올리자, 황제는 진노하여 정국공에게 벌을 내리라 지시했죠. 중관(中官)이 가까스로 황제를 말렸습니다. 정국공의 죄가 명백하지 않은데 어찌 벌을 무겁게 내릴 수 있겠냐고 하면서요. 그리하여 황제는 결국 정국공을 귀양 보내기로 합니다. 중관이 그러한 명을 전하자, 병에 걸린 정국공은 매우 슬피 울며 탄식하였죠.

"내 일찍 국은(國恩)을 갚을까 하였더니, 소인에 참언(讒言)을 입어 이제 찬출(竄黜)을 당하니 어찌 애달프지 않으리오."

정국공은 진량의 거짓된 말에 의해 귀양을 가게 된 일이 매우 서글펐습니다. 하지만 황명은 거부할 수가 없었지요. 결국 정국공은 부인과 딸에게 당부의 말을 일러주고는 길을 떠났습니다. 모녀는 매우 억울했지만 아무 말도 하지 못한 채로 그를 배웅했고요. 정국공은 그때부터 속에 병을 키워 왔던 것일까요? 귀양지에 도착한 직후, 슬픔을 머금고 세월을 보내던 그는 세 달 만에 병을 얻게 됩니다. 그로부터 그가 세상을 떠날 때까지는 그리 오랜 시간이 걸리지 않았습니다. 그가 죽었다는 말을 전해 듣자마자 모녀는 혼절했다가 오랜 후에야 숨을 내쉬었습니다. 비 오듯 눈물을 흘렸던 그날은 수정이 11세였을 때의 일이었습니다.

금슬이 좋은 부부는 종종 원앙으로 비유하곤 하지요. 금슬 하면 어디서도 빼놓을 수 없었던 정국공과 양씨 부부여서 그랬던 건지, 남편의 소식을 듣고 얼마 지나지 않아 양씨는 병을 얻었습니다. 양씨의 숨이 넘어 갈락 말락할 때 수정은 그 앞에서 이리 말하며 통곡했지요.

> "부친(父親)이 만리절역(萬里絶域)에서 기세(棄世)하시고, 또 모친(母親)이 이렇듯 하시니, 소녀 뉘를 의지하여 부친 영구(靈柩)를 받들어 안장(安葬)하며, 일명(一命)을 어찌 보전하리요."

수정은 홀로 이 세상에서 살아갈 일이 막막하게만 느껴졌습니다. 부인 역시 눈에 넣어도 아프지 않을 딸을 홀로 두고 가는 것이 편치만은 않았습니다. 수정을 생각하면 죽어서도 원이 맺혀 한이 가득 쌓일 것만 같았죠.

> "상공의 시신을 미처 거두지 못하여서 내 또한 죽기에 이르니, 내 죽기는 섧지 아니하거니와, 네 경상(景狀)을 생각하면 구천(九泉)에 원혼(冤魂)이 되리로다."

양씨가 눈을 감는 날, 수정은 숨이 막히는 듯한 슬픔을 느꼈습니다. 그렇게 눈물을 뚝뚝 흘리면서도, 장사를 지내는 날이 오자 부모님을 모실 수밖에 없었습니다. 돌아온 아버지의 시체까지 모두 장례를 치르는 나날이었지요. 정국공의 친우 장운은 이런 수정을 매우 안타깝게 여겨 자주 왕래하며 그를 챙겼습니다. 수정은 장운을 집안의 어른처럼 대하며 공경하였고요. 하지만 곧이어 장운 역시도 병을 얻어 세상을 뜨고 맙니다. 수정은 막막하여 이렇게 중얼거렸습니다.

"우리 부친 생시(生時) 언약(言約)을 굳게 하고, 피차 신물(信物)을 받았으니, 나는 곧 그 집 사람이라. 내 팔자 기험(崎險)하여, 장상서 또한 기세(棄世)하여 계시니, 어찌 살기를 도모하리오."

수정은 자신의 팔자 때문에 혼약으로 묶인 장운의 집에까지 이런 변고가 생긴 것이라 여기며 슬퍼합니다. 그러던 중, 수정에게는 문득 한 가지의 계책이 떠오릅니다. 유모를 불러 이것저것 챙겨오게 하더니 어느 날부터 정국공의 집에서는 딸이 보이지 않게 되었습니다. 남성의 의복을 갖춰 입고, 매일 말을 타고 창 쓰기 수련에 매진하며, 병법을 읽고 익히는 수정이 있을 뿐이었지요.

한편 장운의 하나뿐인 아들, 장연은 아버지를 떠나보낸 후 삼년상을 모두 마쳤습니다. 장성하여 과업에 힘써야 할 때임을 깨달은 장연은 글공부를 열심히 하여 과거에 장원으로 급제했지요. 이에 황제는 매우 기뻐하며 그를 한림학사로 제수합니다.

해가 바뀌고, 또다시 과거 시험이 열립니다. 계속해서 열심히 자신을 갈고닦은 수정은 과거 시험을 보러 길을 떠나죠. 노력이 헛되지 않았던 것일까요. 수정의 글은 단박에 황제의 눈에 들어 그의 마음까지 사로잡습니다. 이 훌륭한 글이 누구의 것이냐? 하고 보았더니 글쎄, 딸밖에 없다던 정국공의 아들이 쓴 글이라지 않겠습니까?

"정국공이 아들이 없다 하더니 이 같은 기자(奇子) 둠을 몰랐도다."
"정국공이 본래 아들이 없음을 신이 익히 아옵는 바라. 연(然)하여 정수정이 나라를 기망(欺罔)하옵고, 정국공의 아들이라 하오니 폐하는 살피소서."

그리 의아해하면서도 감탄하는 황제에게 얼른 고해바치는 목소리가 있었습니다. 바로 정국공을 죽음으로 몰아넣은 장본인, 진량이었죠. 수정은 바로 그를 알아보았습니다. 꿈에서도 잊지 못할 아버지의 원수였죠. 수정의 눈에서는 단박에 눈물이 비 오듯 쏟아지고, 입에서는 호통이 터져 나왔습니다.

"네 국가를 속이고 대신을 모해(謀害)하던 진량이냐? 무슨 원수로 우리 부친을 해하여 만리(萬里) 절역(絶域)에서 죽게 하고, 이제 나를 또 해코자 하며, 가층(假層) 부대(附帶)라 하니, 천륜이 어찌 중(重)하거든, 무륜(無倫) 패상(敗常)을 하는 말을 군부지전(君父之前)에서 하는가. 이제 네 간을 씹고자 하노라."

이 말을 들은 황제는 모든 전말을 알게 되지요. 황제는 그리 총애하던 진량을 멀리 귀양 보낸 후 수정을 한림학사 겸 간의태부에 제수합니다. 수정이 어느 집안인지 알게 된 장연은 그에게 다가와 반갑게 말을 붙였습니다. 장연 역시 그의 아버지가 수정의 집안과 혼인을 약조하였다는 것을 알고 있었기 때문이었습니다. 이리 만난 것도 연인데 다시 혼인 날짜를 잡자 하고요. 장연은 당연히 수정이 본래 여자라는 것을 몰랐습니다. 그리하여 수정은 자신의 여동생이 부모님이 돌아가신 후 울기만 하다 죽어버렸다고 이야기합니다. 경황이 없어 소식을 전하지 못했다 하면서요. 그렇게 수정은 철저히 '남성'의 삶을 살기로 결심한 것입니다.

여러 날이 흐르고, 강서 도독 한복은 황제에게 글을 올립니다.

북방 오랑캐가 기병(起兵)하여 관북 칠십여 성을 항복 받고, 어남 태수 장보를 참(斬)하고 병세(兵勢) 호대(浩大)하다.

바로 북방 오랑캐가 쳐들어온다는 것이었습니다. 누군가가 이리 말하였죠. 정수정이 문무겸비하였고 벼슬이 또한 표기장 군이오니, 가히 적병을 막으리라, 하고요. 수정은 바로 평북대 원수 겸 제도병마도총 대도독으로 임명되어 진군하게 됩니다. 길을 떠나기 전 황제는 수정에게 인검을 내리죠. 명령에 위반 하는 자가 있다면 판단하여 먼저 베어버리라는 허락과 같은 것이었습니다. 수정은 황제에게 요청하여 당시 이부상서를 지 내고 있던 장연을 부원수로 삼기로 하였고요. 이제 수정은 장 연에게 명령을 내릴 수 있게 된 것이었습니다.

수정은 장연과 함께 행군하여 기주에 다다릅니다. 오랑캐 장수 마웅이 문을 열고 창을 휘두르며 군사를 이끌었습니다. 둘이 마침내 마주 하자, 수정은 장수에게 이리 말합니다.

"무지한 오랑캐 천시(天時)를 모르고, 무단(無斷)히 기병(起兵)하여 지경(地境)을 침노(侵擄)함에 황제께서 대노하여 이르시기를, 너희 를 소멸(消滅)하라 하시니 빨리 목을 늘이어 내 칼을 받으라."

마웅은 극노합니다. 그리하여 맹달통이라는 자에게 수정 을 상대하라 명령하죠. 맹달통은 수정을 매우 낮잡아보며 어 서 빨리 나와 자신의 칼을 받으라며 호통칩니다. 젖내 나는 어 린애. 오랑캐 군사들의 눈에 수정은 딱 그 정도로 보였기 때문 이었습니다. 선봉에 섰던 관영이라는 자가 맹달통과 맞서 싸

웠는데 칼이 서로 부딪히는 소리로 미루어보아 총 십여 합[16]이 넘었다고 합니다. 맹달통의 창이 관영의 말에게로 향하면서, 관영이 말에서 떨어지는 것을 본 수정은 바로 맹달통에게 달려듭니다. 삼 합이 못 되게 칼이 맞부딪힌 후 맹달통의 머리가 목에서 굴러떨어지자 마웅은 도망치기 시작했습니다. 수정은 적진을 정면으로 돌파하며 마웅을 뒤쫓죠. 그중 오랑캐의 또 다른 장수 오평이 수정과 맞섭니다. 수정은 오평과 싸우는 동안, 자신을 막지 않았던 오랑캐 군사들이 사방에서 달려드는 것을 눈치챕니다. 오평과 싸우는 것을 포기하고 달아나자 마웅은 군사들을 시켜 수정을 에워싸고 공격하게 하지요.

하지만 수정은 이에 굴하지 않습니다. 왼손에 장창을, 오른손에 보검을 들고 휘두르자 적군의 머리가 낙엽처럼 굴러떨어졌습니다. 오랑캐 장수들이 이를 당하지 못하여 사방으로 흩어지자 마웅은 이를 갈며 사납게 화를 냈습니다. 저런 풋내기 애송이 하나를 못 잡아서 이런 사달이 나냐고 소리를 칩니다. 이 한 마디만을 남긴 채 제 화를 이기지 못해 혼절하고 말았습니다.

"조그마한 아이를 에워도 잡지 못하고, 도리어 장졸만 죽이니 이는 하늘이 나를 망하게 하심이다."

---

16 칼이나 창으로 싸울 때, 칼이나 창이 서로 마주치는 횟수를 세는 단위

이후 마웅은 후퇴하여 물 건너 진을 치고 오평을 선봉으로 삼았습니다. 수정은 그것이 지원병을 청하려 함이라는 것을 간파하였죠. 그들이 아무런 태세도 갖추지 못한 밤에, 수정은 군사들을 치기로 하는 계책을 실행하기로 했습니다.

아주 고요한 밤이었습니다. 잠에서 문득 깬 새가 기지개 켜는 소리도, 풀이 흩날리는 바람 소리도 전혀 들리지 않았죠. 그 순간 수정의 군사들은 다리를 건너 오랑캐의 기지로 향하고 있었습니다. 살금살금 걸어 모두가 도착한 그 순간에, 대포 소리가 울려 퍼지더니 사방에서 불꽃이 거칠게 타오릅니다. 사방에서 타지 않는 것이 없어 마치 낮처럼 뜨겁고 밝았지요. 산천이 험악하고 길이 좁은 그곳에서 적군들은 우왕좌왕 당황하며 쉬이 도망치지 못했습니다.

군사를 이끌고 도망치는 마웅의 앞을 수정이 막았고, 뒤로 향하는 퇴로는 기주자사 손경이 맡았지요. 왼쪽으로 급히 도망친 마웅은 그곳에서 기다리고 있던 부원수 장연을 만납니다. 그 틈을 타 수정은 마웅을 베어 죽이는 데 성공합니다. 눈앞에서 지휘자가 죽는 것을 보게 된 오평은 모든 것을 버리고 도망치기 시작하죠. 명줄을 붙잡는 데 성공했나 싶더니, 큰 산을 넘고 홍양에 도착하자마자 또다시 기다리고 있던 위수대장 한복에게 붙잡히게 됩니다. 이후 수정은 오평 역시 베어버리라는 명을 내리죠.

수정은 그렇게 호족을 무찌르고 대승을 거둔 채 돌아옵니다. 수정에 대한 황제의 신뢰는 매우 굳건해져 갔습니다. 그러다 보니, 수정에게 부마 자리가 제안된 것도 이상한 일은 아니었을 겁니다. 황제는 수정과 장연을 부마[17] 삼으려 한다며 신하들의 의견을 구하고, 그들 역시도 마땅한 일이라 소리 높여 말했습니다. 수정은 혼비백산하여 그의 제안을 거절하려 하지만, 상대는 황제였습니다. 신하들까지도 모두 찬성하는 마당에 수정 한 명만이 그의 의지를 꺾을 수는 없는 노릇이었지요.

자신과 결혼할 수정의 여동생이 죽었다고 알고 있었던 장연은 이미 결혼을 한 상태였지만, 황제는 장연의 벼슬이 높으니 두 명의 처가 있어도 괜찮겠다며 그대로 혼사를 추진합니다. 남자로 살아가는 여성 수정에게는 피할 수 없는 고난의 길이었지요. 수정은 황제를 찾아가 사실대로 고하기로 합니다.

> "신의 나이 십일 세에 아비 절강 적소(謫所)에서 죽사오니, 혈혈(孑孑) 여자 의탁할 곳이 없어, 외람한 뜻을 내여 천지를 속이고, 음양변체(陰陽變體)하여 입신양명(立身揚名)하옴은, 원수(怨讐) 진량을 베여 아비 원혼(冤魂)을 위로할까 함이러니…(중략)"

아버지가 11살에 돌아가셨으며 그로부터 혼자 살아갈 길이 막막하여 과거를 보기 위해 남장을 했고, 아버지의 원수 진량을 베는 것이 오직 목표였다는 절절한 고백이었습니다. 수정은 이에 덧붙여 전에 장연과 정혼을 약속한 적이 있었는데, 수정 본인이 본적을 감춘 탓에 장연이 이미 혼례를 들었기로서니 이제는 결혼에 뜻이 없고 홀로 늙어 죽고 싶다는 말을 이어가지요. 장연 역시도 수정의 누이가 죽었다는 말만 듣고 그런가 보다 하였지, 수정이 설마 그 누이인 줄은 꿈에도 생각하지 못하였기에 얼떨떨한 마음뿐이었습니다. 여자인 몸으로 궁까지 들어온 것은 분명 지탄받을 일이긴 하였으나, 황제는 어째서인지 수정에게 식읍, 즉 수정이 조세를 받아쓸 수 있는 고을만은 남겨두었습니다.

하지만 시간이 지나도 수정은 더 큰 벌을 받지 않았습니다. 다만 수정과 장연이 황제의 명령으로 결혼하게 되었지요. 이후 장연은 황제의 명령으로 부마까지 되었습니다. 평화롭고 즐거운 나날들이 이어졌습니다. 작은 사건 하나가 발생하기 전까지는요.

시어머니 태부인이 아끼던 시녀 영춘은 따뜻한 봄날에 연못가에 앉아 한껏 즐기고 있었지요. 바로 그때, 수정을 보고도 인사하지 않은 일이 발단이 되었습니다. 수정은 한낱 시녀가 자신을 모른 척한다는 것을 용납할 수 없었습니다. 그 즉시 영춘을 불러들여 죄를 묻고 곤장 이십 대를 쳤는데, 이후에 이를 알게 된 태부인이 매우 불쾌해 한 것이었죠. 태부인은 수정의 시녀를 또한 잡아다 수정의 죄목을 대며 곤장을 때렸습니다.

얼마 후 수정이 술에 취해 양춘각에 올라앉으려 할 때였습니다. 먼저 양춘각에 도착해 있는 사람이 있었죠. 달빛에 비친 얼굴은 바로 영춘이었습니다. 하지만 영춘은 또다시 수정을 보고는 얼굴빛 하나 바뀌지 않은 채 그저 앉아 있기만 할 뿐이었습니다. 수정은 참아 왔던 분노가 터지는 것을 느꼈죠. 영춘의 목을 베어버리자, 남은 것은 시어머니 태부인과 장연의 차가운 태도였습니다. 수정은 이곳에 더 있는 것이 득이 되지 않겠다고 판단하여 군사를 정비해 청주로 돌아갑니다. 그곳에서 불시에 있을 적에게 대비하는 훈련을 이어나갑니다.

한편 마웅의 동생 마원이 복수의 칼날을 갈며 다시금 쳐들어오는 일이 발생하지요. 모두가 정수정의 출전을 주장하자 고민하던 황제는 또다시 그를 정북대원수로 임명하여 군사를 출정시킬 것을 명령합니다. 불복하는 군사가 있을 시 알아서 처리하라는 명을 또다시 이르면서요.

수정은 한 계교[18]를 생각해 냅니다. 장연에게 이런 전령을 보내지요.

___

18 요리조리 헤아려 보고 생각해 낸 꾀

군무사(軍務司)에 긴급한 일이 있기로 전령하나니 수일 내로 대령하라. 만일 기한(期限)을 어기면 군법으로 시행(施行)하리라.

그리하고 병법서를 읽는데, 그 순간 바람이 획 들어와 촛불이 탁 꺼지지 않겠어요? 불길한 마음에 점을 쳐 보자 점괘는 선흉후길, 흉한 일이 있은 후 길할 것이라는 말을 해줍니다. 수정은 군사들에게 잠들지 말고 도적을 방비하라고 이야기합니다.

한편 마원이 보낸 엄백수라는 사람이 기지에 다다릅니다. 그러나 엄백수는 수정의 위엄을 보고 공격할 전의를 상실합니다. 그리하여 스스로의 죄를 고백하고 엎드려 절하자, 수정은 그에게 마음 넓게 금까지 내어줍니다. 고향에 돌아가 의리에 어긋나는 일 없이 살라는 말을 덧붙였습니다. 엄백수는 그날 밤 돌아가 잠든 마원의 머리를 베어 수정에게 바치죠. 장군이 사라진 적군들은 그야말로 오합지졸이었습니다. 수정은 손쉽게 그들의 항복을 받아냅니다. 그러나 장연은 그대로 수정의 계책에 빠진 채였습니다. 수일 내로, 그러니까 수정이 말한 기한 내로 군량을 대령하지 못한 것이었죠. 수정은 소와 양을 잡아 군사들을 위로하는 한편, 장연을 쇠사슬로 옭아매고 이렇게 호통을 칩니다.

"이제 도적이 침노하여 황상이 나에게 도적을 막으라 하시니, 내

황명을 받자와 주야(晝夜) 용려(用慮) 하거늘, 그대는 어찌하여 막중(幕中) 군량(軍糧)을 진시(盡時) 대령치 아니하였나뇨? 장령(將令)을 어기었으니 군법은 사사(私事)없느니, 그대는 나를 원(怨)치 말라."

"내 비록 용렬(庸劣)하나 그대의 가부(家夫)라. 소소(小小) 혐의(嫌疑)로써 군법을 빙자(憑藉)하고 가부를 곤욕(困辱)하니 어찌 여자의 도리리오."

말인즉슨, 수정은 황명을 받아 밤낮으로 걱정을 하며 마음을 쓰는 고생을 하고 있었는데 어째서 장연은 중요한 군량을 제때 대령하지 아니하였냐는 질책이었습니다. 장수의 명령을 어기었으니 법으로 다스릴 수밖에 없다는 수정의 말에 장연역시도 지지 않고 소리칩니다. 수정보다 재주 없는 사람인 것은 맞으나, 수정의 남편이기도 하다고요. 어찌 사소한 일로 자신을 이리 다스리겠다는 말을 할 수가 있느냐고요. 수정은 이에 군법에 부부의 감정을 넣어 혼란을 일으킬 수는 없다고 일갈[19]하지요. 군량을 육지로 옮길 수 없어 강에서 옮길 수밖에 없었는데, 순풍이 불지 않아 지연된 것이었다며 억울하다 말하는 장연에게 수정은 곤장으로 다스리겠다고 대답합니다. 이후 수정은 장연을 뒤로하고 진량을 잡아 오라 이르죠. 몇십

---

19 한 번 큰 소리로 꾸짖음. 또는 그런 말

년 동안 원수를 갚을 날만 기다려 왔던 수정에게 잊을 수 없는 하루였을 것입니다. 진량의 머리를 베어버리고 난 후 수정은 청주로 다시 돌아갑니다.

태부인은 이 모든 일을 듣고 매우 심기가 불편해집니다. 그도 그럴 것이, 하나밖에 없는 아들이 며느리에게 맞다니요. 분한 마음을 감출 수 없는 태부인은 두 명의 다른 며느리들에게 이런 말을 듣지요.

> "정후 벼슬이 각로(閣老)에 이르렀으니 능히 제어치 못할 것이요, 제 또한 대의(大意)를 알아 삼가 화목할 것이니, 이제는 노(怒)치 마소서."

더 이상의 비슷한 일은 없을 것이라는 위로였습니다. 이에 태부인은 화를 삭이고 수정에게 편지를 보내 기주로 돌아오라 말하죠. 수정은 매우 기뻐하며 기주로 돌아갔고, 그 이후로는 삼가 화목하여 두 명의 아들과 한 명의 딸을 얻기까지 합니다. 평화로운 날들이 끊임없이 이어지다 나이 75세에 이르러서야 장연과 수정은 채운을 타고 승천하게 되지요. 이야기는 그렇게 막을 내립니다.

작자·연대 미상의 이 고전소설은 특이하게도 여성의 영웅이 주인공으로 등장합니다. 부모님을 여읜 수정은 남장을 하고 무예를 갈고닦아 과거에 급제합니다. 북방 오랑캐를 물리치는 큰 공을 세운 후 황제가 그를 부마로 삼으려 하였는데, 황제를 차마 속일 수 없었던 수정은 그에게 사실을 고합니다. 이후 여성으로서의 정체를 드러낸 수정이 오히려 대원수가 되어 적을 무찌른다는 소설의 전개는 매우 흥미롭습니다.

여성이 영웅으로 활약하는 소설은 그리 많이 알려지지 않았습니다. 〈여장군전〉의 이본으로 파악이 되기도 하는 해당 소설은 방대하고 설득력 있는 서사를 통해 조선에 새로운 영웅이 나타났음을 이야기하고 있습니다. 역경과 고난 앞에서 소극적으로 대처하거나 감내하는 것이 아니라 남성 세계에서 그들과 동등한 경쟁을 하고, 성취를 한다는 점에서 여성 독자를 의식한 작품으로 평가되기도 하지요.

〈정수정전〉은 조선시대의 고전소설이지만, 그 내용은 여성의 권리와 자기 주도적인 삶에 대한 메시지를 담고 있어 현대 사회에서도 여전히 공감할 수 있는 부분이 많습니다. 수정이 주인공이 되어 남성 중심의 사회에서 여성의 독립적 역할을 확립하는 과정은 성 평등이 시대를 초월하여 관통하는 주제라는 것을 알 수 있습니다. 이 소설은 여성의 사회적 역할을 재조명하며, 전통적인 성 역할 구분을 넘어서려는 메시지를 던지고 있답니다.

가정 밖으로 나가 본인의 능력을 인정받고 종국에는 남편,

시어머니와 대등한 위치를 이루는 수정은 21세기를 살아가는 사람들에게도 대단한 영웅처럼 보입니다. 절대적 종속을 주장하던 조선시대에 이 작품은 여성들에게 상당한 해방감을 안겨준 걸까요? 실제로 여성 영웅 소설들은 무능한 배우자로 고생하던 여성들에게 인기가 있었다는 기록이 있습니다. 그들은 〈정수정전〉과 같은 여성 주도적인 소설을 읽으며 당시의 억눌린 마음을 해소했을 것입니다.

조선시대 부부 사이에서 볼 수 있었던 맹종의 관계는 현대에서도 종종 볼 수 있습니다. 거부하지 못하지만, 계속해서 관계를 이어가는 일은 갑갑하고 답답합니다. 자존감이 떨어지고 자기효능감이 사라지기도 합니다. 모든 것이 한순간에 잘 풀리는 일은 거의 없겠지만, 나의 욕구를 대신 충족해 줄 주인공을 만나는 것도 한 가지 방법이라고 할 수 있습니다. 정수정의 기개와 용기, 담대함과 능력을 읽고 계속 상기하다 보면 자신에게도 어느 순간 그 단단함이 깃들 수도 있으니까요.

조선의 오페라로 빠져드는 소리여행

# 방구석 판소리

**초판 1쇄 발행 2025년 6월 9일**

지은이 | **이서희**
기획 편집 총괄 | **이정화**
편집 | **김재희**
기획 | **김민아 김수하**
디자인 | **이선영**
교정교열 | **김가영 최민아**
마케팅 | **이지영 김경민**
펴낸곳 | **리텍 콘텐츠**
주소 | **서울시 용산구 원효로 162 세원빌딩 606호**
이메일 | **ritec1@naver.com**
홈페이지 | **http://www.ritec.co.kr**
ISBN | **979-11-86151-78-5 (03190)**

상상력과 참신한 열정이 담긴 원고를 보내주세요. 책으로 만들어 드립니다.
원고투고: ritec1@naver.com